シリーズ ケアをひらく

べてるの家の「当事者研究」

浦河べてるの家

医学書院

序にかえて
「当事者研究」とは何か

向谷地生良

浦河で「当事者研究」という活動がはじまったのは、二〇〇一年二月のことである。きっかけは、統合失調症を抱えながら〝爆発〟を繰り返す河崎寛くんとの出会いだった。入院していながら親に寿司の差し入れや新しいゲームソフトの購入を要求し、断られたことへの腹いせで病院の公衆電話を壊して落ち込む彼に、「一緒に〝河崎寛〟とのつきあい方と〝爆発〟の研究をしないか」と持ちかけた。「やりたいです！」と言った彼の目の輝きが今も忘れられない。「研究」という言葉の何が彼の絶望的な思いを奮い立たせ、今日までの一連の研究活動を成り立たせてきたのだろう。その問いを別のメンバーにすると、「自分を見つめるとか、反省するとか言うよりも、『研究』と言うとなにかワクワクする感じがする。冒険心がくすぐられる」と答えてくれた。

「研究」のためには、「実験」が欠かせない。そして、その成果を検証する機会と、それを実際の生活に応用する技術も必要になってくる。その意味で統合失調症などの症状を抱える当事者の日常とはじつに数多くの「問い」に満ちた実験場であり、当事者研究で大切なことは、この「問う」という営みを獲得することにある。

つらい症状や困った事態に遭遇したとき、自分の苦労を丸投げするようにして病院に駆け込み、医師やワーカーに相談をしていた日々とは違った風景が、そこからは見えてくる。それは浦河流に言うと「自分の苦労の主人公になる」という体験であり、幻覚や妄想などさまざまな不快な症状に隷属し翻弄されていた状況に、自分という人間の生きる足場を築き、生きる主体性を取り戻す作業とでもいえる。

*

ここに紹介する一連の当事者研究の成果は、研究の期間も、テーマとの取り組み方も一様ではない。その意味で「当事者研究の進め方」というかたちで、これをプログラムとして説明することは困難である。だからといって、決して浦河でしかできないというプログラムでもない。そこで、これから紹介する個々の当事者研究に共通するエッセンスを紹介したい。

❶〈問題〉と人との、切り離し作業

最初に取り組むのが、「〈問題〉と人とを切り離す」作業である。それによって「爆発を繰り返す○○さん」が「爆発を止めたいと思っても止まらない苦労を抱えている○○さん」という理解に変わる。これは、当事者ばかりでなく、まわりの関係者にとっても重要な作業になる。

❷自己病名をつける

医学的な病名ではなく、みずからの抱えている苦労の意味や状況を反映した「病名」を自分でつける。たとえば「統合失調症〝週末金欠型〟」とか。これは、仲間と共に、自分の苦労の特徴を語り合うなかで見えてくるものであり、苦労を自分のものにする重要なプロセスであ

る。

❸苦労のパターン・プロセス・構造の解明

症状の起こり方、引き起こされる行為、〝金欠〟など苦しい状態への陥り方には必ず規則性があり、反復の構造がある。それを仲間と共に話し合いながら明らかにし、図式化、イラスト、ロールプレイなどで視覚化する。それによって、起きている〈問題〉の「可能性」や「意味」も共有される。

❹自分の助け方や守り方の具体的な方法を考え、場面をつくって練習する

起きてくる苦労への自己対処の方法を考え、練習する。ここで大切なのは、自分を助ける主役は専門家や仲間ではなく、あくまでもまず「自分自身」だということである。まわりの人たちは、「自分を助ける」というプロセスを側面的に助けてくれる役割をもっているに過ぎない。

❺結果の検証

以上を研究ノートに記録し実践する。その結果を検証し、「良かったところ」と「さらに良くする点」を仲間と共有し、次の研究と実践につなげる。研究の成果として生まれたユニークなアイデアは、当事者研究の成果をデータベース化して保存する「べてるスキルバンク」に登録し、仲間に公開する。

以上のように当事者研究の取り組みは、一人の孤独な作業ではなく、「人とのつながりの回復」と表裏一体のプロセスとしてある。

キャッチフレーズは、「自分自身で、共に」である。

べてるの家の「当事者研究」——目次

III

あきらめたら見えてきた　つながり系

IV

人生は爆発だ！　爆発系

V わたしたちの「当事者研究」 インタビュー

I

サバイバル系

わたしはこうして生きてきました

1 摂食障害の研究

いかにしてそのスキルを手に入れたか

渡辺瑞穂＋摂食障害研究班

協力＝山本賀代 広瀬美香 清水里香 松本寛 坂本愛 向谷地生良

はじめに──「どうしたらなれるのか」という切り口

「食べる」という、誰にとっても身近で日常的な営みに異変が生じる「摂食障害」が、北海道の片田舎、浦河の地でも珍しくなくなったのは、ここ五〜六年の現象だという。なぜ過食するのか。なぜ拒食するのか。症状に関する書籍は数多く出版されているが、それらはいずれも「いかに治すか」という共通テーマのもとにつくられている。

今回、べてるしあわせ研究所[*1]では、経験者一〇名（男性二名、女性八名）による「摂食障害研究班」を立ち上げ議論を重ねた。その結果浮かび上がってきたのが、「どうしたら摂食障害になれるか」という視点であった。

いままで、「いかに治すか」に腐心しながらも結果として食べ吐きに走り、罪悪感に苛まれてきた経験者たちにとって、「どうしたらなれるか」という視点は大いに受け、議論も盛り上がった。

研究の目的

摂食障害の研究にむけた準備段階で議論をしていると、摂食障害体験者には共通して次のような「プロセス」が存在することが明らかになった。

まず体験者一人ひとりには、摂食障害を必要とするような「ニーズ」の蓄積があり、次にそのニーズを満たすための「方法」への執拗な探索がある。その探索のなかから「食べ吐き」という具体的手段を見出して反復することにより、やがて食べ吐きの〝スキル〟を見事にマスターしていく、という過程である。

あるメンバーはそのプロセスを、「料理をマスターする調理人」にたとえてくれた。腕のいい調理人になるには、才能とともに、長いあいだの下積み生活を必要とする。よりよい食材の獲得も重要である。その努力が技術を磨き、最終的に「摂食障害＝食べ吐き」という料理を完成させる、というのだ。

そこで今回、ニーズを実現するための方法としての摂食障害を、〝スキル〟という視点から整理した。その視点から「食べ吐き」を再評価するとともに、回復にむけた手がかりを得ることを目的に研究を進めた。

研究の方法

研究員がそれぞれみずからの食べ吐きパターンを紹介し、「個別的な部分」と「共通の部分」に分けて内容を書き出し、整理を試みた。

一〇時間近くに及ぶ議論と検討のなかで大切にしたのは、前述したように、よくありがちな「原因を探り、どうやったら治せるか」という〝追及〟を避けたことである。むしろ、「どうやったら摂食障害になれるか」という切り口から研究を進めたことに特徴がある。

なお、この研究にかかわった一〇名の経験が、摂食障害を体験したすべての当事者に当てはまるかというと、それも不確かなものがある。その意味で、これはあくまでも浦河という地域に暮らす当事者の体験の一側面としてとらえてほしい。

1 苦労のフルコース

メインディッシュは摂食障害

最初に議論の的になったのは、摂食障害を体験した研究員の「食べ吐き症状以外」のエピソードの多様性である。

一般的には摂食障害はたんなる「過食と拒食の問題」として説明されたり、一部にアルコールや薬物依存の症状をあわせもった事例として紹介されることが多いようだが、浦河の現状は正反対であった。そこで、一〇名の研究員の体験した症状を一覧表にしてみた［★1］。

この表を見てわかることは、摂食障害とは、ひとりの人間の抱えた「苦労のフルコース」に出される料理の一品にすぎないという事実である。摂食障害のみを取り上げることではとらえきれない、テーマの奥深さがあらためて確認できた。と同時に、「摂食障害は、そのフルコースの料理全体の基本ベースとなる〝主菜〟ではないか」という意見が大勢を占めた。

よい食材は土壌づくりから

摂食障害という「料理」を完成させるためには何が必要なのだろうか。

まずは最適の「食材」を確保する必要がある。摂食障害の場合は、「ネガティブで閉塞的な感情」がそれである。

そして、よい食材を調達するためには「土壌づくり」が大切であるが、そのポイントとして研究員からあげられたのは、次のようなものである。

(1)親の顔色をうかがい、評価を受けることにこだわる

…親の評価を得るための最大の武器は、学習成績で

［★1］ 10名の研究員の体験した症状

主たる病名	過食	拒食	幻覚症状	引きこもり	自傷行為	暴力	被害妄想	睡眠障害	不登校	その他
A 境界性人格障害	△	△	△	○	△	□	○	□		
B 統合失調症	○		○	○			○	○		△(買い物)
C 身体表現性障害	□	△	△	□				○	○	○(失声)
D 境界性人格障害		□		○	□	△		○	△	
E 統合失調症	△		○			○	○	△		
F 境界性人格障害	○	△	○	△	□	□	○	○	□	
G PTSD	□	□	△		□	□		□	□	○(解離症状)
H 統合失調症	○			□	□	□		○	□	○(解離症状)
I 統合失調症	○	○	○		○		○	□	△	○(買い物)
J 拒食症		○					○			

○＝現在進行形　□＝小康状態　△＝過去の経験

ある。子どもの評価のほとんどはこれで決まる。

(2)人生にできるだけ高い目標を掲げる

…視野はできるだけ狭く、一途にがんばる。

(3)孤独であること、安心の感覚をもたないこと（ただし、それを悟られないように平静を装う必要あり）

…「幸せ」とか「安心」とかを嫌悪するほどの、孤高の生きざまを貫くことが必要である。「幸せってなったことがないから、こわい」という仲間の名言に象徴されるような孤立感が最高。

(4)気持ちを隠す（偽りの表現を乱発し、相手に安心感を与える）

…素直な気持ちを表現することを極端に抑制し、人畜無害を装い、自分の個性を消す努力が求められる。これによって、食材にはさらに凝縮した旨味が増す。

(5)社会の風潮や流行に敏感になる

…とくにダイエットの情報や、容姿・体重にこだわる感性を磨くことが重要となる。妥協は禁物！

(6)イメージトレーニング

…「痩せれば人生が変わる」「食べたら太る」というイメージを目に浮かべ、反復し、認知の固定化をはかる。

(7)弱さを憎む

…自分の醜さ・弱さ・おろかさの一切を排除し、完璧を求める。そして、つねにみずからの欠点を暴き、できるだけ執拗に責め立てる。

以上のような点に留意しながら日夜土壌づくりに励むと、あっと驚くような美味な食材、すなわち

「悪い子だ、生きていてはだめ、自分がみんな悪い、自分が気持ち悪い、自分が憎い、虚しい、何をしても無駄、あきらめ、無力感……」といったネガティブで閉塞的な感情がすくすくと育ち、大収穫を迎える。

2 職人技を大公開！

摂食障害とは、「生きるための技術」である。それを獲得するため、当事者は日夜たゆまぬ努力を続けている。そして、そこには、職人技ともいえる一貫したスキルがある。とくに摂食障害にとって生命線ともいえる「他者をいかにコントロールするか」については、それぞれが個性的なスキルをもっている。以下に、その一部を公開しよう。

[スキル その1] まず腹を空かせておく

とにかく「食べても食べても幸福感がない」という不全感や空腹感（＝孤独感）を絶やさないことが大切である。

[スキル その2] 人間関係の見極め

周囲の人間関係のアセスメントが重要となる。とくに入院中は、もっとも身近な看護師が「患者を人間として見ることのできるセンスをもっているか」を見極める必要がある。「食べ吐きする患者の気がしれない」などと怒ったり、反対に「何とかしてあげたい」と同情を抱く人に的を絞って「利用」する。

[スキル その3] シナリオの作成と実行

「食べ吐き」は秘密裏におこなわれなければならない。どんなに吐いても、吐いたという顔を見せないことが大切である。場所も知られないようにする。安心して吐く場所の確保には、労力を惜しむべきではない。食べ吐きを職員に悟られないように、理由づけやアリバイづくりのための完璧なシナリオを、事前に完成させておくテクニックが重要。

[スキル その4] 演技力

医療スタッフとは完璧なコミュニケーションをつくっておく。とくにターゲットとなる看護師には、「この患者は、自分にだけはこころを開いてくれている」という満足感を与えて油断させること。そして、その看護師が、自分の行動をどのように記録に書くか、どんなことを評価するかの傾向をつかみ、その通りに実行すること。

同じ女性としてできるだけ共感しやすい、理解しやすいネタをもって接近するとよい。たとえばダイエットの苦労などを、相手のキャラクターに合わせて告白してみせる。その結果、看護師は「あなたのことを理解できた」という満足感を得て、警戒心が薄らぐ。その隙を狙って秘密裏に食べ吐きを決行するのだ。

また外食するときは、過食とさとられないように、何軒はしごしてもつねに一軒目のつもりで何気なく入ることを心がけるとよい。一つの店で食べ過ぎないこと。人目を気にすることが大切である。

［スキル　その5］　痩せてきたら人に会う

拒食モードが強まりゲソッとしたら、痩せたことに慌てふためいたり心配してくれそうな身近な人を探して顔を見せにいく。「痩せたね。大丈夫?」と言われたら愛情を感じる。痩せるほど、周囲は心配

◉渡辺瑞穂さん

食べはきに 必要なのは…？
ある日、みずほさんは楽しく バーでのんでいました。
清水 りかさん
渡辺 みずほさん
オカマバー
← 体ガッチリ、身ぶり手ぶりは女
← かなりよっぱらっていた
すごくよっぱらっていた。
みずほさんはトイレに行きました。
トイレ〜
フラ フラ
トイレ 女
ところが いつまでたっても でてきません。
具合が悪くなったのか、うんともすんともいわないし、倒れているのかと思い大さわぎになりました。
トイレに行きたい他のお客さん
まだ？
ウエーン
泣いてるの一？
かすかなオエツが……。
りかさん
はいてるのかな？
あの人たち トイレまに合うかな？
と女子トイレが1つしかないので心配したり。
オカマバーの人
大丈夫かしら？
そうだワ！ 赤尾さんにSOSだワ!!
オカマバーの人が たまたま友だちだった、ベてるの赤尾さんに電話して、バーまできてもらいました。
店の人と赤尾さんとでドライバーで戸をあけましたが、
ヤッホー
キャー
バタン
あけても しめる ヌ
あけても しめる の くりかえしで…
やっと オカマバーの人が、おひめ様だっこ」して出してくれました。
たくましいのだ
そして 赤尾さんの胸で泣きました。
えーん
赤尾さん（女）もたくましい人なのだ…。
このバーでみずほさんは同席していた漁師さんのボトルをのんでいた。さんざんのんだけど もっとのみたい
まあーのめや
ハイ
結局バーから連れ出されたみずほさんですが…
コンビニ
のみたりないっ 買っていこう
ハアー
← 赤尾さん
そして またトイレに…
20分後
トイレ
化粧をばっちりなおして出てきた。
しかし トイレにさいふを忘れ、べてるにお金を借りたのでした。
★食べはきに 必要なのは… トイレ・お金・それに のみ友達

して注目してくれる。爽快感の次に無感動がくる。その空虚感、空腹感が「次の料理への食欲」をたまらなく掻き立ててくれる。

［スキル　その6］　リサイクルモードの確立

食べ吐きした後は、胃液で爪が傷むので、よく水洗いすることが必要である。また、においが体につくので、食べ吐き後のシャワーは大切なマナーとなってくる。いずれも、食べ吐きの痕跡を残さないために重要である。

さらに大切なのが、手順を踏むことである。指を入れて吐いた後は五分ほど休み、五〜六杯の水を飲む。それから二度目の吐きをおこなう。再び五分ほど休み、五〜六杯の水を飲む。次に三度目の吐きをおこなうと、完璧にすっきりした気分になれる。最初に納豆や豆腐を食べておくと、後から吐きやすい。食べ吐きのたびに成長する罪悪感、嫌悪感、虚しさは捨てることなく、次の食べ吐きに向かうエネルギーとして再利用する。

このような「食べ吐きのリサイクルモード確立」に際してもう一つ大切なのは、リサイクル効率を高めるために、次のような環境を維持しておくことである。

(1)食材（ネガティブな感情）の確保
(2)食べ吐きという儀式に必要な十分な時間の確保
(3)いつでもスムーズにドタキャンできる状況にしておくための、人間関係の希薄化
(4)食べ吐き衝動に駆られたとき、いつでも実行できる場所の確保

(5)「こころを開かない」「プライドの維持」「女優になりきる」というスキルの駆使

ここまでいくと、あなたも立派な食べ吐きのプロである。

おわりに――この道を究めるために

「自分自身の感情」を（意識上にあらわれる前の時点で）抹殺・封印することで生き延びてきた人が、じつはその感情が生々しく蓄積されつづけていること、それがじわじわと溢れ出していることに気づいて大混乱に陥り、自分という存在を守るためになんとかそれを封印しなおそうと必死で獲得した「生きるための技術」――それが摂食障害である。

それは単純な摂食行動そのものの問題ではない。摂食障害や統合失調症や境界性人格障害などといった病名を越えて、そのベースにある生きづらさをしのぐ手立てとして、食べ吐きを利用しているのだ。

緊張感たっぷりの家庭に育ち、「安全の感覚」を経験できなかった人ほど、この道を究める素質をもつ。危険に満ちた家族のなかを生き延びるために獲得した食べ吐きの技術はさらに発展を重ね、ある種の感情が発生するたびに自分をなだめる一時避難術となるだろう。そして最終的には、コントロール可能な〝スキル〟として確立するのである。

研究班代表・渡辺自身のこと、そしてこれから

わたしが摂食障害の泥沼にはまり込んでいたのは予備校時代だった。早朝から夜までみっちり勉強を

こなし、疲れ切った状態で人目を気にしながら食べ物を入手、下宿の自室に帰り着き、大量の食物を無理やり胃に押し込んで、やっと緊張から解放される。「過食嘔吐自体が問題なのではない。その下に何かがあるのは確か。でもそこにどうやって手をつけていいかわからない」と、もがいていたのをよく覚えている。

統合失調症などでは遺伝子が大きくかかわっているのかもしれないが、たとえそうだとしても、根の部分――つまり症状の土台となる部分には共通するものが多いという気がする。おそらくそれは、「自分の弱さや醜さとのつきあい方」があまりにも不器用だということではないかと思う。

誰しもがもって生まれる弱い、汚い部分が、大人へと育っていく過程で背負い込んでしまった荷物（わたしの場合は親自身がもつはずの荷物だった）とあいまって、「弱さや汚さはなくさなければいけない」と思い込んでしまうのかもしれない。人として生命をスタートした時点ですでに弱さや汚さは身に備わ

［★2］　種と土がそろって摂食障害やその他の症状はすくすく育つ

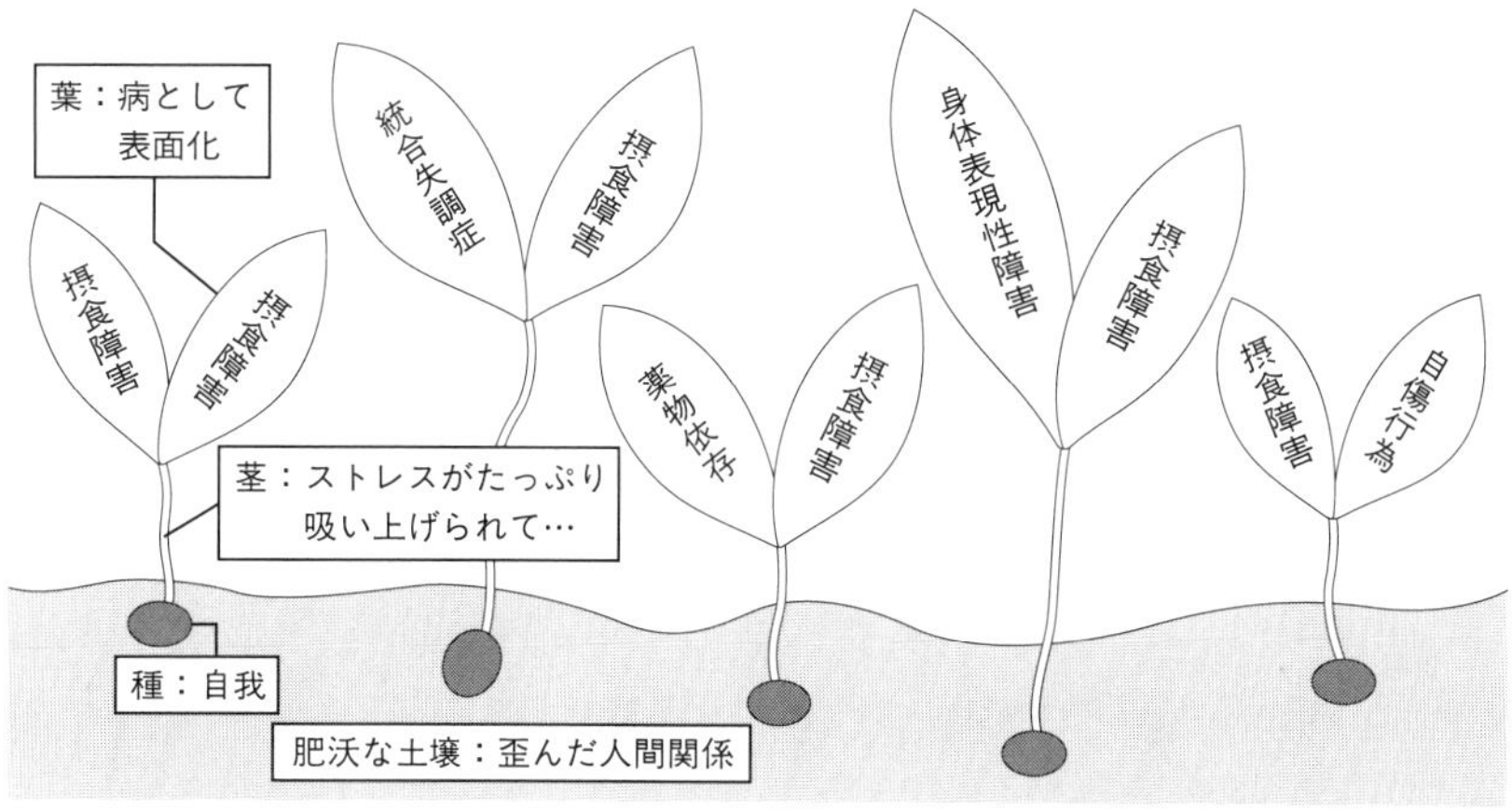

っているものであり、人間らしく生きる以上その部分が浄化されるはずはないのだが、ついつい人から隠し、自分のなかでも封印し、「凛々しく生きている自分像」を求めてしまう。じつはその〝自分像〟は、親なり世間なりから求められていると勝手に自分が思い込んでいる幻であるかもしれないのに……。けっきょくは呼吸もできなくなり、摂食障害や統合失調症というかたちで、「人間らしいドロドロ」が爆発するのではないか［★2］。そう考えると、納得がいく。

いま、わたしは自分自身の生き方を取り戻すために、自分の弱い部分とのつきあい方を探して試行錯誤している。

「克己」（自分と対峙して弱さに打ち勝つこと）が自分らしく生きるための必須条件だと思ってきたが、いまはそれを疑問に感じはじめている。人とのかかわりのなかでも自分の弱さを〝処理〟する必要がないという「安全の感覚」を、少しずつでも体に染み込ませていくことができれば、怯えから解放され、自分自身を愉しんで生きる方向に向かうこともできそうに思う。

が、これはおそらく人とかかわっていかなければ見つけられない感覚であり、独力ではどうしようもない。同じように自身の弱さと直面し、自分なりのつきあい方を身につけてきた人びとの力――べてるいわく〝非援助の援助〟[*2]――を頼りに、いまのままのわたし自身を外に出してみることが必要だと思う。ただしその援助を求めるには、〝自分〟が隠れてしまう原因となる自分にとっての「生きづらさ」と、それに対して試みる自分なりのアプローチを、前もって相手に伝えなければならない（自己流の模索は、表面的にはハタ迷惑であったり、誤解を招いて相手を傷つけたりすることがあるので）。これはなかなか大変な作業である。借り物の言葉ではまったく伝わらない。他人に見せるのはおろか、できることなら自分でも見たくない脆弱な部分と直面し、そこで生じるある種の絶望感を含めたさまざまな感情を、自分のなかにリアルに再現する言葉を追求し、さらにそれを相手が吸収しやすいかたち（相手との共通語）に翻訳する必要がある。

自分自身を表現する言葉——決して〝自分語〟ではなく、相手に伝わり、しかも自分らしいエッセンスを含んだ言葉——を探しながら、人のなかでの一進一退をじっくりと味わっていきたいと思う。

＊1　**べてるしあわせ研究所**……浦河における当事者活動の一環として二〇〇〇年に設立された。当事者研究の拠点で、社会福祉法人「浦河べてるの家」の法人本部が入っている建物の一角に、回復者クラブ「どんぐりの会」とともに間借りしている。代表は、松本寛さんがつとめている。

＊2　**非援助の援助**……本人がなんらかの壁にぶつかったときに横から手を出してそれを取り除いてあげるという、いわゆる〝援助〟ではない。本人そのものを信じてどっしりと見守る(ただし危機には十分に力を貸す)ことで、本人が安心して「自分らしい苦労」と向き合うことができるように応援する〝助けない助け方〟である。具体的には、〈認める・信じる・任せる〉の三原則に基づく。〈認める〉とは、自分が無力であると認めること。〈信じる〉とは、人を信じること、場を信じること。〈任せる〉とは、流れに任せること、自分を委ねてみること。

2 「こころの壁」の研究

児童虐待からの脱出

坂本 愛＋児童虐待研究班
協力＝山本賀代 吉井浩一 松本寛 河崎寛 下野勉 向谷地生良

はじめに——「君にはスターの素質がある」

坂本愛は多重人格者である。後述するが、四人の人格をもっている。

本稿では、幼少当時からいまに続き、日常生活を送るにあたって主だってあらわれる一つの人格を示す場合を「〈愛〉」と表記し、他の三人の人格を含めて総称する場合に「わたし」と表記することにする。また母についても、「いわゆる母と呼ばれていた人」という意味で、あえて「〈母〉」と表記させていただく。

〈愛〉は一七歳。浦河にやってきたのは、二〇〇二年の四月である。その五年前に、一三年間一緒に暮らした家族を「置いて」脱出を図り、児童相談所（以下、児相）に逃げ込んだ。

それは、「このままでは自分が駄目になる」という危機感からだった。家族に安心がないのはすべて自分のせいだと考え、家事をがんばり、勉強をがんばり、無我夢中でありとあらゆることをがんばってきて、それでも自分を見てもらえないとわかり、「もうこの母親に愛されることはない」と実感したとき、家を出ようと思った。

しかし、〈愛〉の脱出劇はそれで終わりではなかった。児相から養護施設へ、養護施設から児相へ、児相から精神病院へ、それからまた児相、そして養護施設に戻り、最後にまた児相へと、〈愛〉の「自分が自分でいられる」場所探しは行きづまり、一時は「あの世」という究極の自由を求めてハンガーストライキを実行し死線をさまよった。

この〈愛〉の自殺未遂で追いつめられた児相は、最後の切り札として浦河べてるの家を紹介してきた。「日赤病院とも連携があるからいいんじゃないか」という提案だった。

お先真っ暗のなかで、何も考えずにとりあえず見学だけ行ってみようということになり、一週間後に浦河に向かった。そして浦河赤十字病院の精神科外来を受診した。担当医の川村敏明先生は、「早く浦河においで。浦河は〝病気は治らない〟けど、愛さんのような苦労をしてきた人にはうってつけの町だよ。君にはスターの素質がある」などと訳のわからないことをひとりで言っていた。

結果的に入院となり、新しい人生のスタートが切れるはずだった。しかし、そこからもう一段階の苦労があった。一六年間の人生のなかで自分のまわりに厚く築き上げてきた、「こころの壁」に直面することである。

研究の目的

「こころの壁」を研究する目的は、「自分になりたい」ということである。自分になるということは、子どものころからあった「自分が自分でない感覚」から、「自分がここにいるという感覚」を取り戻すことである。よく児童虐待がおこなわれている家庭から子どもが脱出した時点で問題は解決したと思われているが、「こころの壁」の問題はそう簡単には解決しない。

今回の研究では、家庭、施設、学校、病院と行き場を求めて転々とするなかで直面した「こころの壁」とは何なのかを整理してみたい。それは、同じ苦労を重ねている子どもたちが「自分だけではないんだ」と少しでも感じてくれること、そこで働く職員がちゃんとケアをしてくれるきっかけになることを願ってのことである。

研究の方法

まず〈愛〉は、相談室のソーシャルワーカーと一緒に「苦労の棚卸し」、つまり、いままでにあったエピソードを書き出す作業をした。そして、入院中でありながらべてるの家の講演に参加して、多くの人に自分の体験を話すという作業をした。こんな経験は以前には想像もできなかったことだが、すごく役に立ったと思う。

次に、いままでさまざまな相談機関や施設で体験したことを「こころの壁」として整理した。さらにそれらをべてるしあわせ研究所の「児童虐待研究班」の仲間に見てもらい、意見交換をした。

1 苦労の棚卸し

七人きょうだいの「失敗作」

〈愛〉は一九八六年九月、七人きょうだいの末っ子として生まれた。どちらかというと体の弱い子どもで、病院にはいつもお世話になっていたという。そのうえ夜泣きもひどかったらしく、きっと〈母〉は大変だったと思う。

〈愛〉は記憶力がいいほうで、小さいころの記憶は二歳からある。あのころのわたしはこわいものが多かった。どんなときも何かに対してビクビクして、人の顔色をうかがっていた。怒られないように、邪魔にならないように、息を押し殺していた。

わたしの家庭は複雑な家庭だった。七人のきょうだいと母の八人家族だった。父の顔は知らない。いわゆる「母子家庭」である。

わたしの家は〈母〉の重圧がすごく強かった。〈母〉の言うことは「絶対に聞くべきこと」であり、これは誰に教わるわけでもなく、小さいながらに感じていた。わたしは〈母〉の言うことは絶対に聞いていた。それほど〈母〉はこわかった。

「いい子でいなければ嫌われる、愛されない」という気持ちが、わたしのこころを縛りつづけた。「手伝いをしないなら出て行け！」「この役立たず！」——わたしはこの言葉を毎日言われつづけた。〈母〉

にげても　にげても
愛ちゃんて、「にげる」名人でしょう。どのくらい　にげたことあるの？
と　今までの「脱走歴」をきいてみました
愛 18才
あのねー　まず
児童相談所からは　4回。
養護施設からは　1回。
今までの病院からは　1回。
ほー　かがやかしい数だね
じゃ　浦河の赤十字病院は？
あー　毎日かな
……
今も　毎日　脱走してるの？
ううん。なんか　にげてもね。
かえってきたら
あら　おかえり
がくっ
ってふつうに出むかえられてさー。
もう　にげても　何も解決しないって
わかったんだ。
愛も、もう 18才でしょう。
そんな　バカなことやって
らんないよ。もう。
学習能力っていうやつ？
にげても　にげても　ムダってわかったよ

の重圧のすごさによる恐怖心と、体が弱かったせいで、よけいにオドオドしてしまった。そのために〈母〉の言うことが完璧にできなかったときは、もうこの世の終わりってぐらいにこわくて、目の前が真っ暗になった。なぜなら、〈母〉の言うことがすべてできなかったときは、「罰」が下るから。

〈愛〉はきょうだいのなかでもダントツにトロくて罰が下ることも多かった。怒られて、「役立たず！」「おまえなんていらない。出て行け！」と言われて殴られて蹴られて、ひどいときは真冬なのにコートも着ないまま外に立たされたりした。

〈母〉は、まだ小学校にも上がっていないわたしに「完璧」を求めてきた。完璧主義者で頑固で、「自分がいちばん正しい」と思っているような人だった。そんな〈母〉はわたしたち子どものことを「自分の思いどおりになる道具」としか思っていなかった。〈愛〉は七人きょうだいのなかでもいちばんの失敗作で、こんなわたしは〈母〉に嫌われていた。

反面、わたしはまわりからはこんなふうに言われつづけていた。「強い子だね」「泣かなくていい子だね」「いつもおとなしくていい子だね」と。だけど〈愛〉は、そんな言葉はひとつも望んでいなかった。だから〈愛〉はわからないフリをすることを覚えた。そしてわからないフリをすればするほど、笑うことが苦痛になっていった。

〈愛〉はどんどん孤独になってさびしさも増していった。毎日変わらない日々を過ごし、ひとり遊びも上手になっていったころ、わたしの孤独感やさびしさは限界になっていた。〈愛〉はもともとおとなしい性格だったから、相手に自分の感情を伝えることができなくて、わたしの苦しみは増していく一方だった。

◉坂本愛さん

ある日の事件

きょうだいはみんな年齢が離れていて、いちばん上の兄たちはもう家庭をもっているくらいだった。年齢が近いきょうだいも学校に行っていたため、ふだん家には〈母〉とわたしの二人だけだった。わたしは保育園には通っていなかった。だから小学校に上がるまで家にいた。さびしさを紛らわせるために、ひとり遊びは絶やさなかった。それでもわたしの孤独感やさびしさは、努力の甲斐もなく増していくばかりだった。

そんなある日の夜、事件は起きた。五歳くらいのときだった。

気づいたときは、すでにもうひとりの自分が自分にハサミを向けていた。わたしはハサミで指を切った。はじめての「自傷行為」だった。でも〈愛〉は、自分で指を切ったことなんて全然覚えていない。突然殴られてハッ！としたら、そこには〈母〉ときょうだい三人くらいがわたしのことを囲んでいた。

何が起こったのか理解できずにいると、「気持ち悪い」「おまえなんてウチの子どもなんかじゃない！出て行け！」「近寄るな！」と言われて、わたしは目の前が真っ暗になった。だって、いままで必死でみんなの期待どおり「いい子」を演じつづけて、〈母〉に嫌われないように息を押し殺して生きてきたのに、すべて水の泡になった。

指からは血がいっぱい出てきて、〈愛〉はパニックになって、泣きながら「ごめんなさい」の一言をずっと言いつづけた。

もうひとりの人格への気づき

小さい子どもはよく虫を殺したりモノを壊したりするが、〈愛〉もわたしもそういう子どもだった。しかし指を切ったときも、虫を殺しているあいだも記憶がない。いったいどんな顔をして、どんなことを思って殺していたのかさえわからない。どんな気持ちだったのかさえ……。嬉しかったのか楽しかったのか気持ち悪かったのかさえ……。

殺してしまった後、つまり死んでしまっている虫を見て、ほんとうに一瞬だけどわたし、たしかに嬉しかった。でもすぐ正気に戻るとなんだか自分がとても恐ろしいことをしてしまっていることに気づいて、ただただ夢中で砂をかけてお墓をつくってあげた。そして泣きながら「ごめんなさい」って謝った。

すごくこわかった。どうしてこんなことをしてしまったんだろうと思うとすごくこわかった。でもいちばんこわかったのは、〈母〉にそれを知られてしまうこと。〈母〉に怒られて殴られて蹴られて見捨てられること。それがいちばんこわかった。だから〈愛〉はいつもどおりに家の手伝いをしていたけど、いつもよりテキパキ動いて〈母〉に怒られないように必死だった。そしてその日無事に〈母〉が眠りにつくと、すごく安心した。

小さいころって家の大事なモノを壊したらすごくこわい。もう「この世の終わり」みたいにこわくて、夢中でなんとかしないと、っていう意識が働く。虫を殺してしまったときの気持ちもそれに近い。家にある大事なコーヒーカップを壊してしまい、夢中で片付けるときの気持ち。わたしもきっとそんな気持ちだった。それでも、止めることができなかった……。

家では猫をたくさん飼っていた。家族は猫をモノと思っているところがあって、自分の思いどおりにならなかったり、少しでもイタズラをすると異常なほど怒って殴った。「そんなに殴らなくてもいいのに」と思うくらいだった。あまりにも猫がかわいそうだから、かばう。そうしたら、今度はわたしのことを怒る。「おまえも猫と一緒か！」「邪魔だ」「だからおまえはダメなんだ」と。そしてその日一日中、〈愛〉は家族から冷たくされてシカトされた。だから猫と遊んでいることのほうが多かった。

でも、〈愛〉も彼ら（きょうだいたち）のそういう姿を見てきているせいか、気づけば自分より弱いモノを殴るということが少しずつ多くなっていった。やっぱりそのときも記憶がなくて、気づけば猫は怯えていた。何度も「ごめんなさい」と謝った。

だから〈愛〉は弱いものをもう見なくなった。これ以上醜い自分の姿に気づきたくなくて。それと同時に「自分のなかに違うわたしがいる」ということに気づきはじめていた自分の気持ちに蓋をした。そんな気持ち、知りたくなかった。

愛されない〈母〉にすがりつく

〈母〉は子どもに順位をつける人だった。きょうだいを比べては自分の思いどおりになる子は「いい子」、自分の思い通りにならない子は「悪い子＝いらない子」、という感じだった。〈愛〉はいらない子だった。たとえば家事を完璧にできる子、成績のいい子、要領のいい子、愛想のいい子が、〈母〉にとっていい子であり、その子は〈母〉にとても必要とされて愛された。

捜索隊隊長 坂本愛 直伝
脱走の秘訣
〈基本編〉
① 裏道を通る
あたり前だが正面玄関はつかわない
② 家と家の間を通る
堂々と
道なき道も必ず堂々と。こそこそするとあやしまれる。
③ いわゆるネコの道をいく
ニャ
どうも
ブロックべい
へいや金あみをのぼるのはあたりまえ
④ 幹線道路はすばやく走る
ころー
やむなく広い道をつかうときは、目立たぬようとおりすぎる
⑤ あやしい動きはしない
ニコニコ
目つきもふつうに。キョロキョロしない
こそこそしない
大きな荷物ももたない!! 注 へいをのりこえるため。そして、家出娘とまちがえられないため。
⑥ 忙しい時間をねらってにげだすこと。
ごはんどき
や
夜中
見まわりのとき
や
仮眠中
よしっ
宿直の人が仮眠する時
必ず、ぬけだすチャンスはあるよ
⑦ 夜は「音」に注意すべし
ポイ
窓
草原
じゃり
じゃりの上はあるくと音がするので、野原までくつを投げといて、はだしであるいたよ。
〈上級編〉
① 汽車にのるときは…
えいっ
ころ
信号などでとまったときに窓からおりる(駅員等に目につかないように)
② 男をつくる。
のれよ
一番楽に遠くまでにげれる
ころ
※まだ試してないけど……
そんな愛ちゃんなので、その日も門限がすぎてもウロウロしていたら、
ねえ、にげた子いるんだけど捜索隊の隊長になってよ
と、特技をかわれて言われたのでした
川村先生

だから〈母〉に気に入られるように必死でいい子になろうと思った。〈母〉に見てもらえるように、愛されるように必死でいい子でいて、〈母〉の期待にもこたえたかった。指を切ったそのときの家族の対応に傷ついたわたしは、「絶対いい子になろう」と固くこころに誓った。

それでも〈母〉からは毎日、他のきょうだい、近所の子、クラスメイトと比べられていた。〈愛〉は人づきあいがあまりうまくできないタイプで、小学校に上がる前から近所の子にいじめられていた。そのせいと、家族のなかでの関係をじっと見ていたせいか、いつからか「人間不信」に陥っていたと思う。わたしはどちらかというと「人を押しのけてまで前に進もう」とは思えないタイプだった。だからよけいに〈母〉に嫌われていった。

「どうして、おまえはそうなんだ」「なんであの子はできるのにおまえはできないんだ」「役立たず、おまえなんていらない、出て行け」「おまえなんて産むんじゃなかった」「おまえの顔見ると腹が立つ、おまえの顔見るとイライラする」「この疫病神」「早くくたばれ!」「おまえなんて何もできないくせにでかい口叩くな!」と毎日言われつづけた。

姉も、わたしがどんなに〈母〉に怒られていても助けようとはしなかった。それどころか〈母〉に怒られているところを見ても、姉は指をさして笑っているだけだった。近所の子にいじめられている姿を見ても笑っているだけだった。悔しくて姉と口論になると、姉はすぐ「助けて」と言って〈母〉のところへ逃げていき、わたしは〈母〉から悪者にされてまた嫌われていくだけだった。

悔しかった、悲しかった、惨めだった。どんなにがんばっても〈母〉からは愛されない。それでもあの家にいるしかなかった。まだ小さかったわたしは無力で、わたしひとりの力ではどうすることもできなかった。だからどんなにつらくても、わたしはあの家に、〈母〉に、すがりつくしかなかった。

行く場所なんて、ない

〈愛〉は、〈母〉の期待にはなんでもこたえたかった。だからわたしはなんでも、ひとりでできるようになった。ひとりでお風呂に入って髪や体を洗う、ひとりで留守番をする、ひとりで近所のお店まで買い物に行く、家事ができる、字が書けるようになる、自転車に乗れるようになる、泳げるようになる、髪の毛を結べるようになる、あいさつがきちんとできる……。

自分で言うのもなんだけど、他の子よりも礼儀正しい子どもだったと思う。でも、〈母〉は「まだまだダメだ」と、何をしても誉められたことは一度もない。それでも必死だった。〈母〉の言うことは絶対に守っていた。

ただ、わたしは体も弱かったため、お金がかかったり面倒をかけることも多かった。「なんでおまえはそんなにワガママなんだ。あのとき、あれを買ってやっただろう、なのになんなんだその態度は！」といちいち昔のことを持ち出して怒られるたびに、「もっといい子になろう」と自分にプレッシャーをかけていった。

でもどんなにがんばっても、〈母〉が誉めて必要とするのは、他のきょうだいたちだった。だからあのころは毎日こう言い聞かせていた。「お母さんの機嫌を悪くしてはダメ。もっといい子になろう。怒られないように、叩かれないように」と。

今度はなんて怒られるのだろう、なんて言われるのだろう、また殴られるのか――そう思うとこわくてたまらなかった。だから毎日〈母〉の顔色を窺ってビクビクしながら生活していた。だって機嫌を悪くさせると〈母〉に鉄の棒で殴られる。逃げても〈母〉はどこまでも追いかけてくる。そのたびにわたしは外へ逃げて隠れて……。でもけっきょくわたしになんて、行く場所も頼る人もいない。またあの地獄のような家に戻るしかない。

怒られて機嫌を悪くさせてわたしが外に立たされていたときだってそうだった。寒くて泣きながら「ごめんなさい。お願いします。入れてください」と言っても、〈母〉は世間体を気にするタイプだったから、「うるさい！ 近所の人に聞こえて見られるだろう」と怒られてよけいに機嫌を悪くさせてしまう。それでも〈母〉を信じて待つしかなかった。やっと家の中に入れても、〈母〉は「そばに近寄るな！ 早く寝ろ」と言って無視をする。〈母〉の言うとおりにするしかなく、その日は布団にもぐって泣いた。

だけどどんなにつらくてもこわくても、誰かに助けを求めることはできなかった。だから早く大きくなりたかった。誰にも負けないくらい強くなりたかった。そして、そのことがまた〈愛〉を追いつめた。

家庭を脱出、しかし「罰」の日々は変わらない

このあと〈愛〉は、家庭から脱出し、児相を経て施設へと移ることになる。しかし虐待を受けてこころの傷をたっぷりと溜め込んだ〈愛〉が、なんのケアもなく施設という規則だらけの集団生活（一部屋八人の大部屋！）に放り込まれながら必死になって順応し、「いい子」になることにがんばっているうちに、イライラ感がひどくなり、不眠もさらにひどくなった。それがエスカレートしてフラッシュバック

（嫌なことが突然映像をともなって目の前にあらわれる）が頻繁に起きるようになった。

もっと大変だったのは「多重人格」だった。

いま思えば、その症状が初めてあらわれたのは五歳のときだったが、多重人格として自覚したのは中学二年のときである。

突然、施設の女子棟の職員三人に囲まれ「正座しなさい」と言われて、「あなたは○○さんにひどいことを言ったでしょ」と具体的な言動をあげて責められた。まったく身に覚えのないことだった。人格が変わったときにとった言動だったのだが、否定すると怒鳴られた。そのとき、小さいころからの叱られた場面が重なり、フラッシュバックが起きた。〈愛〉は訳がわからないままに、ただ泣きながら謝った。次の日には罰が待っていた。一日中、部屋からの外出は禁止で、主任の先生に反省文を書くように迫られた。

家庭から脱出し、「虐待」から「安心」を求めて逃れて行き着いた場に、また同じ生きづらさが待っていた。児相、養護施設、精神病院と、いくら場所を変えても同じだった。なぜなのだろう。

2 「こころの壁」を整理する

その生きづらさを、べてるしあわせ研究所のメンバーと検討するうち、浮かび上がったのが［★1］だ。〈愛〉の生きづらさの根源には、〈愛〉自身が自分の周囲に張りめぐらせている分厚い「こころの壁」があるのではないかということである。

親の虐待から抜け出して、安心を求めて児相に行ったはずなのに、「こころの壁」があった。養護施設に行っても「こころの壁」があった。どこに行っても「こころの壁」があった。どこに行ってもつきまとう「こころの壁」が〈愛〉を追い詰めていった。自分という人間のまわりに、いつも見えない「こころの壁」ができていた。自分を守るために自然に築き上げた「こころの壁」が、周囲とのコミュニケーションの邪魔をし、そしてまわりとぶつかり合うほど壁は厚くなり、いつのまにか〈愛〉を生きづらくしていたのではないか、という説である。

壁の厚さは変わらないけれど、風が入ってきた

いま、浦河赤十字病院を退院して「町内の共同住居で自由に暮らす」という切符を手に入れて、はじめてひとり暮らしに挑戦している。こわい夢を見ると朝はぐあいが悪くて起きられないのだが、これまで施設にいるときは起きられないと叱られた。寝る前は、翌朝の準備をきちんとしてから寝ることを求められて、いつも完璧にこなしていた。浦河に来て入院してからもその習慣が続き、それができないと自分を責めていた。

ところがある日を境に、完璧に準備できないことも朝起きられないことも全部、仕方がないことで、「それが自分なんだ」と思えて納得できた。いまは、朝起きてから、そのときの気分で着るもの、食べるものを決めることができるようになった。そして、そのほうが自分にとって大切なやり方だと思えるようになった。まわりには、そんな自分の生活スタイルを批判する人もいる。でも違うのは、傷つくのは同じだが、そのような人の意見に行動が左右されなくなったということだ。

このような浦河の環境のなかで生活を始めるうち、「こころの壁」と自分をとりまく状況が［★2］のように変化してきたのを感じている。

じつは「こころの壁」自体の厚さは、浦河に来てからも変わっていない。でも変わったのは、「こころの壁」の中から自分で外に出てみようと思うようになったことである。そうしたら、壁の中に外の風が入ってくるようになった。

［★1］　それまでのコミュニケーションと「こころの壁」

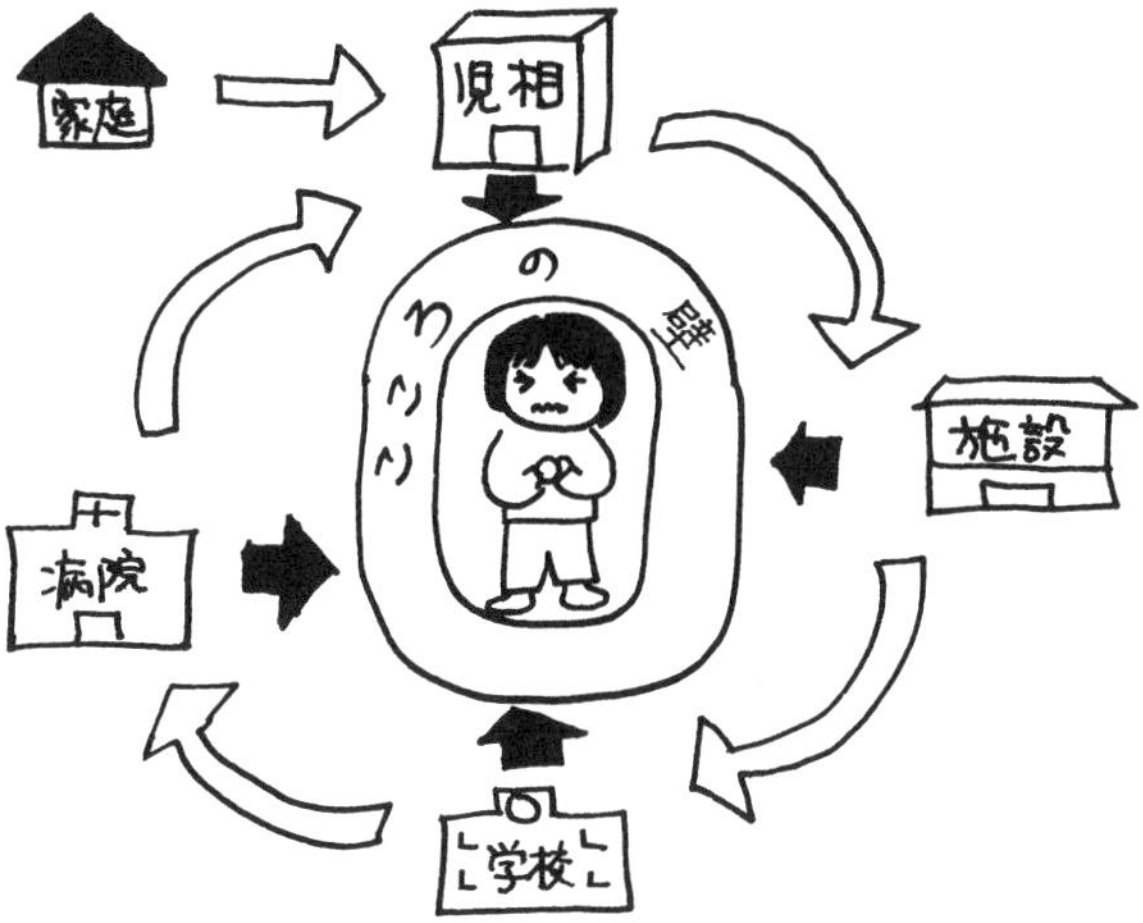

〈愛〉を守るためにできたこころの壁が、周囲とのコミュニケーションの邪魔をする。まわりとぶつかり合うことによってどんどん厚くなる。なかなか本人の心の中に入り込めない。

［★2］　浦河でのコミュニケーションと「こころの壁」

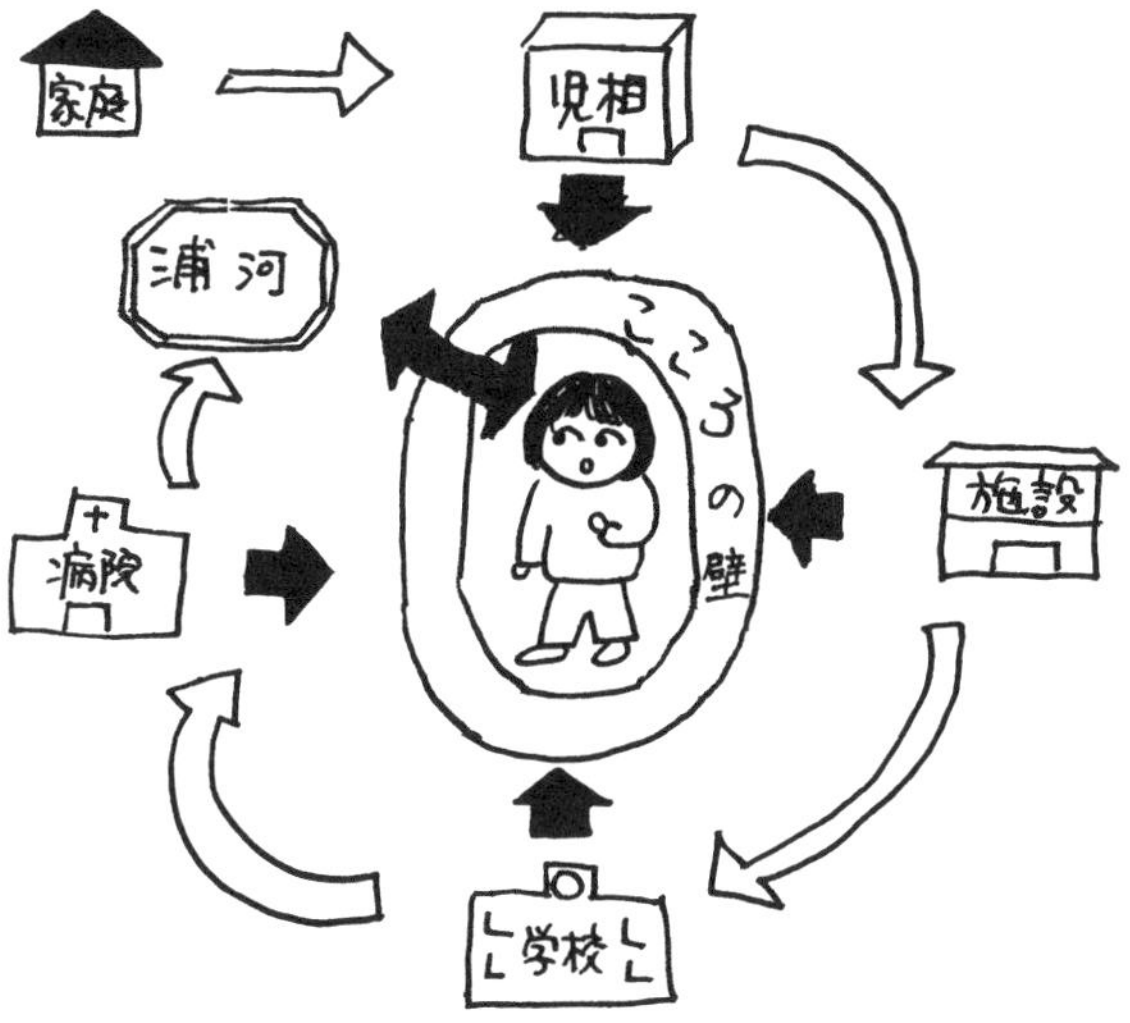

浦河に来てからもこころの壁自体の厚さは変わっていない。だがこころの壁の中から自分で外に出てみようと思うようになった。そうしたら壁の中に外の風が入ってきた。

浦河の前と後——エピソード比較

ここで、浦河に来る前と来た後での、自分のニーズと周囲の対応の違いを表にしてみた。

浦河に来る前は、起こったエピソードに対して〈愛〉が受けた対応は、〈愛〉がこころの底で望んでいたものと大きくかけ離れていた［★3］。それに対して、浦河に来てから起こったエピソードに対して受けた対応は、〈愛〉のニーズに一致するものだった［★4］。浦河でもいろいろと苦労もあったが、このように受け入れてくれる場面があることによって、自分を責めることがなくなり、気持ちに余裕ができてきた。

話せるようになったら、聞けるようになってきた

浦河に来て「こころの壁」からの回復を目指して始めたことは、「自分を研究する」ことだった。振り回されっぱなしだった解離症状や、こころの傷（PTSD？）を理解することも大切だった。

最初は、病気を受け入れる気持ちが半分、受け入れられずに「どうして自分はこんなことをしてしまうの!?」という気持ちが半分だった。それがいまは、少し自分を許せるようになった。自分を観察して「今日はイライラしそう、がんばれなさそう」とわかると、覚悟して、準備して、予想ができるようになった。そしてその出来事に対処できるようになってきた。また、「アライブ」[*1]という自助グループへの参加も、逃げずにチャレンジした。

[★3]　それまでのニーズと対応のズレ

場面とエピソード	受けた対応	そのときの感情
●病院		
洗面器に顔をつけて窒息して死のうとして、苦しかったとき	「いいかげんにしなさい。くだらないことをしないで早く寝なさい」。	「大丈夫？」と声をかけてくれて、背中をさすってほしかった。
無断で離院	怒られる。外出禁止、ペナルティ。	イライラがひどくて別人格があらわれて、気がついたら外にいた。怒らないでほしかった。
過去のことを聞かれて、少しずつ説明したとき	「いままでのことはすべて忘れなさい」と言われた。「そうじゃなきゃ変われないよ」と。	「そんなことできないのに」と傷ついた。ちゃんと「それでそのときはどういう気持ちだった?」と聞いてほしかった。
●相談機関		
離院	イライラして調子が悪いときはA先生を「夜間でもいつでも呼んでいい」という約束だったのに、連絡をとってくれない。それで当直の先生とぶつかり、部屋を飛び出した。	すぐに先生を呼んできてほしかった。他の人たちは〈愛〉のことを病気にして、精神科につれていく。
リストカット	「なんでこんなことをするんだ」と叱られて、いつも見張られるようになる。	やめたいのに同じことをしてしまう自分に苦しんでいたので、やさしく受け入れてほしかった。
つらくなり、「先生を呼んでほしい」とSOSを出したとき	「薬でも飲んでいろ」と言われた。	すぐに先生を呼んできてほしかった。先生もそういう約束をしていたし、そう指示してくれていたのに、人の話を聞かず、挙げ句に逆ギレ。最悪だった。〈愛〉の言うことを信じてほしかった。
●施設A		
精神的な面から体調まで悪くしてしまい、早退や休みが多くなってしまったとき	「〝病は気から〟だから、寝てばかりいないで起きて勉強しなさい」。	〝病は気から〟とか仮病とかで片づけず、きちんと〈愛〉の話を聞いてほしかった。
フラッシュバックが続き、恐怖感のため教室にいられず「保健室登校」になってしまったとき（早退など繰り返していたときもある）	「保健室ばっかり行ってないで明日は一日中教室にいなさい」「今日は何時間教室にいた⁉」。	毎日毎日、そんなことばかり言われて、よけいに追い込まれた。無理して「保健室登校」を続けてまで学校に通っていたのに。「今日は休む」と言っても無理やり行かされた。
●施設B		
2002年にようやく病院にかからせてもらえることになったとき	「坂本さんは病気好きだから仕方ないな」。	もっと早く、〈愛〉が病院にかかりたいと望んでいたときに真剣に聞いて、連れていってほしかった。
3年前の9月17日（私の誕生日）に母親から電話があり、施設側の手違いで私にまわってきたとき	園長が電話をとったのだが、「よくわからなかったからまわしてしまった」と。先生方は「手違いだ。けどこんなことで落ち込むな」と。	きちんと謝ってほしかった。児相と施設側が「母親と連絡してはダメ！」と言っておきながらの事件。かなり傷ついた。

[★4] 浦河でのニーズと対応の一致

場面とエピソード	受けた対応	そのときの感情
無断外出	帰ってくると「お帰り」と言われ、怒られなかった（看護師の対応）。	イライラがひどくて別人格があらわれて気がついたら外に。怒らないでほしかったから、そんな声をかけられて意外だったし、うれしかった。
	「どこ行ってたの？」「今日も行くのかい？」（医師の言葉）。他の患者さんが無断外出したときに、〈愛〉は捜索隊隊長に任命された。「よかったねえ、脱走した経験が役に立ったねえ」（医師の言葉）。	医師も看護師も怒らなかったので、人格が変わったときに安心して無断外出できた。脱走の経験も役に立つんだなぁと思った。
	無断外出の後も、外出禁止にはならなかった。医師に聞くと「外出禁止にしたくないんだわ。愛ちゃんには外出させたいんだわ」と言った。	「外出させたい？ なにそれ。勝手にすれば？」と言い返したが、心の中ではうれしかった。
リストカット	「どうしたの？」と心配された。	怒らずに責めずに、手当てをしてくれてうれしかった。
暴れて床頭台を倒したとき	「床頭台、倒れてるよ」と言いながら、床頭台を起こしてくれた。床頭台を没収されなかった。保護室に入れられなかった。	安心した。でも、そんな対応で終わるの？ と思い、後で大きな罰が来るような気がして不安だった。
過去のことを説明した	「忘れる必要はないよ。振り返り作業をしよう」と言ってくれた。過去のつらい体験を聞き、そのときの気持ちを一つひとつ確認した。	つらい作業だったけど、自分を取り戻すためには大切なことだと思った。
体調が悪いとき	安定剤も睡眠薬も注射もひとつも処方されなかった。	薬にのめり込む自分や、薬に逃げてしまう自分を知っていたので、「薬はいらない」と思っていたが、先生も同じ考えだったので安心した。薬がほしくなるときもあったが、前と同じやり方はしたくないと思い、言葉で自分の気持ちを表現するやり方を練習した。
精神的に体調が悪かったり、こわい夢を見て眠れなくて、朝起きられなかったとき	「ああ、いま起きてきたの？ おはよう」。	はじめのうちはまた責められるのではないかと思い、自分自身を責めて「明日こそがんばって起きよう」と思っていたが、まわりに責められないので自分も責めなくなり、そのような自分を許せるようになっていった。どんなにがんばっても起きられないものは起きられないのだから、仕方がないと思えるようになった。
フラッシュバックが続き、恐怖感のために集団の中にいられず、人格が変わってしまったとき	「少し休んでな」と言ってくれて、放っておいてくれた。すごくこわいときは、手を握ってくれた。無理やり集団の中に引き込もうとしなかった。	時間はかかるけど、しばらくすると落ち着くことができた。
かかわりたくない姉から手紙がきたとき	「手紙破るならここで破いていいし、読むなら一緒にいてあげるから」と言ってくれた。読み終えて泣きながら破いたら、泣きやむまでそばにいてくれた。一緒に怒ってくれもした。	うれしかった。〈愛〉の意思を考えてくれたのがよかった。

入院しながら種々のプログラムへ参加することによって、出会い（自分の苦労を分かちあえる人）が生まれ、傷ついている気持ちやつらい気持ちを話せるようになった。話すようになったぶんだけ、人の話を聞けるようになったことも収穫だった。そして、頭ではなくこころで話せるようになった。

浦河に来る前は、いろいろなことが起きるたびに、薬が変わったり安定剤が増えていった。いまはまったく薬を飲んでいない。決して語れなかった自殺した兄のことも普通に話せるようになった。また、いろいろな気持ちを分けて、整理して考えられるようになった。しかも、「虚しさ、さびしさ、孤独感があるのも自分」だということに気づくことができ、こころの奥底にあった父親に対する恨みからも少しずつ解放された。

なによりも、「強いもの」に対する価値観が変わった。これまでは「人の痛みもわからないような人」が強い人だと思っていた（〈母〉や、施設で出会った何人かの職員のように）。だからそういう人が強い人なら自分はなりたくないと思っていたが、これは「強くなれない自分に対する言い訳」だということに気づいた。ほんとうに強い人とは、誰に対しても優しくて、あたたかくて、すごく自然に振る舞える人だということを知った。「こころの壁」から〈愛〉の気持ちが少しずつ顔を出し、周囲と交わりはじめたとき、いままで眠っていた〈愛〉のエネルギーが活動をはじめた。そんな気がする。

おわりに――同じ体験をした者として

先日、児相から浦河に移る直前にお世話になった職員に、「愛は、この児相の歴史上忘れられない子どものベストスリーに入っているよ」と言われた。〈愛〉とつきあった児相や施設、病院、学校の先生方もきっと大変だったと思う。しかし誰もいないなかで、ひとりでいる孤独のさびしさよりも、まわりに人がいるなかで〈愛〉が味わっていた孤独感やさびしさも、耐えがたいものだったのだ。

この三年間、〈愛〉はそんなさびしさを埋めようと必死にもがいていた。まるで、真っ暗なトンネルに迷い込み、光が見えないなかを恐怖に震えながら歩いてきたような感じだった。そんな〈愛〉を唯一助けてくれたのが、自分のなかにいる「四人の人格」であり、リストカットであり、「死ぬこと」だった。しかし同時に、そんな〈愛〉をどうやって助ければいいのか戸惑う自分もいた。

「わかってほしい」という〈愛〉と、「わかろう」と努めていたであろう職員とのあいだに毎日積みあがる巨大な「こころの壁」。それはどんなに大きなハンマーでも決して壊せないものだった。それから、浦河に来て自覚した「自分」という「こころの壁」。それはこれからもずっと向き合いつづけなければならない壁だろう。

いま、この瞬間も、第二、第三の被虐待児〈愛〉が、それぞれの壁のなかで生きている。同じ体験をした者として、どうか一日も早く、自分を取り戻して生きていけますように。そして、決してひとりではないんだということを信じて生きてほしいと思う。

それから被虐待児に接する職員にも一言。「子どもがその背景に抱えてきた厳しい現実から目をそらさないで、子どもを受け入れてほしい」――いまは、こころの底からそれを願っている。

＊1　**アライブ**……自傷行為を体験した当事者の自助グループ。別名「カットクラブ」。担当医やソーシャルワーカーとの面接、カンファレンスのほか、仲間や同年代の高校生などが参加する一泊合宿などをおこなう。さらに、虐待を経験した子どもへの応援プログラムへの協力もあり、自分の経験を語る場となっている。

3 生活の〝質《しち》〟の研究
金欠を生き抜く方法

坂 雅則＋金欠研究班
協力＝早坂潔 河崎寛 向谷地生良 山本賀代 清水里香 松本寛

はじめに――「浦河って質屋はあるんですか？」

ぼくは、二〇〇三年一一月に浦河にやってきた。札幌で新聞配達をしながらひとり暮らしをしていたが、〝慢性金欠病〟になり、ぼくも家族もお手上げ状態になってこちらに来ることになった。

浦河ではみんなが自己病名をつけているので、ぼくも自分の苦労に合わせて「統合〝質〟調症・難治性月末金欠型」と名づけた。

この〝質〟というのは、「質屋」の質からとった。ぼくが浦河に来ていちばん最初にデイケアの仲間に聞いたのが「浦河って質屋はあるんですか？」だったのが、すっかり有名になってしまった。

札幌では、たくさんの質屋さんと取引をした。札幌の町を自転車で走り回って情報を集めて、いろいろなタイプの質屋を覚えた。電化製品を引き取ってくれる質屋、家具を引き取ってくれる質屋などを開拓した。そのうちだんだん金も回らなくなり、ぐあいも悪くなって病院にもお世話になった。そんな生活を変えるために浦河に来て研究を始めることになった。

ぼくは高校を卒業して電子専門学校に入った。興味があって入ったつもりの学校だったが、苦手な数式と向き合う毎日と上下の人間関係につまずき、学校では〝寝たきり状態〟になっていた。それでも学校が終わった後に喫茶店でアルバイトをした。そこで稼いだお金は、高校時代の仲間と毎日のようにスナックに通って使った。そのころからすでに金欠の兆しは始まっていた。不足分は、友人から借りてやりくりしていた。

奇跡的に卒業した後は名古屋の車の製造メーカーに勤めたが、もらった給料をほとんど遊びに費やした。ダイヤルQ2にも夢中になり、月八万円の請求が来て支払うと生活費が底をつき、月末は金欠でいつも親に泣きついて尻拭いをしてもらった。ちょうど、母親ががんに倒れ入院生活を余儀なくされているときだった。

そのうち、勤めていた会社が二四時間操業の会社だったため夜勤がつらくなり、仕事中に息苦しくなったり、伝言ダイヤルの相手に狙われているような不安に襲われて会社を退職した。地元の札幌に帰ったが、だんだん「仕事を探すな」とか「お金返せ!」という幻聴につきまとわれて、追い詰められた気分でヤケクソを起こして飛び降り自殺しようとしたときに、病床に伏していた母親の声で〝助けてやるからな〟という幻聴が聞こえた。その声のお陰で思いとどまり、父親に付き添われて精神科を受診し入院した。退院後は作業所に二年間通った。

亡くなった母親の影響もありヘルパーをめざして専門学校に入学し、ヘルパー一級の資格を取得した。いまは、みんなからヘルパー一級ではなく、「ヘルプ一級」と言われている。

専門学校を卒業後は仕事がなくて、新聞配達の途中に粗大ゴミとして出されている家財道具を質屋に持っていく〝商売〟を始めた。そのころから金欠病がますます悪化し、自分の家財も質屋に持ち込み、尻拭いに追われた親とケンカ状態になっていた。金欠が悪化し借金が増えると薬も増え、入院もしたがあまり効果はなく、同じことの繰り返しだった。縁があって浦河の共同住居に入居することができたが、金欠ぶりは相変わらずなので、河崎寛くんの爆発の研究を見習って、金欠の研究を始めた。

研究の目的

自分以外にも浦河で金欠の人がいることを発見して、協力しあってできることがないかと考えたことから、この研究は始まった。研究の目的は、少しでも金欠で走り回らないで落ち着いて暮らせるようになることである。それが落ち着かないと仕事も手につかないし、すべてがうまくいかなくなるからである。

そこで今回は、第一報として、ぼくが金欠をどのように生き抜いてきたかの〝技〟をまず解明するこ

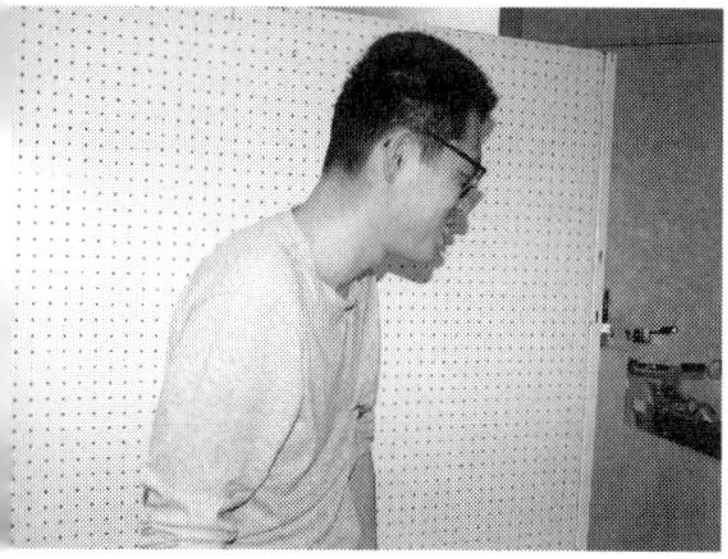

▲背中の角度は、借りる金額によって変わる。

◉坂雅則さん

とにした。

研究の方法

いままでの金欠に陥ったときの場面を挙げて、それを一つずつどのように切り抜けてきたかを仲間に話した。そこから質問を受けながら、そのときにどのような技を使っているかの分析をみんなでおこなった。すると、一見何気なく金策に走り回っていたようだったが、一つの筋の通った「生きる技」があることに気づいた。

1 秘伝！ 金策の術

［秘伝 その1］ 借りたければ貸せ

金欠を生き抜くには、〝よい人〟にならなければならない。〝よい人〟になるためには、「貸す人」にならなければいけない。たとえばこんなふうにである。

坂――○○さん、何か欲しいものない？
仲間――CD欲しいんだけど……。
坂――じゃ、一緒にツタヤに行こう。ぼくが買ってあげるよ。

このようにして、〝よい人〟になる。これは、仕込みであり「顧客の開拓」である。これが成功したあとは、その仲間に「悪いけどタバコ代ある？」というように借りやすくなる。ふだんからのこのようなかたちでの努力が、いざ金欠になったときに活かされる。

なお、小さなことだが、お金を借りるときは相手と目を合わせないようにしたほうがいい。相手に、「こちらが目も合わせられないほど恐縮している」という気分にさせる効果がある。

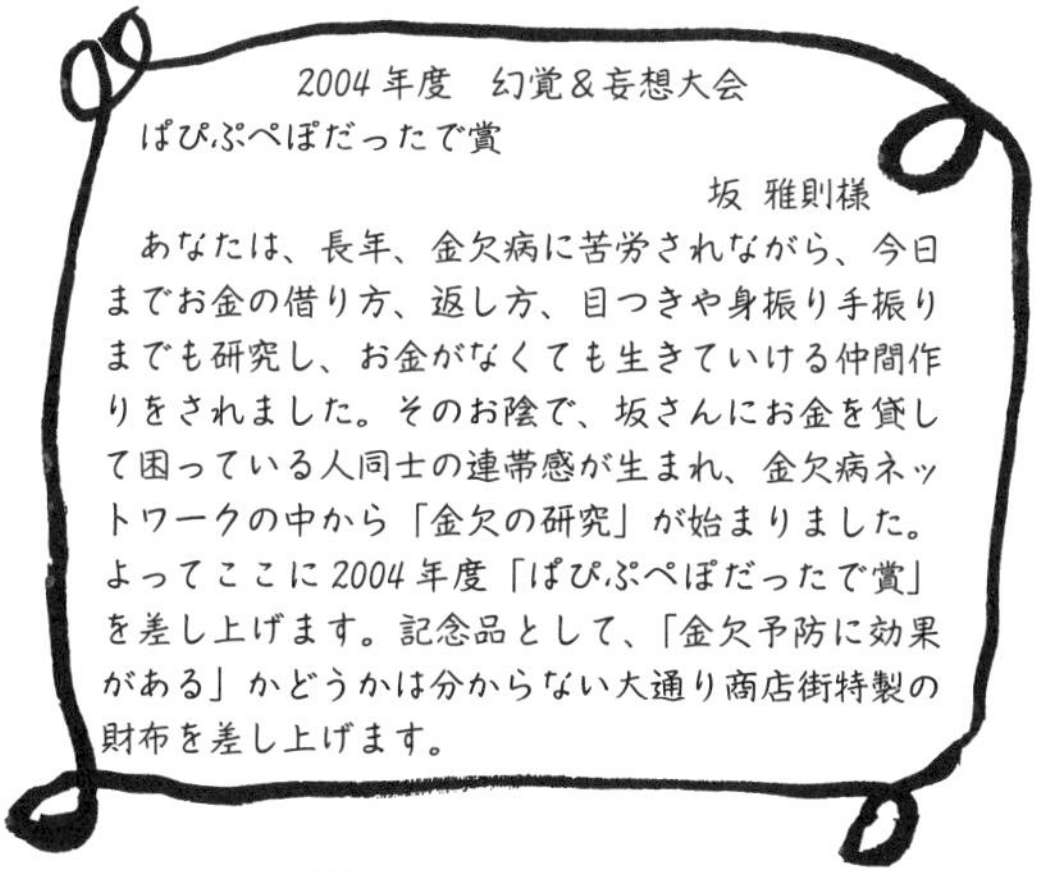
2004年度　幻覚＆妄想大会
ぱぴぷぺぽだったで賞
坂　雅則様
あなたは、長年、金欠病に苦労されながら、今日までお金の借り方、返し方、目つきや身振り手振りまでも研究し、お金がなくても生きていける仲間作りをされました。そのお陰で、坂さんにお金を貸して困っている人同士の連帯感が生まれ、金欠病ネットワークの中から「金欠の研究」が始まりました。よってここに2004年度「ぱぴぷぺぽだったで賞」を差し上げます。記念品として、「金欠予防に効果がある」かどうかは分からない大通り商店街特製の財布を差し上げます。

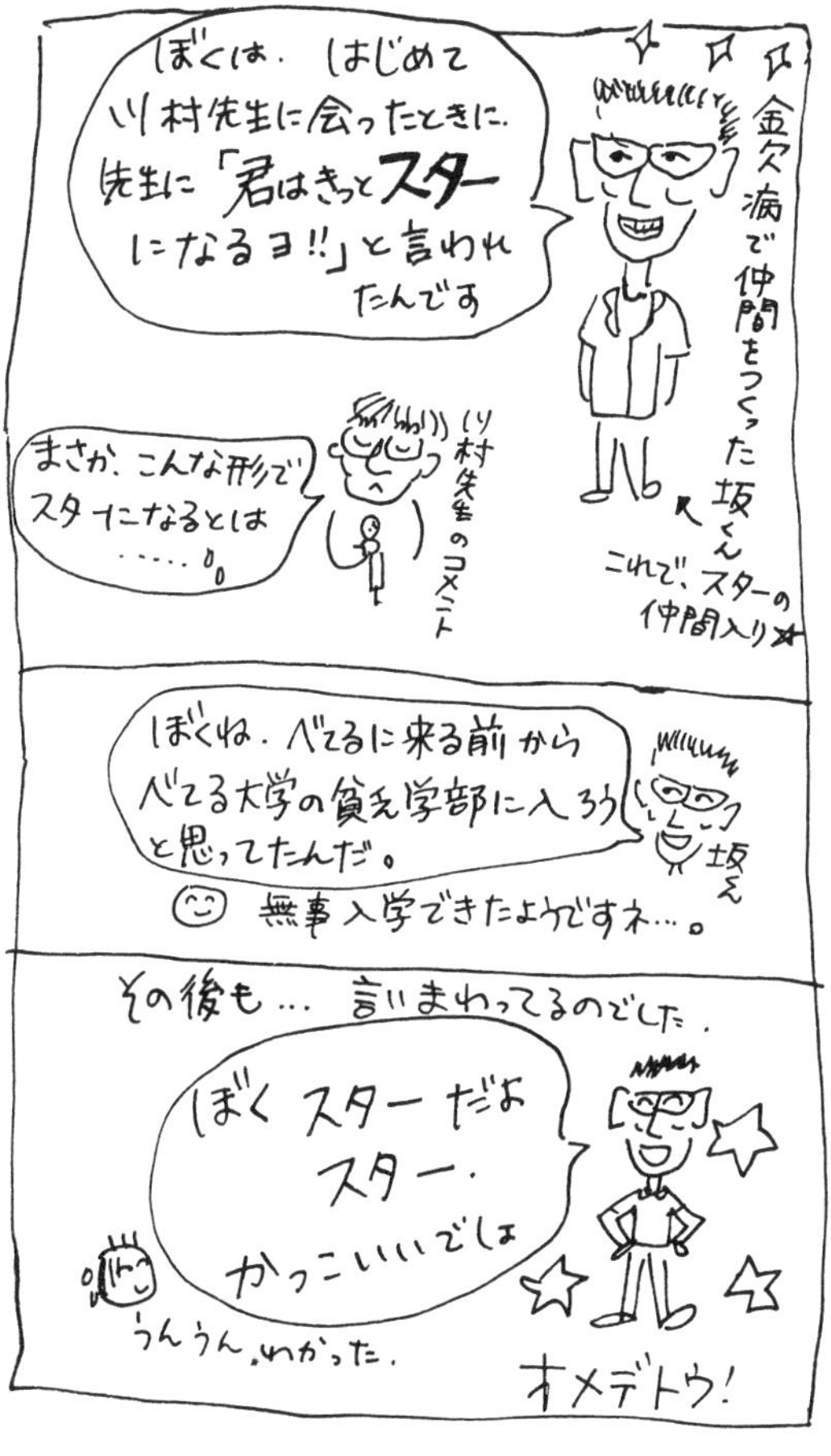
ぼくは、はじめて川村先生に会ったときに、先生に「君はきっとスターになるヨ!!」と言われたんです
金欠病で仲間をつくった坂くん
まさか、こんな形でスターになるとは……。
川村先生のコメント
これで、スターの仲間入り☆
ぼくね、べてるに来る前からべてる大学の貧乏学部に入ろうと思ってたんだ。
坂くん
無事入学できたようですネ…。
その後も… 言いまわってるのでした。
ぼくスターだよ スター。かっこいいでしょ
うんうん、わかった。
オメデトウ!

［秘伝　その2］　生活情報の収集が不可欠

金欠を生き抜くためには、地域の生活情報の収集が不可欠である。どこに何があるのか、どんな人がいるのか、店があるのか——それらは、すべて金欠状態を生き抜くための資源になるからである。札幌では、入質する家財道具や生活用品ごとに、その分野の条件のよい質屋を開拓していた。浦河では質屋がないので、〝人材〟の獲得が鍵になった。

［秘伝　その3］　小額を多人数から

金欠になってその場をしのぐときは、一人から多額のお金を借りないことが大切である。一〇〇円、二〇〇円の小額をたくさんの仲間から借りるのがコツ。「チリも積もれば山となる」である。その点、ぼくの住んでいる共同住居は、その条件が整っている。一人ひとりはあまり金を持っていないが、人数だけはたくさんいるからである。

［秘伝　その4］　割り込み——チャンスは逃すな！

仲間やべてるのスタッフと一緒に出かけてコンビニなどに寄って飲み物などを買う際に、相手がレジで清算しようとした瞬間に、自分の商品をスーッと割り込ませる技術である。店員は決まって「清算はご一緒でよろしいですか？」と聞いてくるので、相手よりも早く「はい！」と答える。仲間は唖然としたり、「え？」という表情をするが、手刀を切って「ありがとうございます！」と言う。

ただし、父親にこれを使ってこっぴどく叱られたので、相手を選ぶことが大切である。

2 金欠の循環の解明

金欠研究班では、「どうして金欠が発生するのか」についても解明を試みた。その結果、次のことが判明した。

(1)張り合いのない生活、話し相手がいない

…仕事のストレスが金欠の震源になる。

(2)そうすると、欠落感を穴埋めする作業として、買物が効果的となる

…他人が持っていないものを持つことの優越感であるが、ここで「使いすぎ」が発生する。ただし、ここで注意すべきことは、あとで質屋のお世話になるときのことを考えて、「質屋で買い取ってくれるもの」を買うことである。その点、電化製品は万能である。

(3)ここで借金が増えるが、窮余の策が、親に泣きつくことである

[★1] 金欠の悪循環サイクル

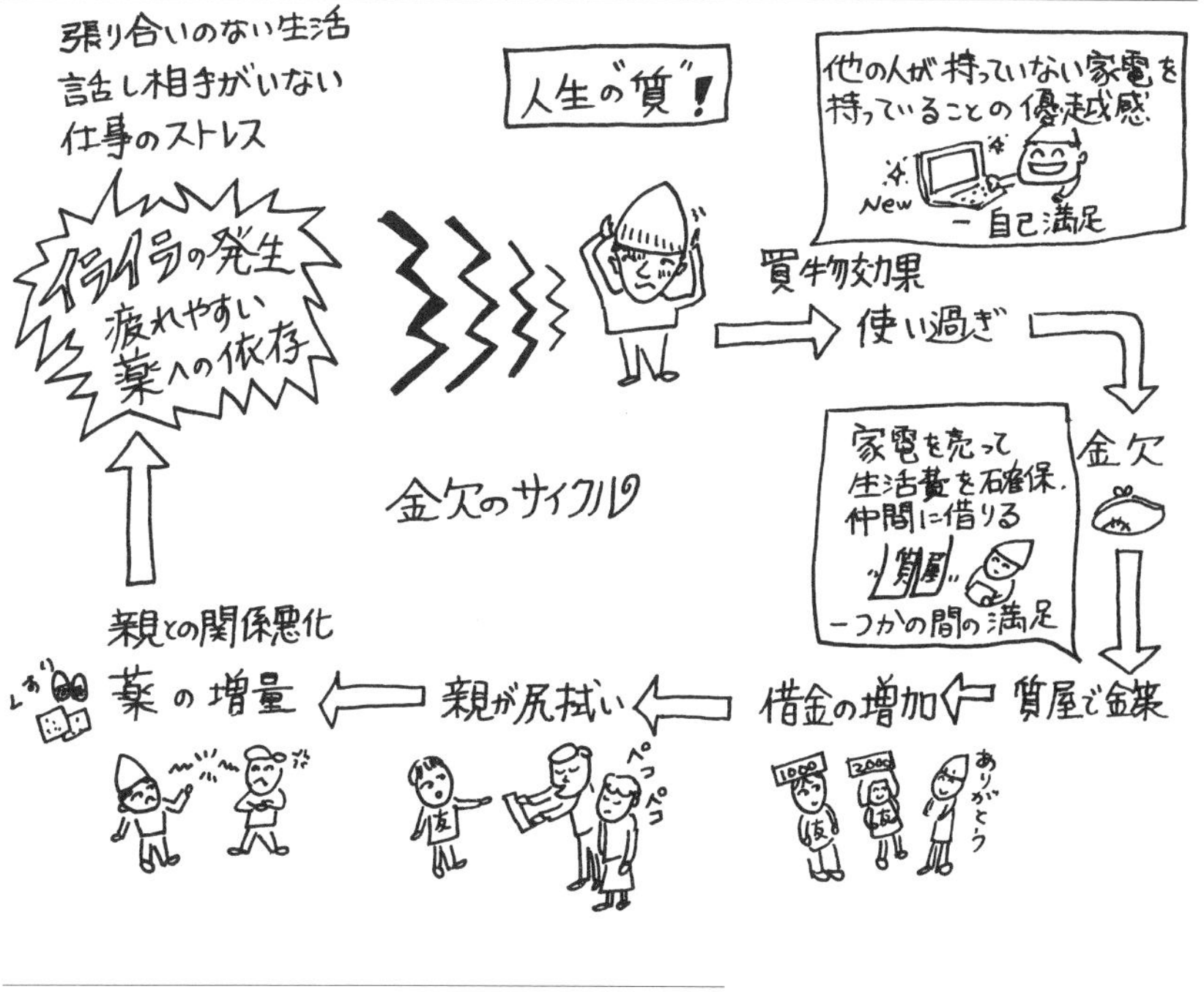

⋮親に、「友達にサラ金で借りている人がいるんだけど、ぼくにも貸してくれるんだろうか」と相談するだけで、親はすぐ貸してくれる。とくにぼくの場合、親が警官だったのですごく効いた。しかし、当然のように親子関係は悪化し、借金と被害妄想と薬と入院が増える一方だった。それが、ふたたびイライラの震源となり、金欠の悪循環に陥った。

これらを図示すると、［★1］のようになる。

3 金欠の効果——コミュニケーションスキルの向上

金欠の研究をしてみて、これは、コミュニケーションの技がなければできない技であることがわかった。とくにぼくが共同住居で生活を始めて仲間の部屋をまわって金策を重ねた結果、住居全体のコミュニケーションが活発になり感謝された。じつは、ぼくが入居している共同住居は入居者の交流が乏しく、それが課題となっていた。ところが、お金を借りるために部屋まわりをしているうちに、困ったみんなが相談しあうようになったのだ。これは「坂効果」と呼ばれている。

おわりに——潔さんには負けました

ぼくの金欠は終わっていない。しかし金欠の研究を始めて、ミーティングというかたちで話し合う機会が増えたし、講演にも行けるようになった。人づきあいが増えて、逆にお金を貸してほしいと頼まれる場面も多くなり、苦労も増えたが、練習の機会になっているというのが現在である。二〇〇四年五月のべてる祭では「金欠」の功績が認められて「ぱぴぷぺぽだったで賞」を受賞した（五一頁イラスト参照）。いちばんべてるらしい賞だということである。まさかもらえるとは思わなかった。

ぼくはいま、とりあえずは「権利擁護事業」というお金の自己管理を助けるサービスを使ってやりくりしている。いちばん大変だったのは、金欠が落ち着いたころだった。毎日、金策で明け暮れていたのが嘘のようになくなり、気持ちに〝暇〟ができて持て余してしまったのだ。

浦河でいうと、早坂潔さんは金欠の大先輩である。早坂さんはいまも苦労している。金欠のぼくにお金を借りにくるのは潔さんぐらいである。その先輩たちとこれからも金欠の研究を続けたい。

intermission 1

ライブ！ 精神科外来待合室で、岡本さんに出逢う

岡本 勝＋上田吉美（兵庫県在住）

浦河赤十字病院の精神科外来で待っているあいだ、べてるの家の岡本勝さんと出逢った。前日の日曜日に皆さんとお茶会で交流したので、岡本さんは、わたしの顔を覚えていてくださったようだ。

上田 こんにちは。きのうはありがとうございました。

岡本 いやー。

上田 診察ですか。

岡本 遊びやー。

上田 そうですか。じゃ、わたしも遊びかな。……わたしはこの五月、べてるの総会に来させてもらいました。べてるの本も読んでいたので、名前は知っているけれど顔と名前が一致しないので……どなたでしたか。

岡本 岡本や。

上田 ああ、岡本さんですか。べてるの家に住んでおられるのですね。わたしは五月の総会のとき、べてるの家に寄って早坂潔さんと少しお話をさせてもらったので、そのときの温かさに魅かれて、また来てしまいました。今度は、息子を連れてきてるんです。でも息子はブツブツ独り言を言いながらホテルで寝てます。

岡本 なんや、あんたは正常か、悪いのは息子かい。

上田 （笑いながら）そう、わたしは正常なんです。

岡本 息子の歳は、いくつや。

上田 二七歳です。

岡本 大学、出てるのか。

上田 高校のときからおかしくなって、中退してます。

岡本 それで、治ってほしいと思ってんのか。治るっ

てどうなることや。

上田　治らなくても、息子が自分の病気、状態を受け入れて、生きていけたら……。（と言いかけて、そう思おうとしているだけで、やっぱり元に戻ってほしいと思う気持ちは否定できないなあと思って、何も言えなかった。少し涙ぐみはじめていた）

岡本　あんたは、ええ母親やなあ。そんな母親は、ここにはおらんよ。俺なんか、母親はもう死んだけど、「おまえは体は大きいが、精神は○○○や（よく聞き取れなかった）」と言われて、自分が情けなかった。精

●岡本勝さん

東京オリンピックで景気がよいころ、神奈川県の鶴見で働いていて統合失調症を発症。

『べてるの家の本』の中に、向谷地生良氏のこんな文章がある。

《「べてるの仕事にも集中できず、いつも独り言を言いながら町を散歩している岡本さんは、時々、眼を泣き腫らしていることがある。心配して声をかけると「岡本勝がかわいそうで……」とつぶやく》

神科に入院して、生活保護を受けて。それでもここにいれば食べさせてもらえ、生きていけた。でも精神病院は、やくざみたいなもので、俺は普通の人と生活したかった。それで六年入院したけど退院して世に出た。

上田　……。

岡本　あんた精神科に来て、医者が治してくれると思ってるんか。そんなもんあてにならんで。精神科に入院して、生き方を学んでいくんや。

上田　岡本さんは、普通の人と生活がしたいと思われたんですね。わたしの息子は、どうしたいと言うような、そういう思いも、持っているのかどうか……。

岡本　あんた、息子に舐められてるんだ。

上田　そうね……。どうすればいいんかな、追い出せばいいんかなあ。

岡本　そうやなあ、そうしたって結局は、親が生きている限り面倒みなければ。あんたは死ぬわけにもいかんし。

上田　……。

岡本　息子は何か事件を起こしたことあるんか。

上田　そういうことはなくて、ただ引きこもっているだけ。

岡本　いっそ、警察沙汰になるようなことを起こしたほうがいいかもなあー。

上田　そうですね。

岡本　あんたの息子は、両親に守られているあいだは、病気とは言わんよ。病気とは、守られる者がいなくなってひとり世の中に出てみてはじめて、何もできない自分が、はっきりしてきて、それと向き合っていくんだよ。むかしは、精神病というと、いまのようにチヤホヤされることはなかった。厳しさゆえに、それで治ってしまうこともあった。医者が治せるものでもない。むしろ我々一般のなかでのほうが治せる場合だってある。宗教とか、ある種の教育的な方法で治ることもある。

上田　……。

岡本　主人は何してるんや。

上田　不動産会社の社長してます。（言いたくなかった

けれど、ウソをついても、後がしんどいから）
岡本　あんた金持ちか、もともと財閥か。
上田　いいえ、何もなしで。
岡本　息子にあとを継がせる気か？
上田　主人は、この子は学歴もないし、こんな状態だから、就職もむずかしいので、継がせたいと思っています。
岡本　どこで会社してるんや。
上田　大阪駅前で。
岡本　そんな大都会で、息子に社長するだけの度胸あると思うか。
上田　いいえ、思わない。
岡本　……恋愛結婚か。
上田　はい。
岡本　でも、あんたも結婚するときに抱いていた希望と違ってしまったことが悲しいんだよなあ。金持ちだから幸せともいえないし、金がなくても幸せなことだってある。
上田　そうですね。

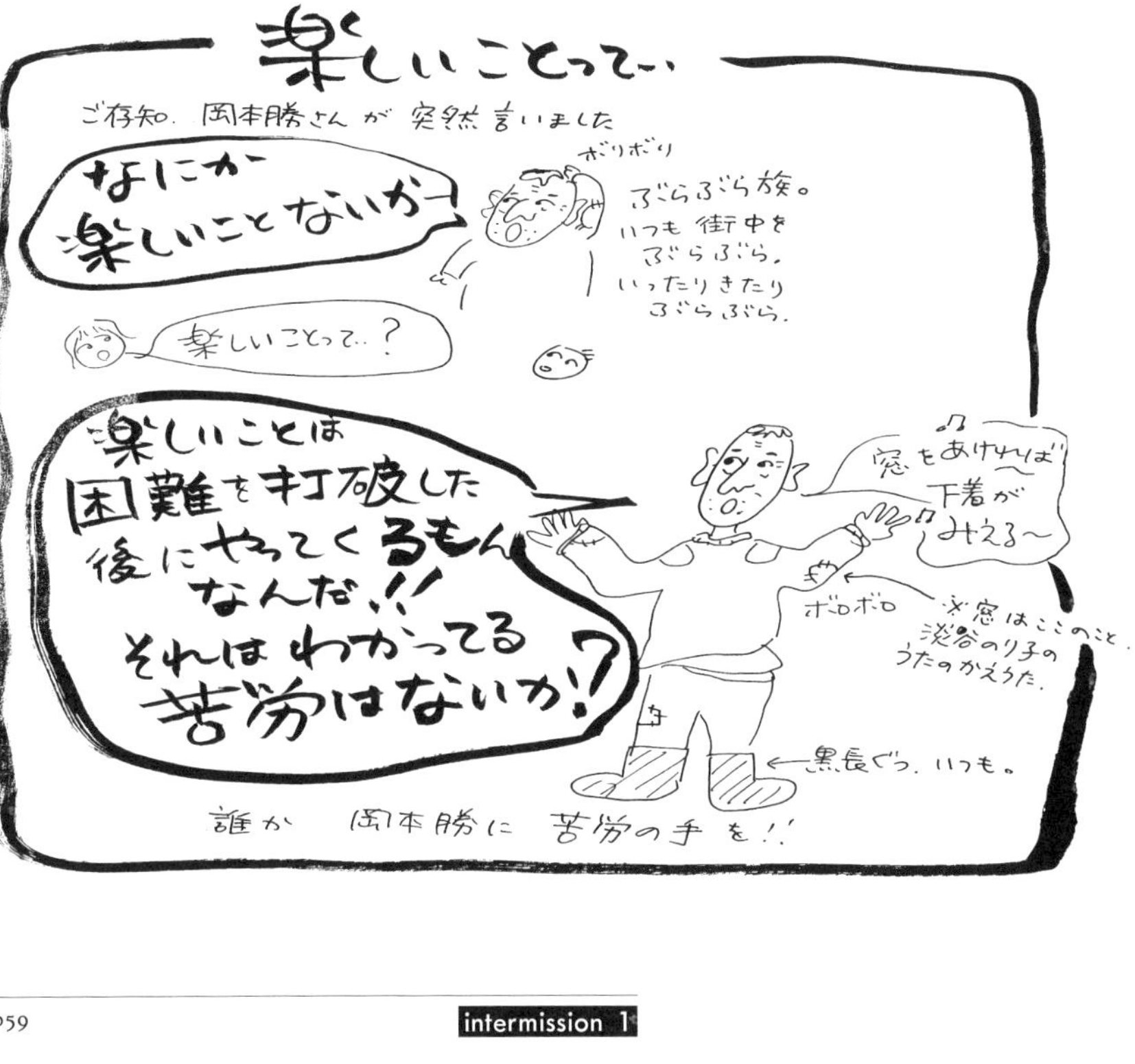

楽しいことって…
ご存知、岡本勝さんが突然言いました
ボリボリ
なにか楽しいことないかー
ぶらぶら族。いつも街中をぶらぶら。いったりきたりぶらぶら。
楽しいことって…？
楽しいことは困難を打破した後にやってくるもんなんだ!! それはわかってる 苦労はないか!?
窓をあければ〜下着がみえる〜
ボロボロ
※窓はここのこと。淡谷のり子のうたのかえうた。
黒長ぐつ。いつも。
誰か 岡本勝に 苦労の手を!!

岡本　俺は、結婚歴はないけれど、嫁さんを、あんたみたいな目に逢わせてしまうと思ったからできなかった。でも、いろんな女の人と、話はできるし、いまこうして、あんたとも話をしている。
上田　はい。
岡本　幸せって何や。俺は生きていて幸せかどうかわからん。死んでも幸せになれるとは思えなかったので生きてきた。ただ、それでも生きるんやと言い聞かせて生きてきた。……こうして、息子を思って泣いているあんたは、幸せなんかもしれんよ。
上田　そうかもしれません。
岡本　あんたは、いい人や。いつまで居るんや。
上田　二四日まで。
岡本　そうか、それまでに、また、べてるにおいで。
上田　はい、息子を連れて行くかもしれません。

順番が近づいてきて、看護婦さんに「上田さん、初診なので少し問診をしますので中にお入りください」と言われ、中に入った。出てきたら、岡本さんの姿はなかった。

少しして、川村先生に診察室に呼ばれ、三〇〜四〇分話をして出てきて、外来の前で座っていると、岡本さんが病棟のほうから階段を降りてきてわたしを見つけ、手を振ってくれて、「どうや、落ち着いたか」と聞いてくださった。「だいぶ楽になりました」と言って笑うと、安心した顔でわたしの頭をなでて帰られた。

［二〇〇三年八月一八日、浦河赤十字病院の精神科外来待合室にて、上田吉美の記録より］

II

探求系

汲めども尽きぬ泉たち

4 くどさの研究Ⅰ
幻聴さんにジャックされる人、されない人

林 園子＋幻聴さんレスキュー隊
協力＝河崎寛 松本寛 山本賀代 鈴木恵美子 臼田周一 広瀬秀幸 岩田めぐみ

はじめに――幻聴さんレスキュー隊の誕生

〈幻聴さんレスキュー隊〉が結成されたのは、二〇〇三年四月のことである。べてるしあわせ研究所（二五頁＊1）には、「爆発の研究」（一九二頁）でがんばっている河崎寛さんを隊長とした〈爆発救援隊〉がある。幻聴さんの言葉に左右されてさまざまな失敗体験をもつわたしたちは、「幻聴さんも一種の爆発である」という解釈から爆発救援隊のミーティングに参加してきた。しかし、わたし自身をはじめ幻聴さんに苦労をしている人の多さや深刻さを考えると、爆発系一般とは別に、幻聴さんにしぼった研究と救出方法を確立する必要があるという結論に至ったのだ。

ここで大切なことは、救出が必要なのは、幻聴さんを抱えた当事者自身だけではないということである。幻聴さん自身も救出対象なのだ。これは、長年幻聴さんと連れ添っている鈴木恵美子隊員の提案である。当事者も苦しんでいるが、幻聴さんも苛立っているのだ。そこで幻聴さんレスキュー隊が誕生し

たというわけである。

しかし「救出」といっても、言うのは簡単だが実際におこなうのはむずかしい。隊長であるわたし自身、〈幻聴さん〉にも〈お客さん〉（「用語解説」参照）にも、いまだに苦労している。そこで幻聴さんレスキュー隊の発足を機にあらためて、べてるの仲間のメインテーマである「幻聴さん」の研究に取り組んだ。

今回は「幻聴さんにジャックされる人、されない人」の謎に迫る研究の第一報である。

研究の目的

わたしたちのまわりには、幻聴さんを抱えながら暮らしている仲間は多い。しかし、べてるしあわせ研究所の所長である松本寛さんのように、幻聴さんが「我が良き友」になってさびしさを紛らわせてくれて、種々の生活上の危険から自分を守ってくれる「生活の必需品」となっている仲間もいる。

ここで、幻聴さんに左右される人と、左右されない人、という違いが生じる。松本さんは「車に飛び込め」という幻聴さんの声が聴こえながら、それに従わない。逆に、幻聴さんの命令どおりにお金を配って歩く人もいる。いったい何が違うのか――これが、今回の研究テーマである。

「幻聴さんとの関係論」を仲間と共に研究することで、〝幻聴さんジャック〟に苦しむ人たちが少しで

●用語解説
幻聴さん……聞こえてくる声。

お客さん……さまざまな生活場面で自動的に起きてくる（多くは否定的な）思考。

くどうくどき……「幻聴さん」や「お客さん」によってくどくなってしまう症状につけたニックネーム。

も楽になり、安心した暮らしを取り戻すことができればいいなぁと思う。

研究の方法

幻聴さん体験を抱えている仲間に集まってもらい、自分の体験を話してもらった。それを皆で整理をし、幻聴さんの悪循環の謎に迫った。さらに「幻聴さんにジャックされる人」と「幻聴さんにジャックされない人」の違いについても整理を試みた。

1 林園子の幻聴体験

厳しい家庭に育って

幻聴がしょっちゅう聞こえるようになって一七年が経った。今年（二〇〇四年）の夏で一八年目に入る。高校生のとき、授業中に先生がわたしのことを話しているような気がした。授業が終わった後に聞いてみると、「それは空耳だよ」という返事だった。

わたしは幼いときからずっと情緒不安定だった。両親が厳しすぎるくらい厳しく、小学生のとき門限が午後四時だった。放課後学校でドッジボールをしている級友をうらやましく思いながら帰宅しなければならなかった。

帰ると、スパルタ式に母がわたしに勉強を教えた。母が一生懸命に教えても、わたしは飲み込みが悪く、そして不注意で、「kg」と「km」を間違えたりした。母も苦労したと思う。ちゃぶ台で勉強しているわたしの背中を母が蹴って、ちゃぶ台とわたしが一緒に庭に飛ばされたこともあったが、現在も母とわたしはうまくいっており、いまではそれもなつかしい楽しい思い出である。

母が勉強を見てくれて、女子ばかりの私立の中学を受験し入学した時点で安心してしまい、まったく勉強しなくなった。両親は、さらにレベルの高い大学に行くことを希望していたが、高校、大学とエスカレーター式で行くことになってしまった。

中学から大学まで宿題、予習、復習を怠ることが多く、提出物も期限を大幅に過ぎてから出すという周囲から見ると不まじめで怠惰な学生だった。大学は一〇分以上遅刻すると欠席になるという規則だったが遅刻・欠席がほとんどで、授業に出席するふりをしてデパートで遊んだり、映画を見にいったりしていた。単位もほとんど取得することができなかった。

横浜の中華街で……

大学一年のときには、自分が人に良く言われているような幻聴が始まっていた。合唱部にいたのだが、部活から家に帰るときに「おしゃれっぽい、かわいい、きれい……」などと聞こえたような気がして、解放感いっぱいでフワフワとしていた。

大学では遅刻・欠席をたくさんしてしまい、ほとんどすべての科目の単位を落として両親をひどく悲しませてしまった。

大学二年のころになると、幻聴がわたしのことを非難しはじめた。

春休みに女の子三人で横浜に旅行したときのことである。中華街で歩いていたときのことである。一人が肉まんを食べていて、「もういらない」と言ってそれを道端に置こうとした。そのとき「そんなことすると片付ける人に悪いから、地面に置かずにごみ箱に捨てよう」と言いたかったのだが、そのときなぜか言えなかった。一緒に旅行するくらいの仲ではあったが遠慮して言えなかったのだ。そしてわたしの友人が肉まんを下に置いた瞬間に「デブ、ブス……」という声が聞こえはじめた。わたしは合唱団で副指揮者をしていたので、「デブ、ブス、副指揮者はダメだ、頼りがいがない」とも聞こえた。

その旅行から帰ってしばらくして、ふだんの様子と違うことに気づいた両親に勧められて、初めはいやだったが割とすんなりと精神科を受診した。その診療所は家から遠く、そこまで行く途中に幻聴が聞こえてつらかった。とくに受付の人たちがわたしのことを噂しているような気がした。

幻聴さんばかりでなく、急に頭のなかに浮かんだ言葉の命令に従ってしまうという現象も起きるようになった。その言葉の命令に従い、何度も何度も電話をかけてしまい周囲のひんしゅくを買い、自己嫌悪に悩んだ。医者に相談すると薬がどんどん増えていった。

主治医は「幻聴に『あっちいけ！』と怒鳴るか、突き放すといいよ」と教えてくれたが、逆効果だった。よだれが出て呂律が回らなくなった。やがて注射にも依存するようになり、幻聴さんが聞こえてつらいので注射打ってと言っては一日三回も打ってもらうこともあった。

そんな行きづまりのなかで、縁あって浦河で暮らすようになった。そして、べてるの仲間と一緒に幻聴さんとのつきあい方の研究が始まった。仲間にいままでの苦労を話す作業をして［★1］ができあがった。しつこい〈お客さん〉には、わたしの提案で〈くどうくどき〉くんと命名した。

[★1]　幻聴さん・お客さんにジャックされた状態がもたらす悪循環

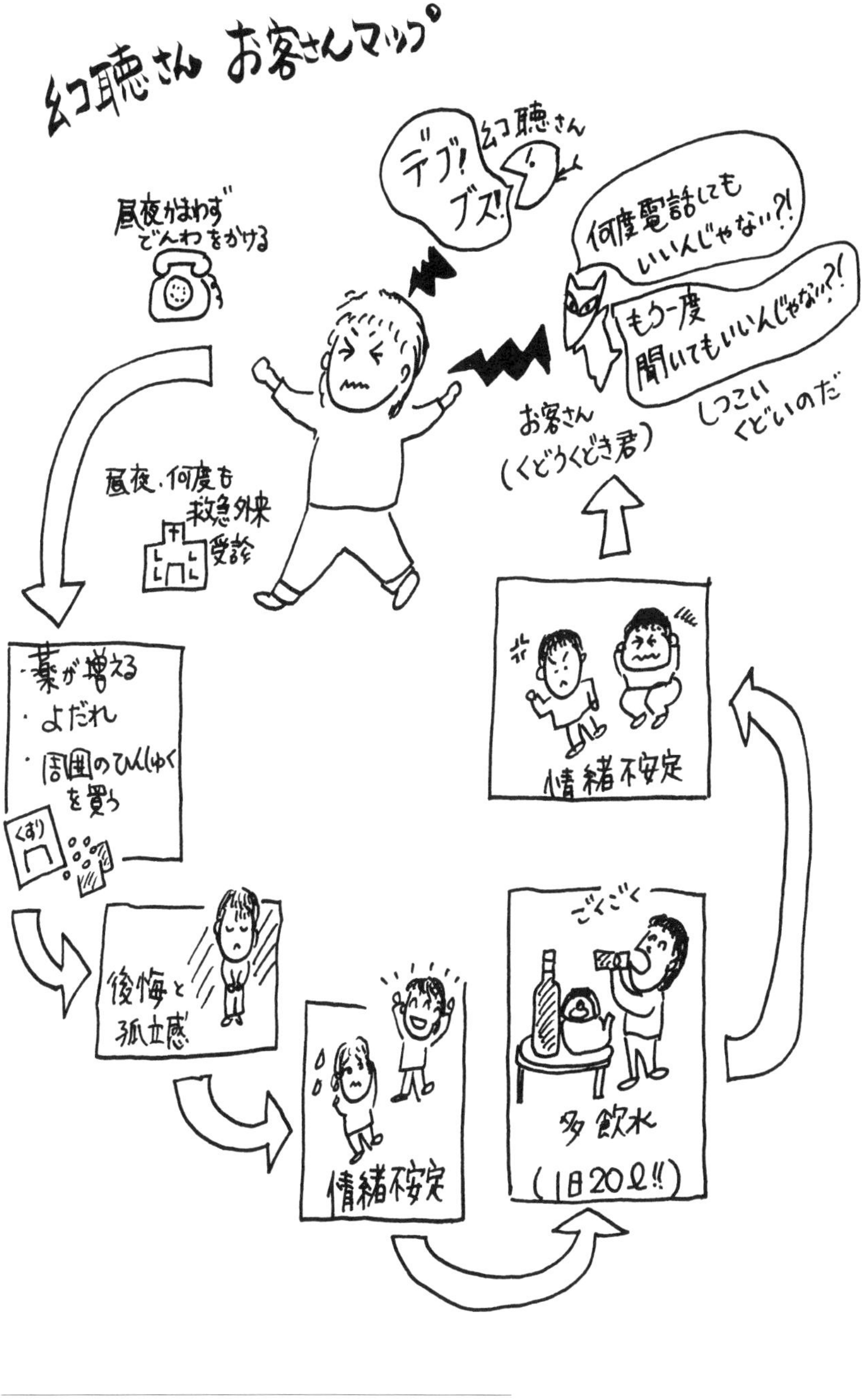
幻聴さん　お客さんマップ
デブ！
ブス！
幻聴さん
何度電話しても
いいんじゃない？！
もう一度
聞いてもいいんじゃない？！
お客さん
（くどうくどき君）
しつこい
くどいのだ
昼夜かまわず
でんわをかける
昼夜、何度も
救急外来
受診
・薬が増える
・よだれ
・周囲のひんしゅく
を買う
くすり
後悔と
孤立感
情緒不安定
ごくごく
多飲水
（1日20ℓ!!）
情緒不安定

2 つきあい方の実践的研究

幻聴さんには礼儀正しく接する

［★1］のような苦しさの悪循環のなかで、浦河でもひどいときには一日二〇リットルもの水を飲んだ。体が膨れ上がり、トイレ通いが止まらなかった。しかし、幻聴さんや〈くどうくどき〉とのつきあいの苦労が始まるたびに仲間や職員に相談し、そこで考えた方法を実際に試すということを繰り返し

そしてSAのあと、体育館で素振りをしていた
松本くんに出会いました。
あっ 松本くんだ
松本くーん
私 今日 幻聴さんがすごくきこえて
こまってるんだー
園ちゃん
プロ野球をめざして素振りする松本くん
王さんが目標
へえ〜〜 じゃ 幻聴さんが何て言ってるかきいてごら〜ん
そこで 幻聴さんの声をよくきいてみると…
大丈夫!!
幻聴さんたち
松本くーん
幻聴さん「大丈夫だ」って言ってる
へえ〜
よかったねえ〜
ログセは「人生ってジョーダンなの?」という明るい分裂病松本くん
松本くんて、なんかほっとする。
しあわせな気分になるよ。
昔はね、薬のんで注射して何も考えられなかった。今は薬が減って、本当の苦労と向きあえる。
しがいのある苦労だよ。幸せ、本当に今幸せ。
死ななくて良かった。生まれてきて良かったし、
生きててよかった。みーんなの栄養もらって生きてるんだ〜

た。それは、いままで誰からも教わらなかった方法だった。

まず幻聴さんに対して以前は突き放すように怒鳴っていたのだが、仲間の提案を受け入れて、丁寧に礼儀正しく、〝お願いして〟断るようになった。

「デブ、ブス、おまえなんかだめだ……」等々が聞こえてつらいときは、わたしは幻聴さんに「今日はつらいのでテレビを見ながら、ゆっくり休みます。もう夜なので幻聴さんも帰ってゆっくり休んでください。お願いします……」と声に出して言う。最後に必ず、「お願いします」と言うのがコツである。

声に出して言うと、幻聴さんにお願いした実感がわくし、最後に「お願いします」を添えると幻聴さんに礼儀正しくできるので、わたし自身、安心できる。ひとり暮らしなので声を出しても誰にも怪しまれない。だから道で聞こえたりしたら帰ってくるまで頭の中で言って、部屋に戻ってから口に出して幻

聴さんにお願いしている。

しかし以前、この頼み方をしても幻聴さんがなかなか帰ってくれないときがあった。一〇回繰り返しお願いしてもまだ幻聴さんが聞こえたので、思い切って二〇回「お願いします」と頼んでみた。するとようやく帰ってくれた。

うれしくてそのときは、いの一番にスタッフや仲間に報告した。みんなもすごく喜んでくれたのが、またうれしかった。

幻聴さんも最近は「よくやってるね」と誉めてくれるときもある。攻撃してくる幻聴さんはつらいけど、誉めてくれる幻聴さんは、ときどき聞こえるといい。

〈くどうくどき〉には穏やかに諭してみる

幻聴さんだけでなく、〈くどうくどき〉とのつきあいの苦労もある。

わたしは、人に同じことを何度も言った後で、「そのときのその人がどう思ったか」が気になる。しないほうがいいと自分ではわかっているのに、衝動にかられて強迫的に夜遅くに何度も電話をしてしまうことがある。そうすると今度は、その電話をした相手が自分をさらにどう思ったか気になってくる。それを聞きたくてまた確認の電話をして、迷惑をかけてしまう自分がいる。それは、〈くどうくどき〉が、「電話したほうがいいんじゃないか」と普通に会話する声の大きさで話しかけてきたり、ささやきかけてくるからだ。

そこで、〈くどうくどき〉くんとのつきあいについてはSST（生活技能訓練）[*1]を活用した。具体的には、「くどい内容の電話した後、〈くどうくどき〉がわたしの耳元でささやく」という場面を設定した。〈くどうくどき〉役は仲間に頼んだ。

わたしの耳元で〈くどうくどき〉役の仲間が「もう一回電話したら？　しなくて大丈夫なのか」とささやく。彼が「何度電話したって大丈夫、大丈夫」とわたしを陥れようとしても、わたしが彼の誘いを断って自分を助ける練習をした。

くどき──それで大丈夫か？　電話して聞いてみたらどうなんだ？

林──もう、ごはん食べてくつろいでいる時間だから、やめておいたほうがいいと思うよ。

くどき──もう一回電話してみたら？　きっとまだ起きているよ！

林──今日はもう遅いから電話するのはやめて、あした作業所へ行って聞いたほうがいいと思うよ。

このような感じで、実際の人と話すように穏やかに諭す練習を続けている。そうすると逆に、「そんなときは遠慮なく電話をちょうだい」と仲間が言ってくれるようになった。……そのように言ってくれると、こころからうれしい。

現在も、この「研究と実行」という繰り返しは続いている。その結果、現在は薬が三分の一に減り、注射も不要になった。飲水もときどき飲みすぎるが、大幅に減っている。

こんな人が幻聴さんにジャックされる

今回の研究のいちばんのテーマは、「幻聴さんにジャックされる人と、されない人の違いは何か」ということであった。わたし自身、長いあいだ幻聴さんにジャックされて、暮らしが行きづまっていたが、いまではなんとかやっていけるようになってきた。それでは、なぜいまは幻聴さんにジャックされないようになったのか。いまの回復をもたらしたものは何なのか。

幻聴さんにジャックされる人とされない人の違いについて、仲間同士の議論のなかから出た意見を［★2］にまとめてみた。

幻聴ジャックに苦しむ人は、左欄のような状態に陥っている人たちであるというのが、わたしたちの経験から出た結論である。このような話し合いができるところに、幻聴さんレスキュー隊の存在意義がある。

［★2］ 幻聴さんに「ジャックされる人」と「されない人」

ジャックされる人	ジャックされない人
自分に自信がない人	自分にオーケー
つけこまれるスキがある人	ジャックからの逃げ方がうまい
幻聴とのなれあい状態……依存	幻聴さんとの適切な距離感
自分に無関心	自己研究をする
いつも自分を責める	自分を誉める
理解者がいない	理解者がいる
人間関係が悪い	人間関係がいい
自分を大事にできない	自分を大事にする
淋しさや孤独感が強い	仲間や人とつながりがある
対処方法を知らない	対処方法を学び練習をしている
自分が嫌い	自分が好き

おわりに——幻聴さんも成長した

幻聴さんへの対応は、薬に頼るだけではだめだ。むしろ仲間の力を借りた研究を通じて、いま起きているつらさに当事者自身が向き合うことができるような環境が大切である。

わたしも、幻聴さんレスキュー隊を結成し、隊長としてみんなと共に研究することを通じて、「自分はひとりぼっちではない」と思えるようになってきた。浦河に来てからも、ときどき幻聴さんにジャックされ、しつこい行動をとってしまったが、みんなはその「ジャックされたわたし」をも受け入れてくれた。鈴木恵美子隊員の「自分も成長したが、幻聴さんも成長した」[*2]という名言にもあるように、自分と幻聴さんと仲間が、共に成長しあう場をつくることが何よりも大切であると思う。

最後に、今後〈くどうくどき〉くんの性格が変わって、彼が誉めることも覚えるようになったら、名前を〈あっさりほめお〉くんに改名しようと考えている。

＊1　ＳＳＴ……Social Skills Training の略で、「生活技能訓練」と呼ばれている。日本はもとより世界中に普及しているプログラムで、精神障害をもつ人びとが「自分のかかえる症状とのつきあい方」「対人関係」「薬の自己管理」などを課題として、スタッフや仲間の力を借りながらコミュニケーションのとり方や対処方法の練習をする。

たとえば「お金を貸してほしいと頼まれたら断れるようになりたい」という課題をもっている人が、一〇人前後のメンバーの中から選んだ相手と、「後で返すから千円貸して……」「じつは、自分もお金に余裕がなくて貸せないんですよ」などとローププレイをする。同席しているメンバーたちから、その話し方などについて「良かった点」を評価してもらったり、「さらに良くする点」を提案してもらい、自信をつけていく。

浦河では一九九二年から導入され、メンバーの自己対処能力を高め（エンパワメント）、自立を支援する方法として広く活用されている。

＊2　ビデオ『シリーズ精神分裂病を生きる』、第三巻「幻聴から幻聴さんへ」、浦河べてるの家、二〇〇一年

5 くどさの研究II

〈くどうくどき〉は食いしん坊だった

林 園子＋幻聴さんレスキュー隊
協力＝松本寛 河崎寛 清水里香 越田久俊 向谷地生良

はじめに――〈くどうくどき〉に口説かれないために

わたしの自己病名は「統合失調症・九官鳥型」である。〈くどうくどき〉に誘導されて、同じことを何度も何度も繰り返し確認せずにはいられない強迫的な確認行為がやめられなくなってしまう。たとえば、頭に数字が浮かぶと「電卓で計算しなさい」という幻聴さんがあらわれて計算が止まらなくなる。電卓がないと紙に計算を始めてしまう。さらには、「いま聞いたことがほんとうに正しかったのか、聞き間違いではなかったか」と気になりはじめると、どうにも止まらなくなってしまう。

人と待ち合わせするときの時刻も、数字の発音が似ているときはとくに心配になり、五回くらい聞いてやっと安心する始末である。人に聞いた言葉で気になることがあると、「さっき言っていたのはどういう意味ですか？」と確認し、相手が「気にしないで」と言っても「ほんとうに大丈夫ですか」と、時間に関係なく電話をしてまで確認してしまう。このような行為の繰り返しのなかで、しだいに家族や仲間との人間関係が悪化してきた。前に通っていた病院でもひっきりなしに電話を入れて症状を訴え、昼夜を問わず何度も救急外来を受診し、そのつど注射を打ち、薬もしだいに増えていった。その病院では、「もっとも手がかかり、よく入院する患者」のワーストスリーに入っていた。

「くどさの研究Ⅰ」（六二頁）で明らかになったように、「幻聴さんにジャックされるか否か」は、(1)素直に自分の気持ちを打ち明ける力、(2)自分に合った役割、(3)自分に対する正直さ、(4)幻聴さんに対する対処方法、などに影響される。

わたしは、この研究成果を生活に活かすために、仲間やスタッフと研究を重ねてきた。その結果〈くどうくどき〉の研究と実践が評価されて、なんと二〇〇三年度べてるの家「幻覚&妄想大会」で最優秀新人賞をいただいた。これもひとえに、仲間や皆さんのおかげである。そこで今回は栄えある受賞を記念して、くどいかもしれないけれど、その後の研究成果を報告したい。

研究の目的

今回の研究の目的は、〈くどうくどき〉の〝くどさ〟の意味を解明することによって自分をこだわりから解放し、〈くどうくどき〉とのつきあい方を身に付けて自分が楽になることである。また、自分が〈くどうくどき〉の一方的な〝被害者〟であるかのように見えるが、じつは、そんな単純なことではない。〈くどうくどき〉に助けられてきた面もあるし、その〝くどさ〟を表現するには、それなりのテクニックがあることも見えてきた。その点も、整理してみたい。

研究の方法

最初に、「爆発の理論＝河崎理論」をベースに、再度〝くどさ〟のサイクルを仲間やスタッフと共に整理してみた。その結果できたのが［★1］である。

まず昼夜構わず電話とか質問＝確認作業を強迫的にしてしまう。そのあとに後悔し、失敗を挽回するために周囲に気を使い必死にがんばる。すると疲れてしまい、さらに幻聴がひどくなり、もっとくどくなるのである。

次に、この〈くどうくどき〉に対処するための方法を仲間の体験を聞いていろいろと考えてみた。たとえば、どんなときに〈くどうくどき〉が騒ぐのかについて、そのときの自分の気分や体調を書き出してみることもした。

［★1］　くどうくどきの循環

1　くどさのテクニック

薬のソムリエ

先ほど述べたように、わたしは以前にお世話になっていた病院では手がかかる患者のワーストスリーに入っていた。そのことは自分でもよく知っていたので、病院の救急外来に毎日のように電話をかけるときには「いま、電話してよかったですか？」とまずは丁重に相手の都合を聞くようにした。何回も電話をかけるためには、相手に不快な印象をもたれてはいけないと考えての工夫である。

電話に出てもらう看護師さんも、いつも決めていた。指名した看護師さんに「あなたは、林園子に選ばれている」という思いになってもらうことが重要だからだ。こうしてわたしは、入院中も退院後も、何度も何度も看護師詰所や夜間外来を訪れ、一日に二回も三回も注射を打っていた。

入院中は、イライラするとき、不安時、しつこくなるとき等々のために、薬が頓服で一日に何種類も出ていた。薬をもらうときには、「いま﹅は﹅、薬は○○（薬の名前）をください」と、いかにも自分が薬と症状の自己管理ができているかのように振る舞うのがコツであった。求める薬の内容には、いま思えば何の根拠もなかったが。

聞いた話だが、ある病院から浦河に転院してきた患者さんが二〇種類くらいの薬を持ってきた。その袋には番号がふってあって「1番＝イライラしてソワソワするとき」「2番＝ソワソワしてイライラするとき」と書いてあったそうだ。どこがどう違うのかよくわからないが、その患者さんにとっては微妙に違うらしく、患者さんがぐあいの悪いときに詰所に行ってオーダーするようにしていたらしい。浦河ではその患者さんは、〝薬のソムリエ〟といわれていた。

わたしもそれ以上に〝薬のソムリエ〟をやっていた。看護師さんだって、くどさに振り回されるよりは、言いなりになって薬を手渡すほうが楽である。だからお互いにそれにハマッていた。

ナースコール・テクニック

入院中にくどくなったときは、ナースコールの押し方まで上達した。くどくなるとナースコールを一日に何度も押す。そして、三分に一度は看護師詰所に頓服薬をもらいに行っていた。大切なのは、ナースコールも、詰所に行くことも〝波状攻撃〟をかけるようにすることだった。

そのときには、あらかじめ病状のシナリオをつくっておくことがコツである。「何時何分に○○という薬を飲んで、何分たったらどんな症状になった。幻聴がこう言った……」というように訴えるのである。つまり、「先ほどあなたからいただいた薬とあなたの対応は、何も効き目がなく、役に立っていない」ということを、いかにも根拠があるように言うのである。

そう言われた看護師は、プライドが揺さぶられる。すると、なんとか手を打って次の頓服薬や注射で「ありがとうございます。お陰さまで良くなりました」と言わせたくなる。このようにして、わたしは〝くどさ〟の切符を手に入れていたのである。

2 〈くどうくどき〉の解明と対応

〈くどうくどき〉グッズの誕生

〈くどうくどき〉とは、幻聴さんや否定的な認知によってくどくなってしまう症状にわたしがつけたニックネームである。それをキャラクター化した人形もある。わたしが生活支援のスタッフに、くどくなる自分が苦しいと訴えたところ「こわい顔をして〝やめなさい〟とストップをかける仕草のオオカミの人形を持っているから、それを今度あげるね」と言われたのがきっかけだった。

この人形［★2］を見たとき「これこそ正真正銘のくどきだ！」と思った。目つきといい、口先といい、いかにも〝くどい〟感じがする。でも、くどくなるときの自分の表情にあまりにもそっくりで、かわいいなあと思った。

最初は、くどくなることを戒めようと思って、左手の内側に付けてくどくなりそうになったときにそれを見るようにした。しかし、いかにも「ストップ」をかけられているような気がして余計にくどくなってしまった。そこで、くどくなることをなんとかやめたいとSSTの場で仲間に相談したのだが、そのとき手にオオカミの人形を付けていた。仲間に「その人形はどうしたの?」と聞かれ、「くどくなることをやめたいから、人形を付けているの」と答えたら、「そのオオカミの人形に名前をつけてあげよう」ということになった。それでわたしの発案で〈くどうくどき〉と名前が決まった。それからは、いっそのことオオカミの人形をみんなに紹介しようと思い胸に付けて歩くようになった。

　効果はてきめんだった。〈くどうくどき〉を付けることによって、くどさの症状は変わらないが「この人形はどうしたんですか」と聞かれ、その人形の由来を人に話すことによってコミュニケーションがとれるようになった。そして、自分はひとりではないということがわかり、人とのつながりができた。

　そのあと、別のスタッフが「〈くどうくどき〉の反対のキャラクターもつくってあげるよ」と言って、ニコニコマークのアップリケをつくってくれた[★3]。そうやって、ニコニコマークを縫い付けてくれたスタッフのこころ遣いがとてもうれしかった。

　〈くどうくどき〉に襲われてくどくなってしまったときも、胸につけたニコニコマークに手を当てると不思議と安心するようになった。わたしはこのニコニコマークに、くどさを克服してあっさりとして自分を誉められるようになりたいという願いをこめ

[★2]　くどうくどき

[★3]　あっさりほめお

[★4]〈くどうくどき〉がやってきたスゴロク

て〈あっさりほめお〉と命名した。

このようにして、〈くどうくどき〉の解明と対処グッズが次々に開発されていった。なかでもいちばん忘れられないのが〈ひまくどき〉（後述）に襲われてどうしようもなくなったときに、暇つぶしをするためにスタッフと仲間がつくってくれた世界にたったひとつしかない「くどうくどきがやってきた！それはきっと暇なのよスゴロク」［★4］をいただいたことである。これは持ち運びができて、どんなところにも持っていける。暇を持て余しているとき、このスゴロクをやると、なにかこころが落ち着く。「ひとりじゃないよ」というみんなの思いが伝わる。

「な・つ・ひ・さ・お」と「た・な・か・や・す・お」

その後、「どんなときに〈くどうくどき〉が騒ぐのか」というテーマでミーティングを重ねた。その結果、〈くどうくどき〉には、(1)なやみくどき、(2)つかれくどき、(3)ひまくどき、(4)さびしさくどき、(5)お金・お腹・お薬くどき、のようなバリエーションがあることがわかった。[*1]

この五つを、いまではみんながその頭文字をとって「な・つ・ひ・さ・お」と呼ぶようになった。この「な・つ・ひ・さ・お」に対して、どのような対応をとるべきかを仲間と考えた。

［なつひさお］　なやみくどき

文字どおり、悩みがあるときにくどくなる。それには、《すぐ相談する》ことや、日ごろから《語る》習慣が大切となってくる。

［なつひさお］　**つかれくどき**

わたしの場合は、疲れているときにくどくなって、とらわれがひどくなる。疲れが取れると翌朝にはケロッと楽になっている。だから早めに寝て、ゆっくり翌朝まで《休む》のがいい。

［なつひさお］　**ひまくどき**

暇づかれでくどくなりかけたときは、《語る》相手をさがしたり、とにかく体を動かしたりすると効き目がある。

［なつひさお］　**さびしさくどき**

これは、人と話し足りないままに、夜、家へ帰ってひとりでいるときに来る〈くどき〉である。対処法としては、時間が遅くなければ《仲間》のいる共同住居に遊びにいったり、人に電話をしたりする。

［なつひさお］　**お金・お腹・お薬くどき**

〈お金くどき〉は別名〈金欠《きんけつ》くどき〉ともいい、お金がないときにくどくなる。そんなときには、お金を《おろす》か、親からお金を《送ってもらう》。

お腹が空いてくどくなったときには、なんといっても《食べる》が効果的である。〈お腹くどき〉は別名〈腹ぺこくどき〉ともいう。どんな食べ物がいいかは後で述べる。

お薬のトラブルによる体調不良は、まず、我慢せずに《すぐ相談》《すぐ受診》することが賢明である。いまでもお薬を飲み忘れているときがたまにある。わたしの場合一回でも飲み忘れると決まって状態が悪くなる。まとまった判断がつかなくなるので、心配になって確認作業を始めてしまう。お薬の力に助けられているところも大きい。

このように、「な・つ・ひ・さ・お」で自己チェックをして、それぞれの〈くどうき〉に自己対処をしている。その自己対処方法を整理したら「た・な・か・や・す・お」になった。わたしは、「な・つ・ひ・さ・お」と「た・な・か・や・す・お」を忘れずにいれば、自己チェックと自己対処が瞬時にできることを発見した。この関係をまとめると、[★5]のようになる。いまでは二つをカード化して、いつも持参している。

〈くどうくどき〉は食いしん坊だった

SA*2ミーティングで、みんなに「わたしといつまでもつきあってくれる人は手を上げて」と言ったら、「いいよ」と何人かが手を上げてくれたが、一人だけ「自由がほしい」と手を上げなかった。それが気になり、その夜九時過ぎに〈くどうくどき〉が騒ぎはじめた。みんなからの"見捨てられ不安"が始まったのである。わたしはスタッフに「みんなに見捨てられるような気がするんですが、大丈夫ですよね」と何度も電話してしまった。

するとスタッフは、「ところで、今日の"くどさ"は何のくどさ？」と

[★5] 「なつひさお」と「たなかやすお」

〈自己チェック〉　　　　　　　　〈自己対処〉

な…悩み　　　　　　　　　　　　た…食べる

つ…疲れ　　　　　　　　　　　　な…仲間

ひ…暇　　　　　　　　　　　　　か…語る、体を動かす

さ…寂しさ　　　　　　　　　　　や…休む

お…お腹　　　　　　　　　　　　す…すぐ相談、すぐ受診

　　お薬　　　　　　　　　　　　お…おろす、送ってもらう

　　お金

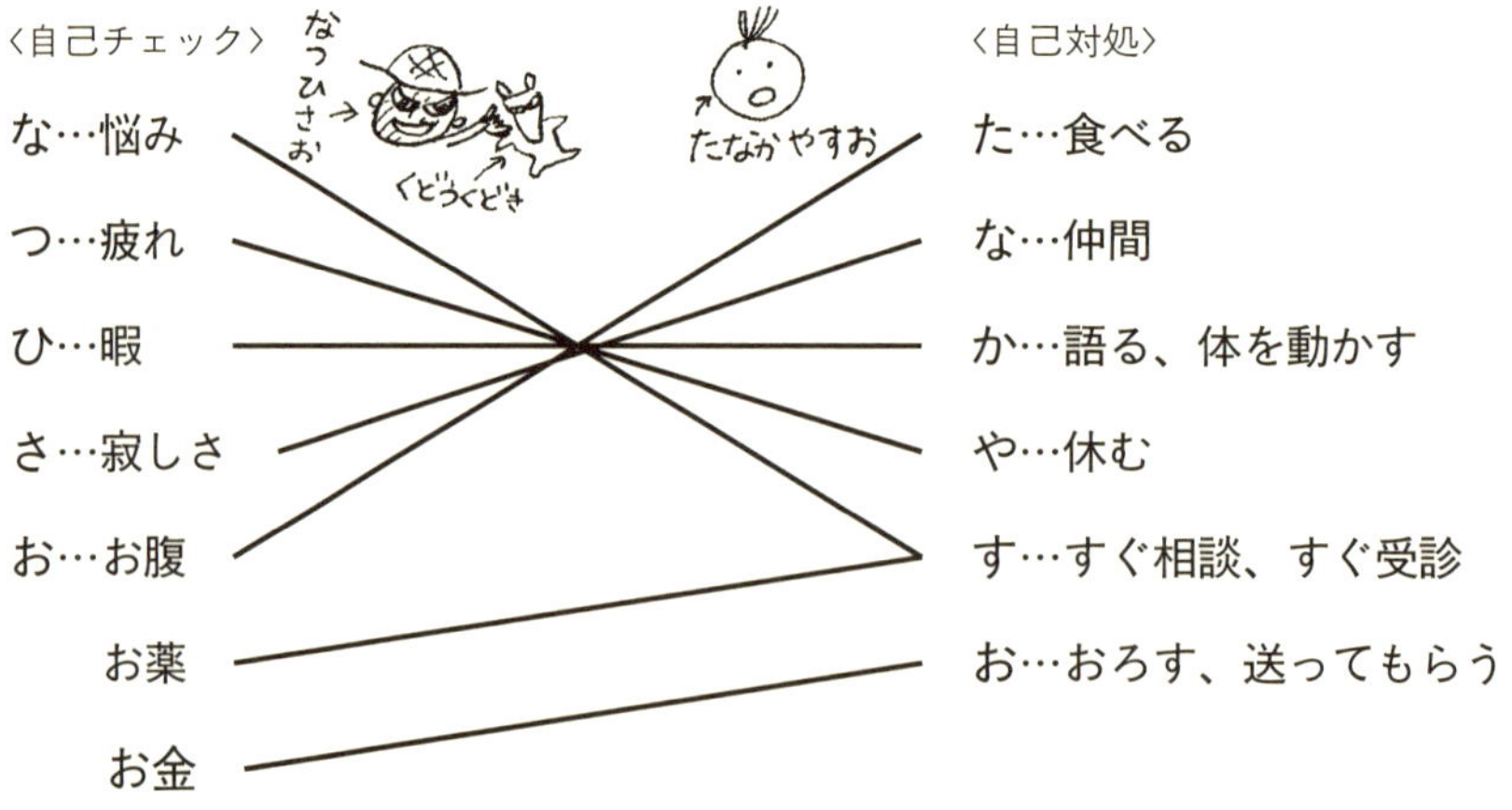

聞いてきた。はっと思った。「これは〈くどうくどき〉が入っている！」と気がついた。「えーと、今日は〈腹ペコくどき〉と、〈金欠くどき〉です」とわたしは答えた。ほんとうに郵便局からお金をおろし忘れ、財布には三円しか入っていなかった。それで、夕食を買いそびれていたのである。

スタッフは、「じゃ、これから林さんのアパートの前を通るから救援物資としてカップ麺を届けるね」と言って持ってきてくれた。食べた後、不思議と〈くどうくどき〉はおとなしくなり、静まった。幸せな体験をすると不思議に人間は回復するものだと思う。

この結果はすぐにスタッフにお礼かたがた報告したが、その後すぐに〈くどうくどき〉が好きなものを調べてみた。〈くどうくどき〉の症状の出方と食べ物の関係を考えてみると、どうやら〈くどうくどき〉の好物は「明治ブルガリアヨーグルト低糖（九二円）」と「豚キムチチャーハン」だということがわかった。なぜわかったかというと、わたしと〈くどうくどき〉とは、食べ物の嗜好が一緒だからだ。それ以来、〈くどうくどき〉用に、その二つをいつもストックするようになった。

〈くどうくどき〉に安心してもらう

さて、［★6］にあるような「安心のサイクル」をつくりだすためには、まず〈くどうくどき〉にも安心してもらうことだ。

〈くどうくどき〉に代表されるようなさまざまな〈お客さん〉とのつきあいをマスターするためには、なによりも仲間との練習が必要である。さいわい浦河には「三度の飯よりミーティング」という理念のもとに、ミーティングがたくさんある。わたしは爆発ミーティング、SAミーティング、金曜ミーティングなどに行って、悩み、不安、心配なことを仲間に話している。

　医療の力や、地域の生活支援の力も利用したほうがいい。疲れたときは、図書館へ行ってゆっくり休む。ここもべてるのメンバーの溜まり場である。図書館に行くといろいろなべてるの人がいて、友達の松本寛くんは医学が好きで医学書を読んでいる。通称〝姫〟は、手塚治虫の『ブラックジャック』にはまっているらしい。かく言うわたしは自分の病気に興味があって医学書を読んでいるし、友人のＫくんは近ごろ、宗教学の本を読んでいるらしい。

　ただ休んでいるだけの人もいて、松本くんは図書館のソファにごろんと横になっているときがある。日曜日ばったり会ったときに彼と話をするのを、わたしは楽しみにしている。そして、早めに寝て、一〇時間くらい朝まで休むとちょうどよい。暇なときは部屋を片付けるのもいい。さびしいときにはグループホームや共同住居に遊びにいき、仲間と一緒に食事をするようにしている。お腹がすいたときは、

［★6］　安心の循環

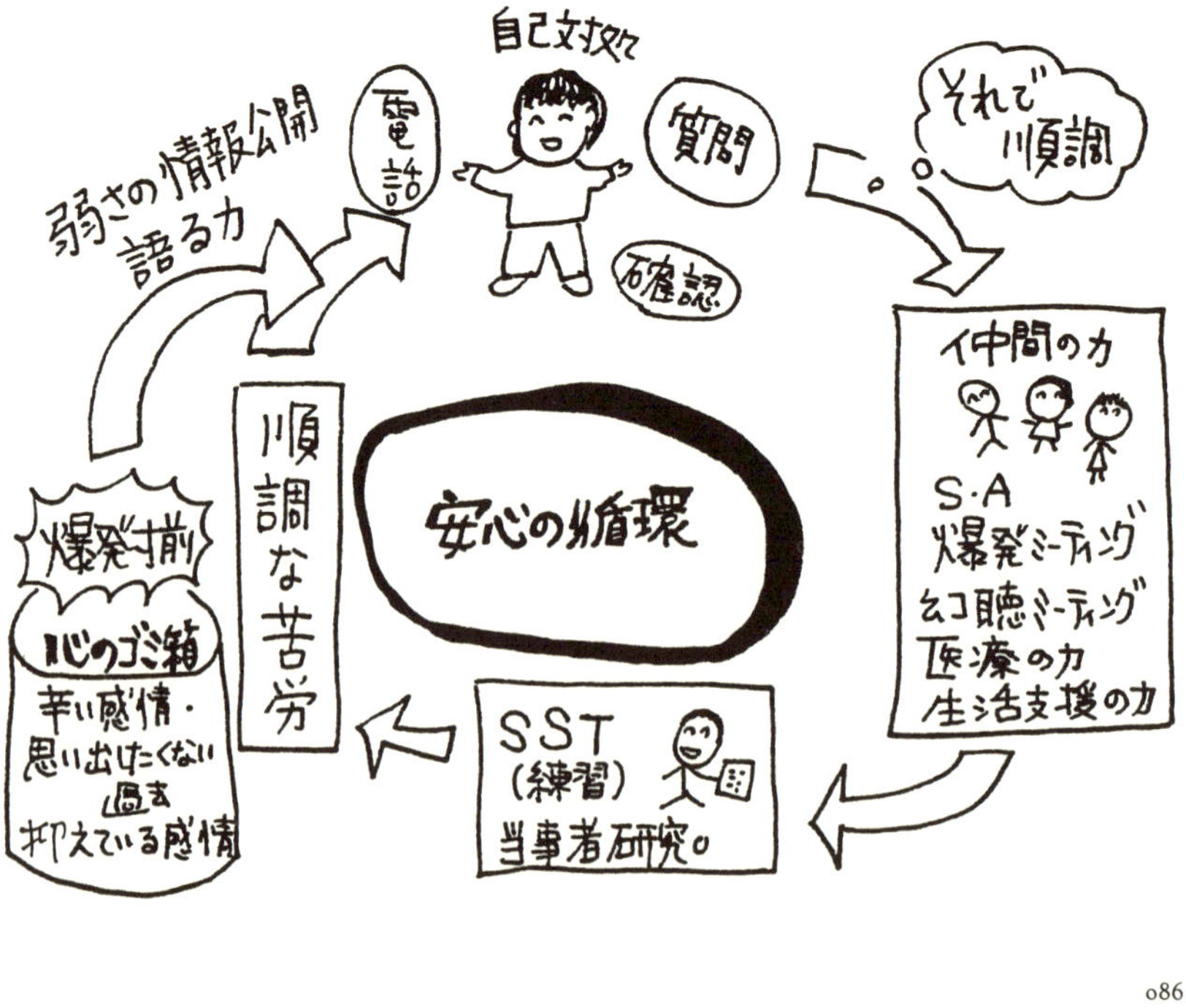

なにより食べることだ。〈くどうくどき〉は豚キムチチャーハンとヨーグルトが好きなのだから。

幻聴さんも相談相手に加える

最近、幻聴さんに「……たまにはぼくにも相談してよ……」と言われた。仲間や自分にばかり相談して、あまり幻聴さんに相談していなかったので、相手にしてほしくなったのだろう。

このように、わたしが〝くどく〟なるきっかけに幻聴さんとの関係がある。幻聴さんに「もう一回聞いてみたら」「また、電話してみたら」とそのかされると、夜遅いにもかかわらず電話してしまう自分がいた。その幻聴さんとのつきあいにも、変化があらわれてきた。

わたしは、病気とのつきあいと自分とのつきあいの、二つの苦労をもっている。このごろは自分でも、つきあい方がうまくなってきたように思う。それはたぶん、幻聴さんのほうも〝林園子〟とのつきあい方がうまくなってきたからだと思う。それをまとめてみた。

(1)つらい幻聴さんが聞こえたとき

…「つらいなあ」と思いながら幻聴さんを聞いていると、ときどきわたしを応援してくれる幻聴さんが、べてるの仲間の声で「大丈夫だよ」とか、「今日はつらい幻聴さんだね。でも大丈夫だから。なんとかなるから」と聞こえてくる。

(2)何かつらいことがあったとき

…「つらいねえ。でも、よくやってるね」と聞こえたあと、他の二、三人の幻聴さんの声で「やってる、やってる」と聞こえるときがある。このように、応援してくれる幻聴さんがときどきいる。

(3)疲れたれたとき

…「疲れているなぁ」と思うと、「まずは休んでみれー」と幻聴さんが言うときがある。

〈くどうくどき〉に口説かれない暮らし

幻聴さんは、実際にいつも会う仲間やスタッフの声で聞こえるので、説得力があり、安心できる。応援してくれる幻聴さんのときは、幻聴さんに相談することもある。幻聴さんに「今日はべてるに行ってみようかな。まだ眠いからやめようかな。どうしよう」と相談すると、早坂潔さんの声で「みんなの輪の中にいると気が晴れるから、まずは行ってみれー」と聞こえたときがある。行ってみたら、さびしさが消えて幸せな気分になった。そのように、幻聴さんに相談するといいことがいっぱいある。

また「くどくなっても、いいや」と、くどくなることを否定しなくなったら、かえってくどくならずにすむことがわかった。幻聴さんに「いま、くどいモードになっていて〝くどさの配達〟をしそうだけど、どうしよう」と相談してみたら、「べてるに行ってみんなに相談してごらん」と聞こえてくる。

応援してくれるいい幻聴さんの場合は、相談してみると正解であることがほとんどだ。そして、〈くどうくどき〉の症状に注目しないこと、「な・つ・ひ・さ・お」に注目すること、の二つの言葉をわたしのお守りにすることによって、ようやく最近は〈くどうくどき〉に口説かれない暮らしができるようになった。

3 苦労するチャンス、悩む権利

前の先生に申し訳ない

以前はひとりで悩むことが多く、くどさの配達をしてしまう自分がつらかった。しかし、引きこもってみんなのところに行けなかったときは、もっとつらかった。くどくなることがつらくて、ミーティングや集まりに行けないときがあったのだ。

でも浦河のみんなは、「大丈夫だよ。安心してくどくなりな。くどいのは林さんの安全装置。くどくなくなったら林さんじゃなくなる」とわたしをいつも応援してくれる。また、河崎寛くんは「変な林さんがいいんだよ。だけど同じことを言うのは一〇回までにしてね」とユーモアたっぷりに言ってくれた。だから、安心して今もくどくしていられる。みんなのいい栄養をたくさんもらって、安心しながら進んでいる。道が見えながら、応援されながら、暮らしている。

以前は調子が悪くなると注射を打ってもらい、薬を一日に何十錠も処方されていたけれど、いまではそれに変わってカップ麺やヨーグルトが役に立っている。十何年も真剣に自分の症状に向き合ってくれていた前の先生のことを考えると、申し訳なくなってくる。

「注射を打ってください」は「打たないでください」

注射がなくなったことも、浦河へ来てよかったことの一つである。

ここに来て間もないある夜、わたしは救急外来へ行った。偶然、その日の当直は主治医の先生だった。わたしは、「幻聴がつらいので注射を打ってください」と口では訴えたが、こころの底では「先生、打たないでください！　ここで打ってもらったら、いままでと同じになってしまいます！」と叫んでいた。先生は打たなかった。「ここで打ったら前と同じことになるから打たないよ」と言っていた。それは劇的な瞬間だった。もう症状を抑えることにこだわらなくていいんだ……と、はじめて安心することができた。

先生は「幻聴はあっていいんだよ、うまくつきあえるようになればいいんだよ」とも言ってくださった。わたしはとても気が楽になり、この日は、わたしが安心して幻聴さんとつきあえるようになる大きな転機となった。

地元にいたころ、わたしにとって幻聴はあってはいけないものだった。とにかく症状を消さなければならない、薬で、注射で、とにかく幻聴をなくしてしまわなければいけない、と必死だった。加えて、薬を打つとふわっとして気持ちがよかった。どんな口実を使ってでも打ってほしいときがあった。だから、わたしはものすごく注射に依存していた。毎日のように打ってもらっていた。一日に三本打ってもらうこともあった。

浦河へ来て注射がなくなったことで、苦労するチャンスが生まれたと思う。悩むチャンス、失敗するチャンスも生まれた。そして、行きづまると仲間に相談することを始めた。ミーティングやSST、SAに参加するうちに、コミュニケーションをとることの楽しさ、あたたかさ、人とつながることで安心することを、わたしははじめて経験した。それからだんだんと悩みや苦労の質が高まった。それと同時に、苦労する権利、悩む権利、失敗する権利を獲得し、人間が本来するべき当然の苦労を取り戻すことができたように思う。わたしは、「当事者からこれらの大切なチャンスや権利を奪わないでほしい」と、声を大にして言いたい。

おわりに——仲間にもらったアメ

二〇〇三年五月のべてるの総会で、最優秀新人賞をいただいた。べてるのみんなが、こんなに「くどい変なわたし」を認めてくれて、味わいのある人だと思ってくれていることを実感できた。つねに安心とつながりを求めていたわたしにとって、とてもうれしい、生涯忘れることのできない思い出となった。これからも、受賞の挨拶で思わず口をついて出た「名古屋で健康でいるよりも、浦河で病気でいるほうがずっと幸せ」の意味を大切にしながら、当事者研究を継続していきたい。この研究が、同じよう

●林園子さん

な苦労を重ねている仲間が、同じように当事者研究に挑戦し、自分なりの安心の方法を見つける手助けになれば幸いである。

最後に、最近のエピソードを一つ紹介したい。

先日、ものすごい量の幻聴さんが聞こえていた。ほんとうにつらかった。その日、わたしはＳＡミーティングに行き、今日はつらい幻聴さんが聞こえて苦しいんだけどどうしようとみんなに相談した。すると山本賀代さんが「今日はな・つ・ひ・さ・おのどれですか」と聞いた。「お腹が空いていて疲れています」と言ったら、「じゃ、このアメあげる」と言って、アメをくれた。彼女はわたしの前のほうの席に座っていたのだが、わたしのところまで歩いてきて、そのアメを手渡してくれたのだ。すると、幻聴さんが静かになった。わたしは感動した。自分の用意していたアメではなく、仲間のくれたアメだからよかったのだ。どんな注射や薬よりも、仲間のくれたアメが、わたしには〝効いた〟のである。

＊1　〈くどうくどき〉には、このほかにもいろいろとバリエーションがある。くどいかもしれないが説明しておきたい。最近新たに発見した〈まわりくどき〉は要注意だ。自分に対する相手の関心度をチェックするために、誘われてもいないのに「先生、わたしは○○の講演には行けませんから」とか言ってしまう。そこで「そうか、林さんにはぜひとも一緒に行ってほしいんだけど……」とことさらに頼まれると嬉しくなって、「じゃ、行きます」と言って作戦は成功する——のだが、川村先生はあっさりと「わかった」とスタスタ行ってしまい、けっきょくわたしは行けなかった。その後は後悔をして、すっかり〈くどうくどき〉にはまってしまう。だから、自分の気持ちを素直に言えるようになることも、とても重要だと思う。

ついでにもう一つ言うと、〈計算くどき〉というのもある。「小数を計算しなさい」と幻聴さんが言ってきて、つい電卓で小数の計算をしてしまう。「浦河に来てから小数の計算を何時間もして大変だ」と話したら、去年の誕生日に友人のひとりが電卓をプレゼントしてくれた。

＊2　**SA（スキゾフレニクス・アノニマス）**……一九八五年にアメリカで始まった、統合失調症等の精神障害をかかえた当事者によって主催される匿名の自助グループ活動。回復に向けた六つのステップを用いてミーティングをおこなうが、浦河ではそれらを参考にしながら独自に八つのステップをつくり、二〇〇〇年から活動している。

6 被害妄想の研究
幻聴さんだって自立する

清水里香＋被害妄想研究班
協力＝松本寛 河崎寛 下野勉 山本賀代 長友ゆみ 荻野仁 向谷地生良

はじめに——わたしはなぜ当事者研究を始めたか

わたしは、自分の抱えた生きづらさが統合失調症の被害妄想であることに気づくことができず、二〇代の大半をただただ苦しみのなかで過ごしてきた。しかし、いまはそれが病気であることを知っているし、どうやってその苦しみを回避するか、少しずつだがコツをつかんできたように思う。

自分の病気を語るのは、非常に恥ずかしいことだ。けれども、差しさわりのないことを書いても仕方がないので、自分がいちばんつらかったときのことを思い出し、わたしが統合失調症になってから何を考え、どうやって被害妄想とつきあってきたかを、整理してみたいと思い自己研究を始めた。

なお本研究の一部は、『べてるの家の「非」援助論』（医学書院、二〇〇二年）中の第14章「諦めが肝心」と重複するところがあることをはじめにお断りしておく。

研究の目的

自分の周囲には、幻聴の声に振り回され、苦しんでいる人たちがたくさんいる。かつてのわたしもその一人であった。押し寄せる自分への非難の嵐に必死に耐えていた七年間だった。そんなわたし自身に対して、「なぜ、被害妄想であることに気づくことができなかったのか」「なぜ、気づいたのか」「なぜ、いまは毎日の生活のなかで被害妄想を〝消化〟できているのか」について関心をもたれることが多い。

このたびは、以上の三つの点を自分なりに明らかにすることを目的に研究を始めた。

研究の方法

まず仲間にインタビューを受け、文章に書き出し、それを読みながら仲間やスタッフと議論して意見交換を重ねた。

1　自分いじめの七年間

被害妄想のはじまり

わたしにとって明らかな病気のはじまりは、大手スーパーの新入社員として入社して間もないときであった。ある日、朝礼で、突然わたしの考えていることが相手に伝わってしまって、言い当てられるという出来事が起こった。すべての人に自分の考えが一挙に伝わり、「エスパーだ」という噂が広がっていった。

いつしか、わたしをいじめていた人たちが幻聴としてあらわれるという状況になった。緊張と恐怖で頭の中がものすごいスピードで考えが止まらなくなり、考えを止めようとすると息が止まりそうになり、過呼吸で倒れるという状況に追い込まれていった。そんな自分を笑う声が聞こえてきて、結果的に仕事の継続が困難になり退職せざるをえなくなった。以来七年間、寝ているとき以外、朝から晩まで他人にこころの中を監視される生活が始まった。

あるとき親戚から、病院の精神科を受診することを勧められた。自分としては病気というよりも、とにかく自分の置かれた状態を話したかったし、自分は病気ではなく、薬でどうにかなるものでもないと思っていた。しかし自分のつらさを聞いてもらえるところがほかには思いつかなくて、精神科を受診した。

引きこもり生活に

精神科医の前でわたしは「自分は超能力者になってしまった」と打ち明けたが、信じてもらえたようには思えなかった。それは、わたしを失望させた。

わたしは主治医に「人にこころが読まれるのがつらいから、何も考えないでいられる薬はありませんか？」と聞いてみた。すると「考えをまったく無にすることはできないけれども、考えを抑える薬はあ

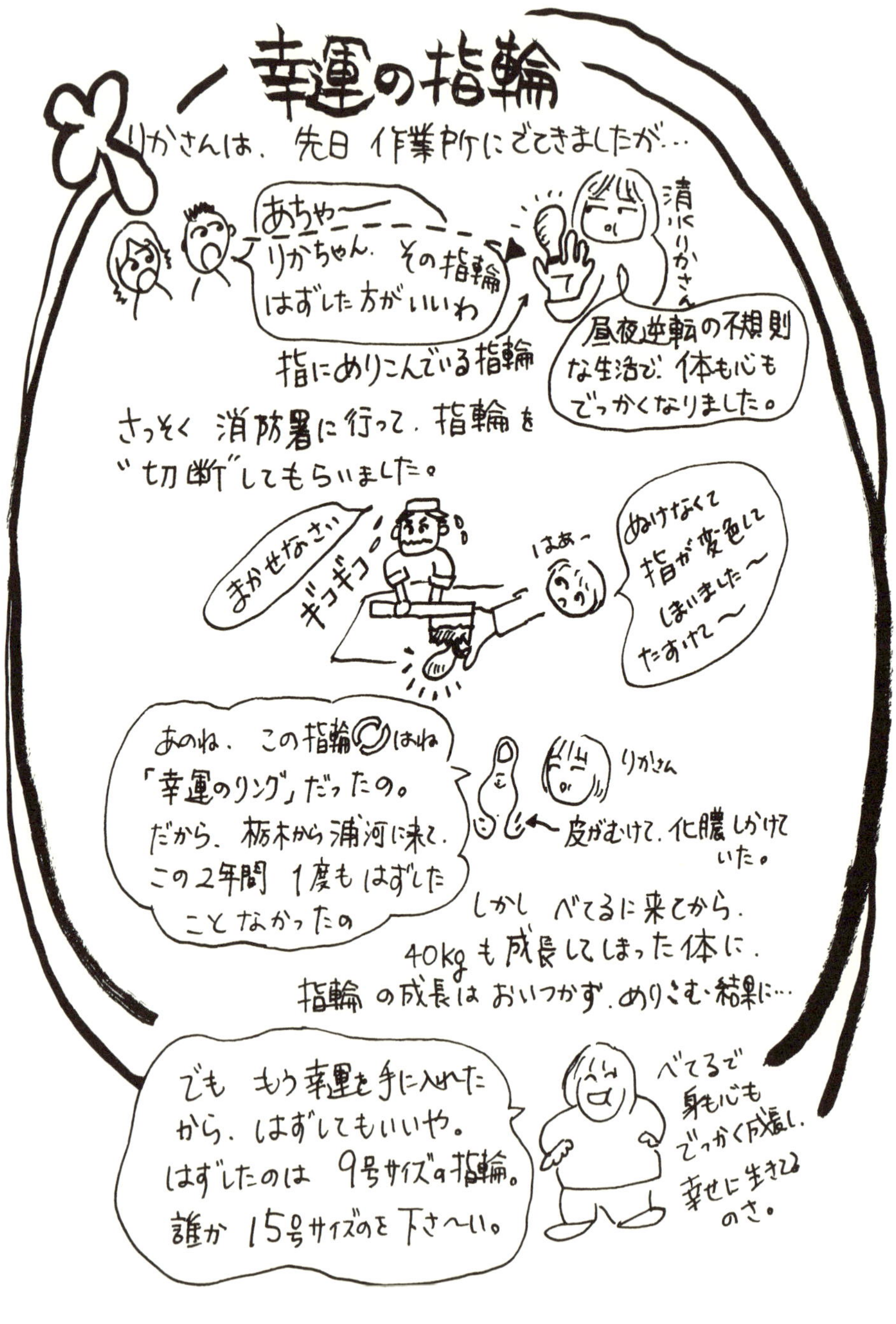
幸運の指輪
りかさんは、先日 作業所にでてきましたが…
あちゃ〜 りかちゃん、その指輪 はずした方がいいわ
指にめりこんでいる指輪
清水りかさん
昼夜逆転の不規則な生活で、体も心もでっかくなりました。
さっそく 消防署に行って、指輪を"切断"してもらいました。
まかせなさい
ギコギコ
はあ〜
ぬけなくて指が変色してしまいました〜 たすけて〜
あのね、この指輪はね「幸運のリング」だったの。だから、栃木から浦河に来て、この2年間 1度もはずしたことなかったの
りかさん
皮がむけて、化膿しかけていた。
しかし べてるに来てから、40kgも成長してしまった体に、指輪の成長はおいつかず、めりこむ結果に…
でも もう幸運を手に入れたから、はずしてもいいや。はずしたのは 9号サイズの指輪。誰か 15号サイズのを下さ〜い。
べてるで身も心もでっかく成長し、幸せに生きてるのさ。

るから飲んでみませんか」と言ってくれた。それにすがるしかなかった。

しかしわたしは、出された薬を信じることができなかった。こっそりと本を買って薬の種類を調べてみると、それは統合失調症に効く薬だとわかったのである。もちろんわたしは自分が統合失調症だとは思っていなかったので、それを飲んでも無駄だと思った。実際、飲んでいてもつらい状態には変わりはなかった。

以来、主治医の前ではすべてを話せず、しかし薬をやめる勇気もなく、七年間通いつづけた。最後には人目がこわくて電車にも乗れず、タクシーで三〇分かけて通院する状態になっていた。

人とのかかわりを絶ち、引きこもるようになると、自分を辱めるような言葉が次々と頭に浮かぶようになった。いじめが続くと、気づかないうちにこころの中でいじめられている自分が習慣化されていく。自分を卑しめることが習慣化されていくのである。それはまるで「自分いじめ」とでもいう状況だ。「自分で自分をいじめることをやめられない」――これがわたしにとっていちばんつらいことだった。

幻聴に依存していた

わたしは、幻聴が聞こえると被害妄想のスイッチが入り、それに苦しんできた。現在、冷静になって「なぜ、被害妄想と気づかなかったのか」と考えると、「幻聴があるということ自体に依存していたからではないか」といえる。

その証拠に、途中、どういうわけか幻聴がやわらいだ時期がある。幻聴と被害妄想は双子のようなものである。わたしは、幻聴にすら見捨てられたさびしさで、身体にポッカリと大きな穴が空いたようなスカスカの自分になっていた。わたしはその「空虚さ」に耐えられなかった。それは、まるで生きている目的を失ったかのようだった。

わたしはその空虚さを埋め合わせるためにアルコールに浸り、買い物に夢中になった。つまり幻聴と被害妄想は、「空虚さ」というわたしのこころの隙間を埋め尽くし、「生きていることの虚しさ」という現実からわたしを避難させるという役割を果たしていたといえるのではないか。それが被害妄想であると気づくこと自体が、わたしにとってはこわいことだった［★1］。

［★1］　苦労のピラミッド

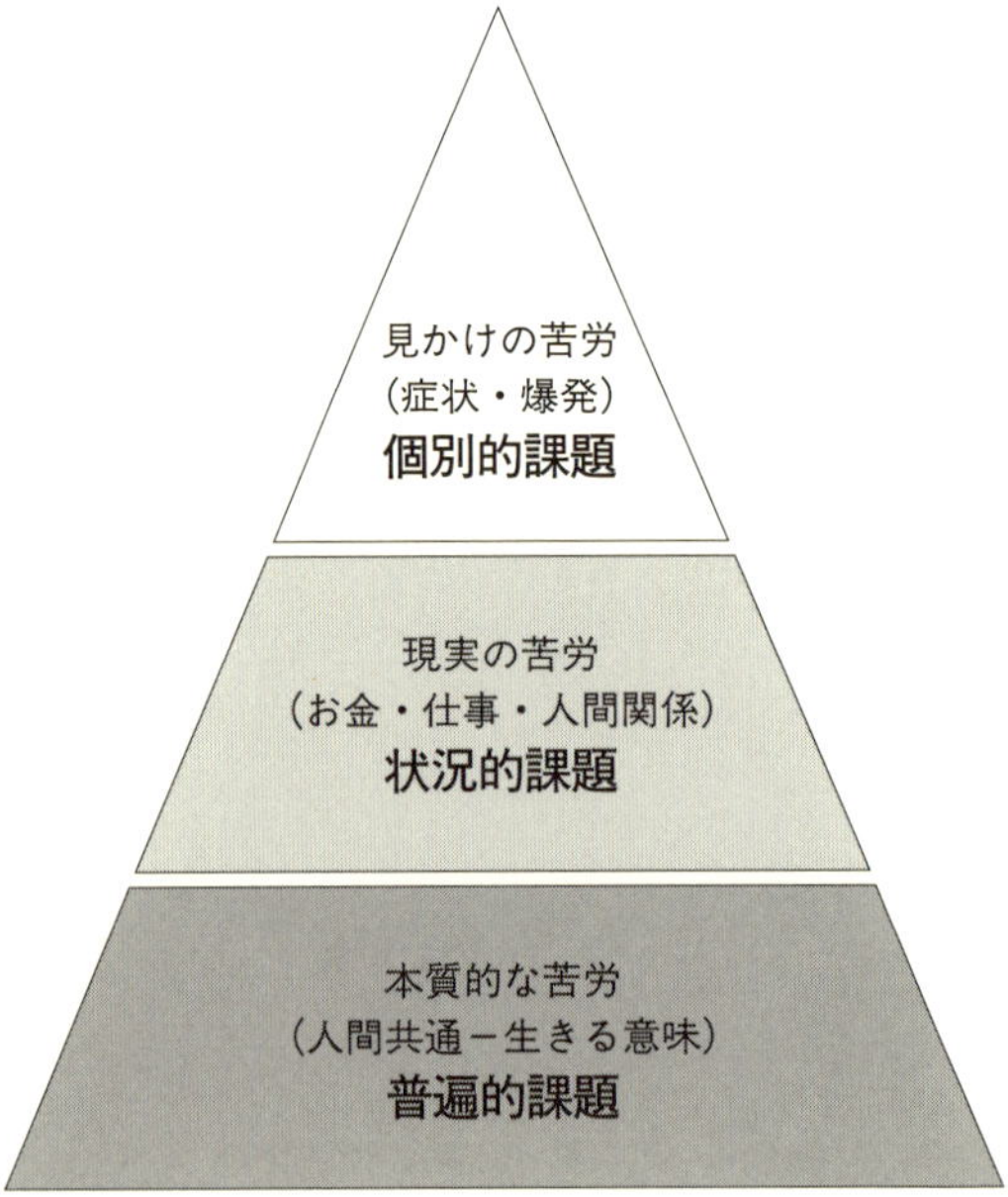
見かけの苦労
（症状・爆発）
個別的課題
現実の苦労
（お金・仕事・人間関係）
状況的課題
本質的な苦労
（人間共通－生きる意味）
普遍的課題

では、なぜ気がついたのか

以上のことから、「なぜそれが幻聴であり被害妄想であると気づいたのか」という問いに対する答えは、自然に導かれると思う。つまり「安心して認めることができた」からである。

七年間引きこもっていたわたしは、たどり着いた浦河という地で、「人とのかかわり」と出会うことによって、それが幻聴であり被害妄想であると安心して認められるようになったのである。

最初の出会いは、浦河赤十字病院の精神科外来を受診したときに、いきなり川村敏明先生に誉められたことである。病気のことで自分が肯定されたのは、はじめての経験だった。

いままでは「幻聴が聞こえる」と言ったら全部否定されていた。「それは全部病気だから」「薬は飲んでいるの?」と、そんな話しかできなかった。なんでもうれしそうにわたしの話を聞いてくれる人たちと出会ったことは大きなことだった。「わたしはエスパーだ」と言っても、ちゃんと理解してくれているのだとわかったとき、ほっとした。わたし自身が誉められたというのではなく、七年間悩み苦しんできた「病気の経験」を認められたような感じがしたからである。

なによりも「あなたは、浦河が求めていた人材です」と言われ、自分の病気の体験を必要としている人がいると知ったとき、天と地がひっくり返ったように驚いた。そして、「人から自分がどう見られているかが気になっていた」のではなく「自分が自分を過剰に気にしていた」ことに気づいたのである。

ここではじめて、いままでの考えは〝被害妄想〟であり、けっきょく「わたしは自分とのつきあいが下手なんだ」とわかったのである。浦河に来て、自分が受け入れられたと実感できて、自分の苦労の体験を誉められ、人とかかわるようになって、ようやくこれまで自分が「自分いじめ」をしていたことに気がつき、自分の病気のことがわかるようになったと思う。

テーマは被害妄想から空虚さへ

それ以来わたしの最大のテーマは、被害妄想ではなくて、「空虚さからの逃避」と「幻聴というつらさへの依存」となった。

わたしは、自分にいつもたくさんのバッテンをつけて生きてきた。でも川村先生も仲間も「ダメなまの清水さんでいいんだよ」と言う。

「ダメなまま生きる」のはとても勇気のいることである。ダメなままの自分が嫌だから、人からどう見られているか気になって仕方がなかったのだから。だからこそ、引きこもりから出ることができなかったのだ。

しかし「他の人が見ているイメージ」は、実際に「自分がつけたイメージ」にほかならない。暗闇の中からいちばん最初に見えてきたことはそのことだった。やっとわたしは「現実から逃げているのだ」とわかるようになった。

いままでわたしは、自分をボカボカと殴りながら歩いて生きてきた。自分いじめをやめて穏やかな気持ちになれば、人の印象も変わる。相手がどう思っているかを考えるのではなく、自分が変わればいい。そう思えるようになった。そして、「自分にこだわってしまう自分自身にこだわらない」ようになることができた。

ダメな自分を受け入れるきっかけは、なんといっても「人と話すこと」だったように思う。「自分が自分を受け入れられないのに、浦河の人たちはわたしを受け入れてくれた」という実感がわたしには大きな体験だった。そこから、だんだん肯定的にまわりを見られるようになってきた。同じ病気の仲間が親切に話しかけてくれたり、わたしが人との関係を絶っていたことなどお構いなしに、いろいろな所に講演に連れていってもらえたことがうれしかった。

あきらめが肝心

やがて「ダメなままの自分を受け入れよう」とこだわることもやめ、「あきらめるしかない」と思い、いままで自分が必死にしがみついていた手綱を手放したとき、手放したことで自分にマイナスになるものが何ひとつないことがわかったのである。

〝あきらめる〟というと、すごく大切なものをいろいろと捨てるような感じがする。苦しんでいると

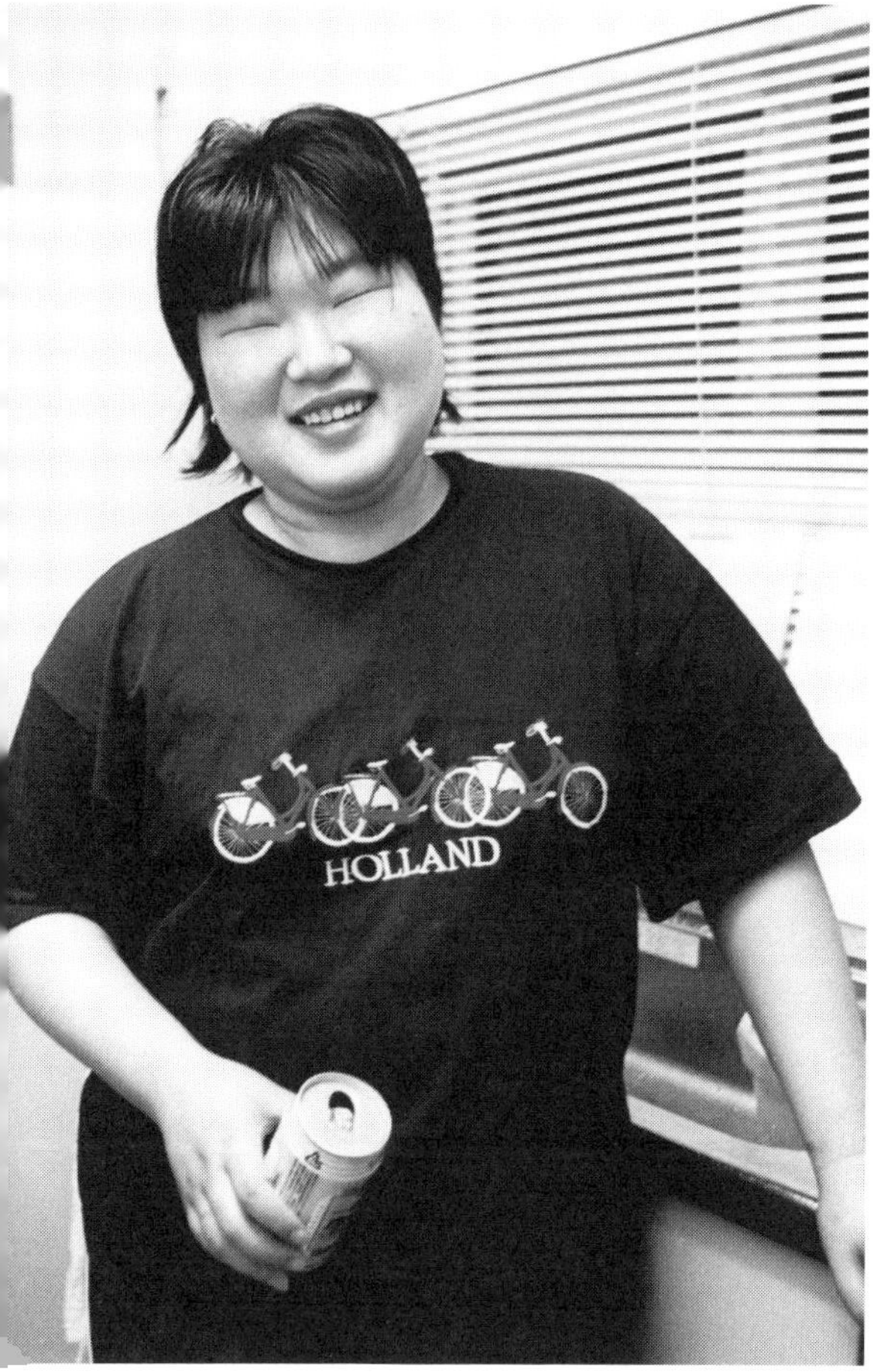

◉清水里香さん

きは、「ダメな自分のままでいいんだ」ということを受け入れられない自分に、無性に腹が立っていた。

しかし、「ダメなままの自分を受け入れられない」ので、悪戦苦闘の結果として「悩むことをすべて放棄する」ことにしたのである。そういう遠回りをして、やっと「ダメな自分のままでいいというのは、こういうことか！」とわかるようになった。

あきらめること——それをべてるでは、生き方の高等技術としてとても大切にしている。いまでは、現実に起きていることを明らかにしてそれをすべて受け入れることなのだと思っている。あきらめることは、はじめの一歩に立つことである。そのことを、話したり講演に行ったり、実際生きている人たちの姿を見ているうちに実感できるようになった。

2 被害妄想からの自立のプロセス

ここで、被害妄想からわたしがどのようなプロセスを経て「自立」してきたのかを整理してみた。

[第1段階] 悲嘆と〝もがき〟の時期

「信じてほしい！」という必死な思いで、もがいている段階である。この時期は、なにより「吐き出す」ことが重要になってくる。

大切なのは「『つねに監視されている』という自分の現実」を話せることである。現実に監視されているか否かという「事実」は重要ではない。「監視されている」と感じる、つらい現実を生き抜いてきたその重さを、自分に引き寄せて感じ取り、「よくやってきたね」と真剣に認め、「それは病気だったから」の一言で片付けないことである。そうでなければ、話す気力もなくなってしまう。

［第2段階］　現実に慣れるための練習の時期

第1段階を経て、少しずつ人の中に入っていこうとする試行錯誤の時期である。つねに自分が「幻聴さんに評価されている感覚」を感じながら、おそるおそる人の中に入っていこうとする。それはまるで、セリフを忘れた役者が舞台に上がって観客に見られているようなもので、「何かをしなければいけないと思いながら、何をしてよいのかがわからない」というこわさを感じながら、人とつながりはじめる段階だ。

この時期が、わたしの場合は長かった。一方ではしだいに生きていることが楽しくなり、仲間や人と現実につながっているという実感が徐々にできあがる時期でもある。このころに大切なのは、被害妄想や〝サトラレ〟というものが「それは人生を左右されるほどの苦労だよね」というように、他者に共感をもってそのつらさが受け止められることである。そして、受け止められている実感に自分を触れさせ、安心の感覚を自分に存分に味わわせてあげる必要がある。

それは、ある意味では生きることに対する練習でもある。相変わらずやってくる〝サトラレ〟や〝幻聴さん〟に気をとられ、構わずにはいられなくてついつい手を出してしまうという「幻聴に対するもてなし」にとらわれながらも、現実の人間関係をつくろうとする時期である。

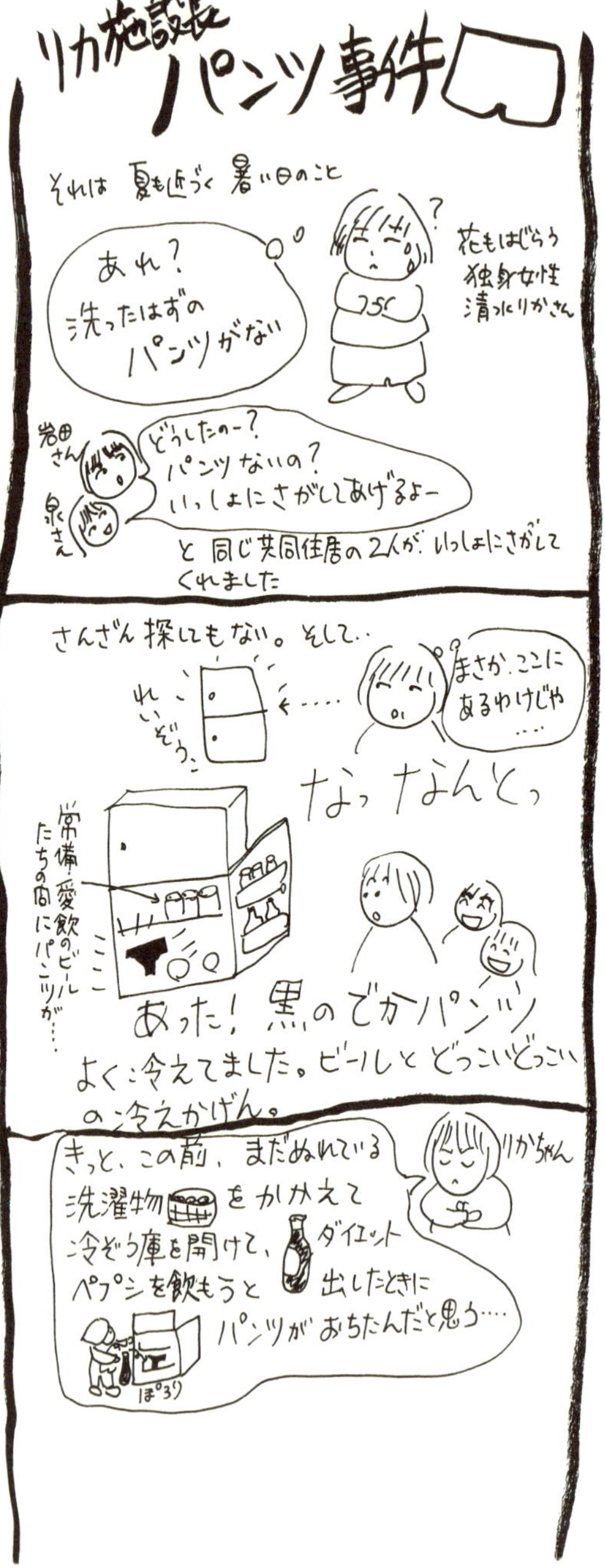

［第3段階］　現実の受容の時期

この時期になると、サトラレているということが、生活のなかであまり重要でなくなり、現実の人間関係や苦労を選ぶことができるようになってくる。つまり、第2段階でいうところの〝サトラレ〟や〝幻聴さん〟にかまっている暇がなくなるのである。

そのぶんだけ人間関係などの現実の苦労が増える。しかしその苦労は、とても人間らしい「いい苦労」で、必要な苦労であると思う。

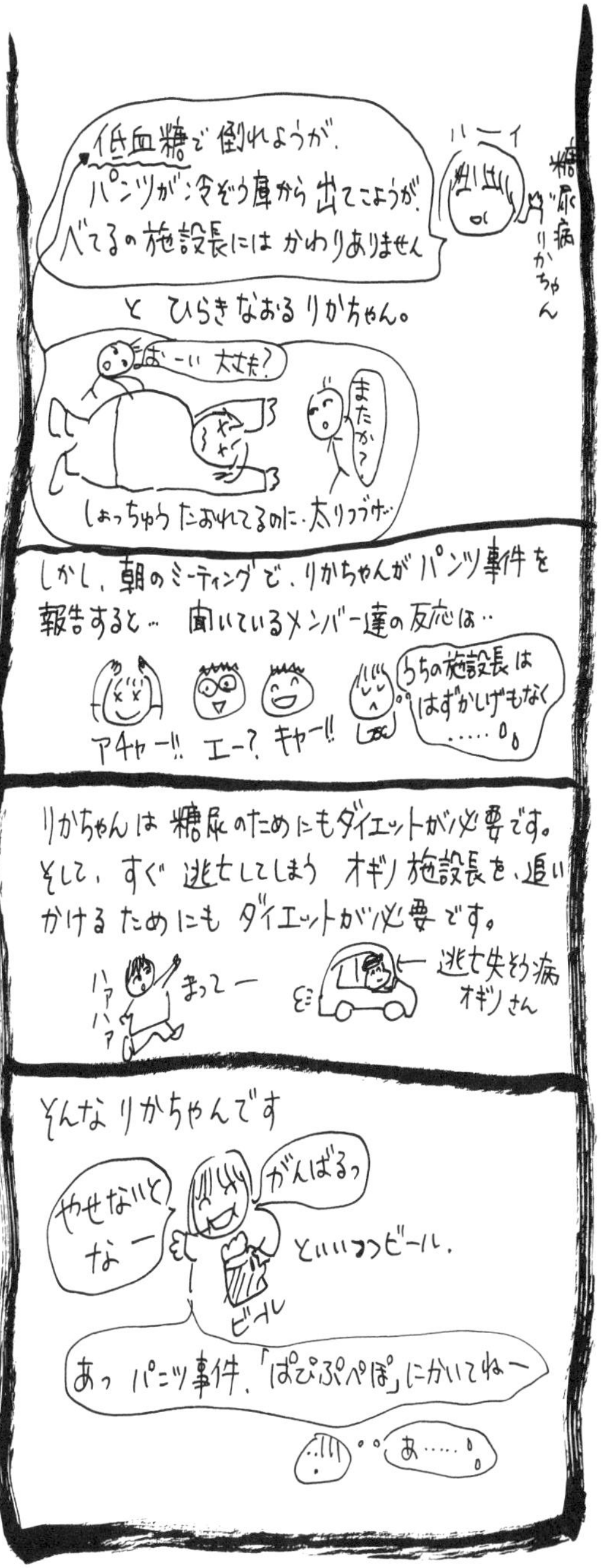

［第4段階］　幻聴さんからの自立の時期

わたしが幻聴さんにとらわれているときには、幻聴さんの存在が重く、自分の人生の不幸の源泉がここにあると思っていた。しかし、人との出会いとともに現実の悩みのバリエーションも増えて、そこから逃避することをやめた同じ時期から、わたしにとっての幻聴さんの存在とボリュームは軽くなってきている。

つまり、「ニューべてる」の施設長という役割など現実にやらなければならないことが多くなり、幻聴さんに対する関心と感覚が鈍くなってくると、幻聴さん自身もわたしに構わなくなってきたように思う。たまに、聞こえてくることはあるが、昔ほどわたしが敏感に反応しないものだから、幻聴さんが去っていくのも早い。

すべての幻聴さんが自立しているわけではないが、それは、幻聴さんからのわたし自身の自立であり、幻聴さんのわたしからの自立である。

おわりに――わたしたちはたんなる被害者ではない

「被害妄想」がなぜ起きるのかはわからない。苦労の多い現実の世界では自分の居場所を失い、具体的な人とのつながりが見えなくなると、「幻聴の世界」は、どこよりも実感のこもった住み心地のいい刺激に満ちた「現実」になる。それは、つらい、抜け出したい現実であっても、何ものにも代えがたく、抜け出しにくい「事実」の世界だった。

したがってこのテーマは、精神科医に頼んで「被害妄想という症状を治してもらう」というような単純なものでは決してない。なぜならば、それは自分が被害妄想にまみれた「幻聴の世界」で生きることを選ぶのか、それとも、人間関係の苦労をともなう生々しい「現実の世界」で生きることを選ぶのかという「選択の仕方」なのだと考えるからである。つまり、幻聴は時としてさまざまな不快でつらい体験をもたらすが、一方では、先にも述べたようにわたしたちが「依存」している部分もあるからである。

その意味で、わたしたちは、たんなる「被害妄想の被害者」ではない。なぜなら、わたしたちが問われていることは「どの悩みを生きるのか」という〝苦労の選択〟だと考えるからである。少なくともわたしは自分の体験からいって、どんな重い統合失調症の人にも、その選択は基本的に可能だと考えている。

しかし、その選択は当事者個人の努力によって自動的に起きるのではない。まさしく「他者との出会いの質と量」による。しかもこの選択においては、〝選ぶ〟こと以上に〝選ばれていく〟関係が大切になってくる。

「あなたは浦河が求めていた人材です」と最初の診察で主治医に言われた言葉に象徴されるように、わたしは浦河という場で、はじめて「選ばれた」。わたしが浦河に来てからも引きこもりがちで、どうすれば外での生活に慣れるのかと考えていたときに、べてるのメンバーから施設長にならないかという誘いが来たときにはほんとうに驚いたが、その体験を思い返してみても、わたしが浦河を欲していた以上に、わたしが有用な存在として用いられたという事実は、自分の選びを越えた何かに〝選ばれている〟という不思議な体験だった。


最後に、これまで「研究」というのは、学歴のある専門家がわたしたちのような病気をした患者―当事者をどうやって治療するかを検討する方法だと思っていた。しかし、最近べてるでは、「当事者研究」と称して「自分で自分を研究する」ことが流行しはじめている。

これはとても大切なことだと思う。自分を知ることが、人を知る大切な要素となってくるからだ。とくに、当事者同士でつらい症状とのつき合い方を検討しあい、新しい方法を見い出すことが大切になってくる。その意味でも、この度の研究が少しでも多くの方々に関心をもっていただければ幸いである。

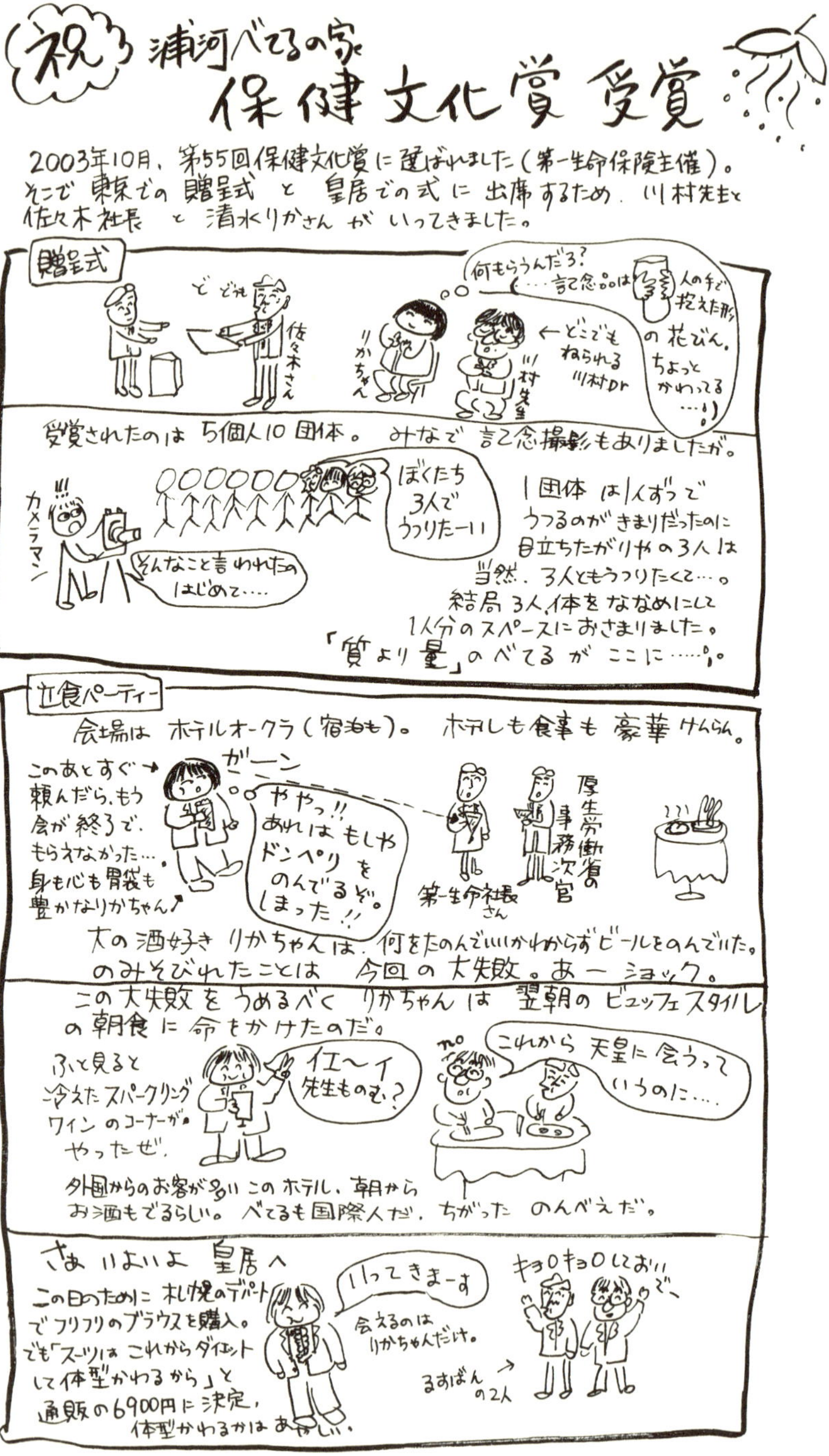

祝 浦河べてるの家 保健文化賞受賞
2003年10月、第55回保健文化賞に選ばれました(第一生命保険主催)。そこで東京での贈呈式と皇居での式に出席するため、川村先生と佐々木社長と清水りかさんがいってきました。
贈呈式
ど どうも
佐々木さん
りかちゃん
何もらうんだろ? ……記念品は人の手で抱えた形の花びん。ちょっとかわってる…!)
←どこでもねられる川村Dr
川村先生
受賞されたのは5個人10団体。みなで記念撮影もありましたが。
カメラマン
ぼくたち3人でうつりたーい
そんなこと言われたのはじめて….
1団体は1人ずつでうつるのがきまりだったのに目立ちたがりやの3人は当然、3人ともうつりたくて…。結局3人、体をななめにして1人分のスペースにおさまりました。
「質より量」のべてるがここに…。
立食パーティー
会場はホテルオークラ(宿泊も)。ホテルも食事も豪華けんらん。
ガーン
このあとすぐ→頼んだら、もう会が終了で、もらえなかった…。身も心も胃袋も豊かなりかちゃん↗
ややっ!! あれはもしやドンペリをのんでるぞ。しまった!!
第一生命社長さん
厚生労働省の事務次官
大の酒好きりかちゃんは、何をたのんでいいかわからずビールをのんでいた。のみそびれたことは今回の大失敗。あー ショック。
この大失敗をうめるべくりかちゃんは翌朝のビュッフェスタイルの朝食に命もかけたのだ。
ふと見ると冷えたスパークリングワインのコーナーが。やったぜ。
イエ〜イ 先生ものむ?
これから天皇に会うっていうのに…
外国からのお客が多いこのホテル、朝からお酒もでるらしい。べてるも国際人だ、ちがった のんべえだ。
さぁ いよいよ皇居へ
この日のために札幌のデパートでフリフリのブラウスを購入。でも「スーツはこれからダイエットして体型かわるから」と通販の6900円に決定、体型かわるかはあやしい。
いってきまーす
会えるのはりかちゃんだけ。
るすばんの2人→
キョロキョロしておいで、

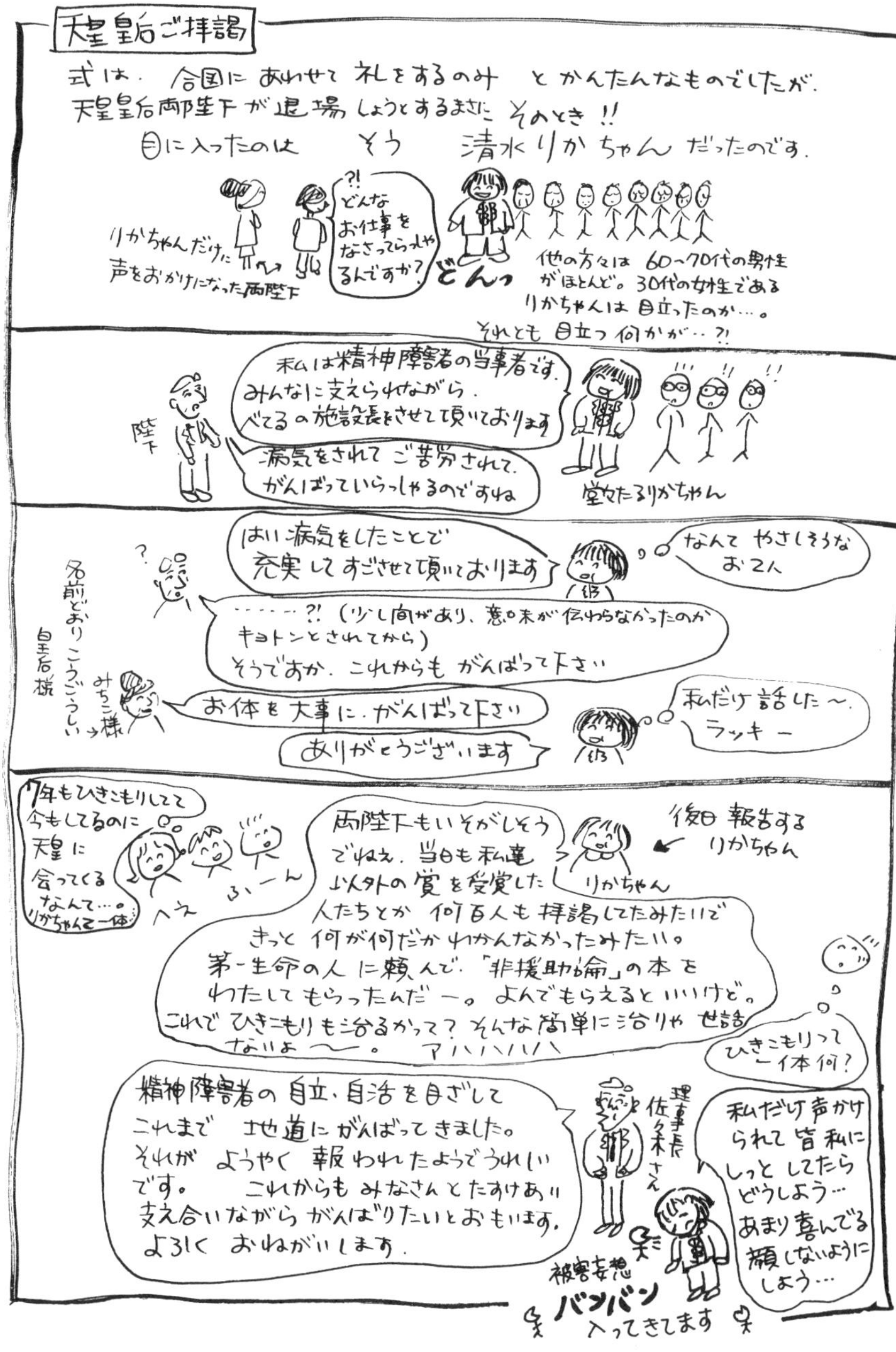

天皇皇后ご拝謁
式は、合図にあわせて礼をするのみ　とかんたんなものでしたが、
天皇皇后両陛下が退場しようとするまさにそのとき!!
目に入ったのは　そう　清水りかちゃん　だったのです。
?! どんなお仕事をなさってらっしゃるんですか?
どんっ
りかちゃんだけに声をおかけになった両陛下
他の方々は60〜70代の男性がほとんど。30代の女性であるりかちゃんは目立ったのか…。それとも目立つ何かが…?!
私は精神障害者の当事者です。みんなに支えられながら、べてるの施設長をさせて頂いております
陛下
病気をされてご苦労されて、がんばっていらっしゃるのですね
堂々たるりかちゃん
はい 病気をしたことで充実してすごさせて頂いております
なんてやさしそうなお2人
名前どおりこうごうしい
皇后様
みちこ様
……?!（少し間があり、意味が伝わらなかったのかキョトンとされてから）そうですか、これからもがんばって下さい
お体を大事に、がんばって下さい
ありがとうございます
私だけ話した〜、ラッキー
7年もひきこもりしてて今もしてるのに天皇に会ってくるなんて…。りかちゃんて一体
へえ
ふーん
後日報告するりかちゃん
りかちゃん
両陛下もいそがしそうでねえ。当日も私達以外の賞を受賞した人たちとか何百人も拝謁してたみたいできっと何が何だかわかんなかったみたい。第一生命の人に頼んで「非援助論」の本をわたしてもらったんだー。よんでもらえるといいけど。これでひきこもりも治るかって? そんな簡単に治りゃ世話ないよ〜。アハハハハ
ひきこもりって一体何?
精神障害者の自立、自活を目ざしてこれまで地道にがんばってきました。それがようやく報われたようでうれしいです。これからもみなさんとたすけあい支え合いながらがんばりたいとおもいます。よろしくおねがいします。
理事長 佐々木さん
私だけ声かけられて皆私にしっとしてたらどうしよう… あまり喜んでる顔しないようにしよう…
被害妄想バンバン入ってきてます

7

〝暴走型〟体感幻覚の研究

もう誰にも止められない

臼田周一＋体感幻覚研究班
協力＝河崎寛　林園子　山本賀代　吉井浩一　松本寛　槙ゆみ　向谷地生良
大濱伸昭　鈴木富美子　高田大志　佐藤真吾　吉野雅子　川村敏明

はじめに――過去最大のチーム研究

臼田周一の自己病名は、「統合失調症・体感幻覚暴走型」である。本稿の表題にもあるように、体中を暴走する体感幻覚は「もう誰にも止められない！」というのが実感である。

臼田周一が浦河を最初に訪れたのは、二〇〇〇年の三月だった。精神科への入退院と家の中で暴れることを繰り返す生活に、とことん行きづまっていた。不安はあったが親の勧めで浦河行きを決め、二〇〇二年一〇月からは親と離れて浦河で暮らすようになった。

浦河に来てからいろいろな出来事を経験した。幻聴に追いかけられて必死になって二〇〇km離れた室蘭まで自転車で逃走したこともある。そのときには、浦河の仲間が救援に来てくれた。天井に人が隠れているような気がして屋根裏に上がり、天井板を踏み外して転落した経験もある。いろいろなことが起きた。そうやって苦労を重ねるなかで、二〇〇四年六月におこなわれたべてる祭の幻覚＆妄想大会で、部門賞である「駄洒落大賞」を受賞した（イラスト参照）。

臼田周一は長いあいだ、暴走する体感幻覚に引きずりまわされてきたが、最近少しずつその判別ができるようになり、起きる出来事に前よりは冷静に対処できるようになってきた。そこで、当事者研究に挑戦してみようということになった。

とはいえ「体感幻覚」は、浦河の仲間にとってもはじめての研究分野である。しかも臼田周一の抱える症状のボリュームと多彩さは、一度では整理できないほどの内容をもっている。この研究に参加して

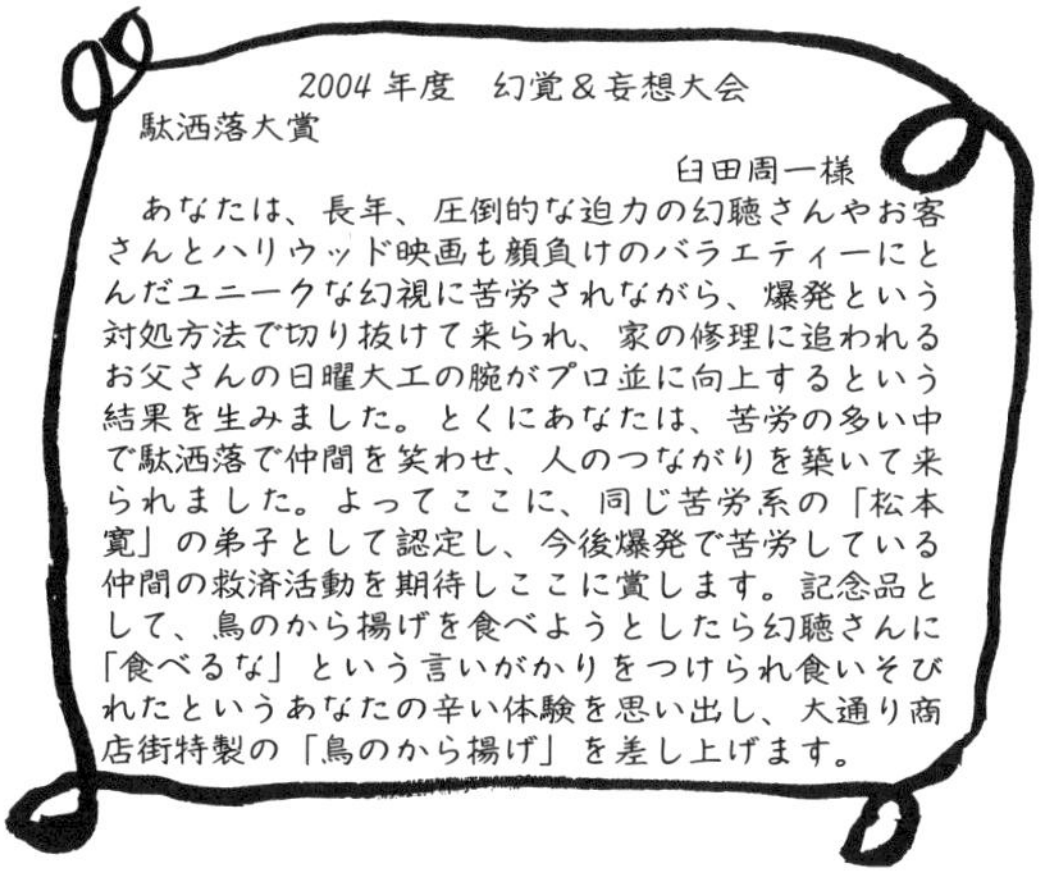
2004年度　幻覚＆妄想大会
駄洒落大賞
臼田周一様
あなたは、長年、圧倒的な迫力の幻聴さんやお客さんとハリウッド映画も顔負けのバラエティーにとんだユニークな幻視に苦労されながら、爆発という対処方法で切り抜けて来られ、家の修理に追われるお父さんの日曜大工の腕がプロ並に向上するという結果を生みました。とくにあなたは、苦労の多い中で駄洒落で仲間を笑わせ、人のつながりを築いて来られました。よってここに、同じ苦労系の「松本寛」の弟子として認定し、今後爆発で苦労している仲間の救済活動を期待しここに賞します。記念品として、鳥のから揚げを食べようとしたら幻聴さんに「食べるな」という言いがかりをつけられ食いそびれたというあなたの辛い体験を思い出し、大通り商店街特製の「鳥のから揚げ」を差し上げます。

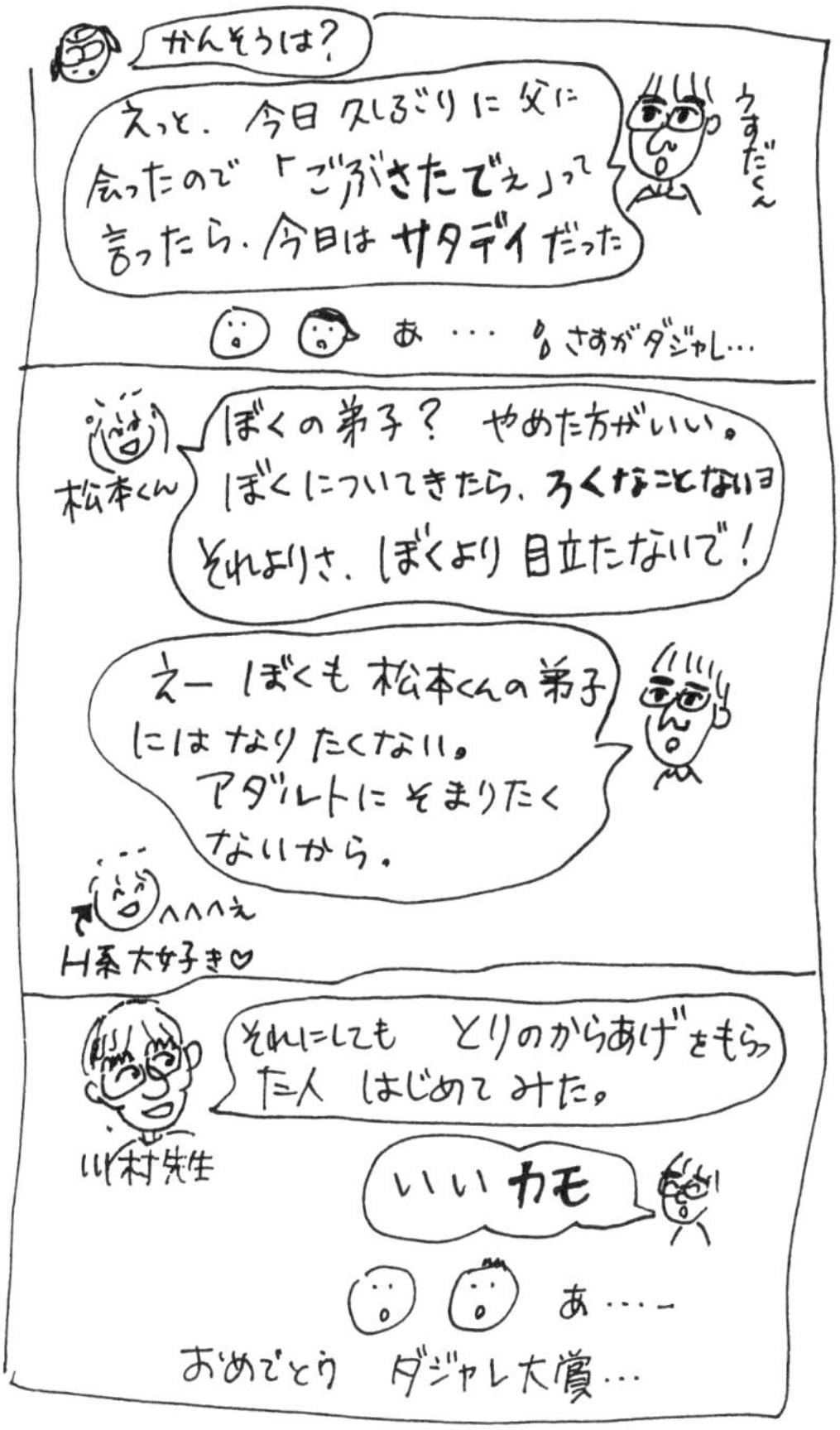
かんそうは？
えっと、今日久しぶりに父に会ったので「ごぶさたでぇ」って言ったら、今日はサタデイだった
うすだくん
あ・・・
さすがダジャレ・・・
ぼくの弟子？ やめた方がいい。ぼくについてきたら、ろくなことないヨ それよりさ、ぼくより目立たないで！
松本くん
えー ぼくも松本くんの弟子にはなりたくない。アダルトにそまりたくないから。
へへへえ
H系大好き♡
それにしても とりのからあげをもらった人 はじめてみた。
川村先生
いいカモ
あ・・・ー
おめでとう ダジャレ大賞・・・

くれたメンバー、スタッフの数も過去最高である。

研究の目的

研究の目的は、ずばり、長いあいだ臼田周一を苦しめてきた暴走型の体験幻覚と幻聴を解明し、それらとの「つきあい方」を編み出すことである。

このタイプの苦労を抱えた当事者は、苦しさを解消しようとするあまり必死にもがくなかで起きるさまざまな行為——たとえば家族への暴力——により孤立し、孤独な闘いを余儀なくされる。薬だけでは解決しきれない部分も多くもっている。その意味でも、この研究は波及効果が大きいと思われる。

研究の方法——「体感幻覚ボディマップ」の作成

この研究で最初におこなったのは「体感幻覚ボディマップ」の作成である。身体に起きる違和感を、爆発ミーティングの仲間やスタッフと一緒に洗い出す作業から始まった。その結果できあがったのが、一一四頁の［★1］である。

臼田周一の頭から足先まで、全身に不気味な出来事が起きる。その不気味な出来事に、彼をからかう幻聴さんが混ざり合って、混乱が始まる。臼田周一は当然のように、「この身体の変調も誰かの仕業にちがいない」という気持ちになってしまう。

臼田周一が、こんな多彩な症状を話すと、みんなは心底驚いた。「臼田くん、こんな症状を抱えて、いままでよくやってきたね」と。そして、いままでのつらさをねぎらう言葉が相次いだ。

1 臼田周一のプロフィール

新築の家が穴だらけに

臼田周一の身体に異変が生じたのは、一九九五年、中学二年生で一四歳のときだった。そのころはすでに不登校も始まっていた。人の話し声がやけに気になりはじめ、自分しか知らないことをみんなが知っていることに不安を感じていた。そして、人の話していることはみな、自分を悪く言っているような気がした。

だから学校へはだんだんと行けなくなった。親にはとにかく学校に行けと言われたが、無理をして学校へ行っても、けっきょく一時間ぐらいで帰ることもめずらしくなかった。なんとか学校へ行っても、幻聴さんが同級生の声で「早く死んじゃえばいいのに」と意地悪なことを言ってきたからだ。

家族にも「言いたいことがあったら面と向かって言え！」と怒鳴ることが多くなっていた。担任の先生が家庭訪問にも来てくれたが、臼田周一は昼間から寝たきり状態だった。

夜になると近所から自分の悪口が聞こえたので、そのころ聞きはじめたポップス音楽をガンかけた。家族も眠るどころではない。当然のように、親は二階に上がってきて「夜だから寝ろ！」と言ったが、そのころから反抗が始まった。部屋の壁にパンチを浴びせるようになった。苦しくなると壁を叩いて気をまぎらわした。そのうちに、壁の穴と穴がつながって崩れてしまった。新築の家だった。

そういえば冬になって「この家はやけに寒いね」と言ったら、母親から「あなたが壁に穴をあけるからよ」と言われ、なるほどと思い納得したことがある。いまでも忘れられない思い出である。勤め人の父親も、日曜日は臼田周一の壊した壁や家具の修理にホームセンターに通うようになり、日曜大工の腕前もけっこう上達した。

病名告知

もちろん、親も異変を察知して病院への受診をすすめた。「ちょっと外出しよう」と言われて付いていくと、そこは精神科のクリニックだった。頭痛や身体の違和感を訴え、心療内科や内観道場にも通った。座禅も組んだ。「治る」と言われて一年、二年と薬を飲んだが、幻聴と身体に起きる違和感はどんどん悪化するような気がして飲まなくなった。そのことでまた家族とぶつかるようになった。

入院も経験した。怯えながらの入院だった。見捨てられるような不安にいつも苛まれていた。病名は、三回目の入院時にはじめて知らされた。「精神分裂病」と説明されたときには「えっ、ぼくが⁉」という感じだった。ショックだった。まるで人間失格の烙印にも思えたからだ。それでも、回復をめざしてあらゆる手を尽くした。病

[★1] 臼田周一の体感幻覚 ボディマップ

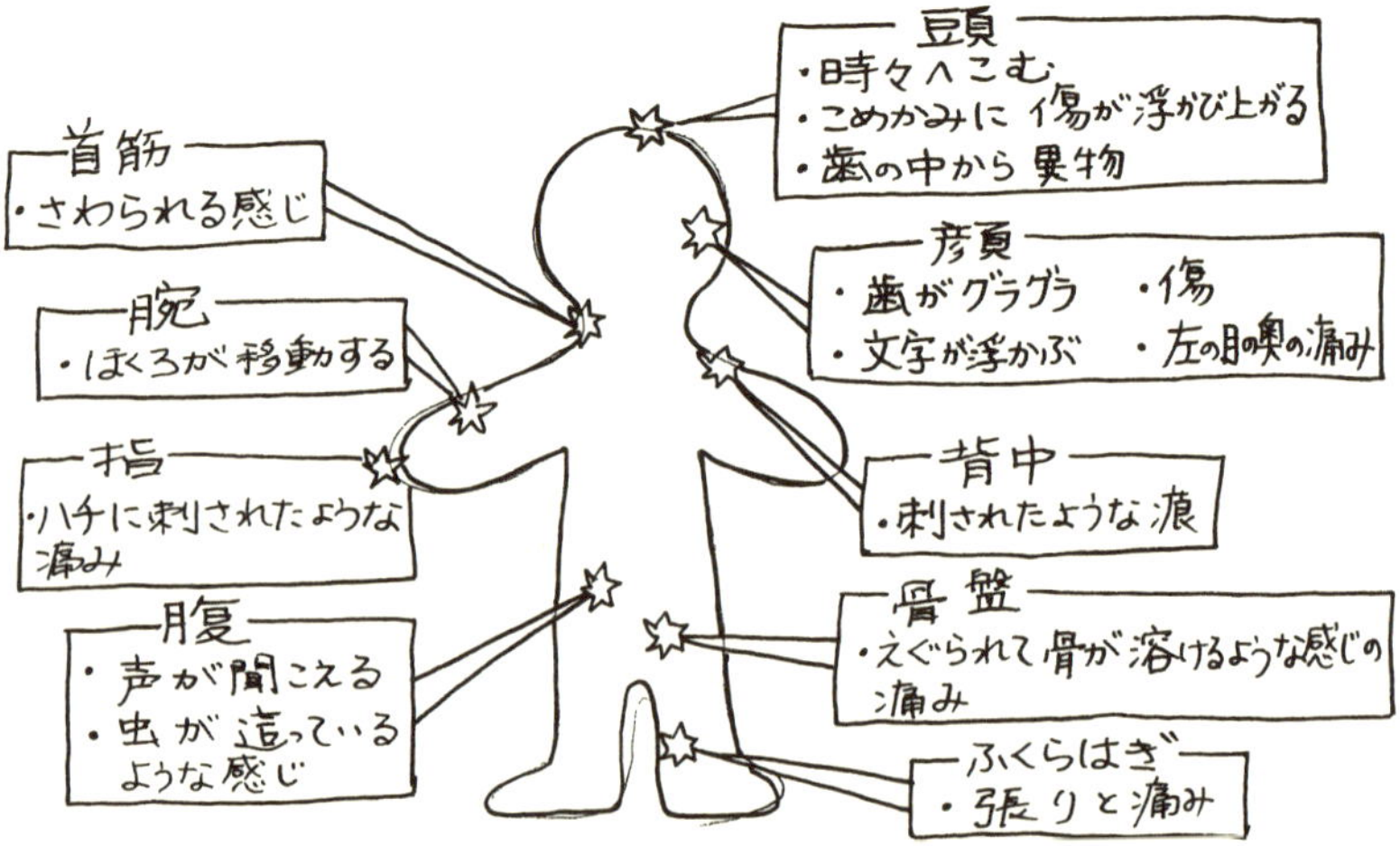
頭
・時々へこむ
・こめかみに傷が浮かび上がる
・歯の中から異物
首筋
・さわられる感じ
顔
・歯がグラグラ
・傷
・文字が浮かぶ
・左の目の奥の痛み
腕
・ほくろが移動する
背中
・刺されたような痕
指
・ハチに刺されたような痛み
骨盤
・えぐられて骨が溶けるような感じの痛み
腹
・声が聞こえる
・虫が這っているような感じ
ふくらはぎ
・張りと痛み

院も施設も探し、通った。しかし〝暴走〟はやまず、ますますエスカレートしていった。

浦河へ――「臼田くん、助けるからね」

あらゆる手を尽くした末に浦河にたどり着き、家族と離れてひとり暮らしに挑戦したのが二〇〇二年の一〇月だった。最初にべてるを知ってから二年が経っていた。

浦河で暮らしはじめて最初にテーマとしたのが、まずSOSを出せるようになることだった。しかし、はじめのうちは、SOSを出す相手は必ず親だった。SOSといっても幻聴さんのつらさを話すのではなく、八つ当たり気味に「おまえら、俺をこんなところに放り込んでどういう気なんだ!」と怒鳴るだけで、いつも電話で親子ゲンカをしていた。

あまりにも電話が多いということで、心配した母親が浦河にやって来て住みはじめた。しかし、母親の住んでいるアパートに行っては、むかし実家で繰り広げた暴言や暴力行為に陥るという悪循環を繰り返すばかりだった。

ほんとうは一番わかってほしい母親にいつも手を挙げてしまう悪い癖は終わらなかった。通学する高校生の話し声や周囲の話し声が被害妄想と混ざり合い、混乱し、近くにいる人をにらみつけたりすることもあった。そうして起こったのが、デイケアでの捕り物帳だった。

混乱のままにデイケアに行き、大声をあげてドアを蹴飛ばし、仲間を怒鳴り散らしたのだ。すると主治医の川村先生がやってきて、「臼田くん、助けるからね」と言って入院になった。この入院は、大きかった。本格的に当事者研究を始めるきっかけになったからだ。

2 体感幻覚への対処方法──駄洒落バージョン

体感幻覚ボディマップに書き出された症状のなかでも、注目すべき二つの症状への対処方法について仲間やデイケアスタッフと検討した。二つの症状とは、「朝起きたら体中が痛い」という症状と、「朝起きて鏡を見ると顔に文字が書かれていた」という症状である。

臼田周一には、二〇〇四年度べてる祭幻覚&妄想大会で「駄洒落大賞」を受賞した手腕を発揮してもらい、「駄洒落バージョン」で方法を編み出した。

[体感幻覚❶] 朝起きたら体中が痛い、の巻

朝起きると、ふくらはぎや首や骨盤のまわりに痛みが走る。歯茎がグラグラする。

✖これまでの対処方法

なぜ痛みがくるのかわからず、ひたすら首をかしげていた。原因がわからないので住居の人を疑ったり、家に仕掛けがあるんじゃないかと家中調べたりした。

○新たな対処法

この手の仕業をする体感幻覚に「臼田周一専属整体師さん」、その名も〈タスケ〉と命名した。整体

師のくせにプロレスが好きでたまに技をかけるので、プロレスラーの〝サスケ〟にちなんで、でもたまに助けてくれることもあるので〝タスケ〟とした。性格は一生懸命なんだけども、マッサージがちっともうまくない。モットーは「ツボを刺激してドツボに落とす」。

〈タスケ〉はけっこう気分屋で、ストレスの多い日は雑にされることが多い。おまけにプロレスの技をかけられた次の日は筋肉痛も強く、歯がグラグラすることもある。

➡〈タスケ〉と仲良くやっていくには

(1)こちらからオーダーを出して、大切にもてなす。
(2)自分が調子にのっていたら懲らしめられた経験があるので、日々の生活を大切にする。
(3)〈タスケ〉にマッサージのスキルを上げてもらい、朝起きたら体の疲れが取れていることが目標。そのためには〈タスケ〉を誉めることが大切。
(4)〈タスケ〉と次に紹介する〈いくめさん〉はグルらしい。したがって、三角関係になって関係がこじ

▲第12回日本精神障害者リハビリテーション学会で向谷地さんと。

◉臼田周一さん

れないためにも二人とは適度な距離を保つ。

[体感幻覚❷] 朝起きて鏡を見ると顔に文字が書かれていた、の巻

朝起きて顔を洗うときに鏡を見たら、両方のほっぺたや額にデイケアに通う女性メンバーの名前が不気味に白く浮かび上がり、〝バカ!〟〝死ね!〟という文字や変な模様が、腹、腕、足に書かれていることがよくある。

✖これまでの対処方法

夜寝ているあいだに誰かが忍び込んで自分の顔に落書きをしているのではないかと思い、デイケアメンバーを疑惑の眼差し(鋭い視線)で見ていた。

〇新たな対処法

この手の仕業をする体感幻覚に、「臼田周一専属メイクさん」、その名も〈いくめさん〉と命名した。性格は、ギャグ好きなおてんば娘で、夜になると臼田周一にメイクをしにやってくる。なぜ夜にしか来ないかと聞くと、寝ているあいだにやってしまえば細かい注文を受けずに済むからだという。〈いくめさん〉は面倒くさがり屋さんだったのだ。

➡〈いくめさん〉と仲良くやっていくには

(1)ひねくれて勝手に変なメイクをしだすおそれがあるので、〈いくめさん〉をクビにして出入り禁止にするのはよくない。

(2)こちらからオーダーを出す。寝る前に紙に「今日はかっこよく決めてください」「今日は控えめで」「今日はお帰りください」などとあらかじめ注文を出すようにする。

(3)もてなす。具体的には、寝る前に〈いくめさん〉の好物を置いておくのもよい（気分屋なので）。たとえば〈いくめさん〉がいつでも飲めるように、コーヒーをさりげなくテーブルにおいて置く。経費がかかるので、やりくりは権利擁護サービスを利用する。ちなみに、一度夜中にのどが渇いてテーブルに置いてあったコーヒーをうっかり飲んでしまったら、翌朝、整体師の〈タスケ〉がやってきてひどいマッサージを受けて大変な目にあった。いつものパターンで体中が痛くて、歯もグラグラした。

チェック表への書き込み

体感幻覚とどのようにつきあうかを研究するためにも、「体感幻覚チェックリスト」［★2］に、デイケア・スタッフや仲間と一緒に毎朝チェック作業をおこなった。「今日はどの部分に症状を感じる？」というように話し合いながら、チェックを入れるのである。

あわせて「当日の気分と体調」やエピソードを日記風に書き込む作業もおこなった。それは、症状と関連した生活上のエピソードを後に研究するためにも大切になってくる。

[★2]　チェックリスト

臼田周一
体感幻覚チェックリスト

月　日

□頭がへこむ
□コメカミに傷が浮かび上がる
□左眼の奥が痛い
□顔に傷
□顔に字が浮かぶ
□歯がグラグラ

□他人の声が別の意味になっている
□歯の中から異物、食べかすが出る
□自分の声が別人の声
□首にさわられる

□背中にさされた痕
□骨盤のあたりの骨がえぐられているようなとけているような痛み

□指先にハチにさされた痛み
□腕のホクロが移動する

□腹の中から声が聴こえる

□ふくらはぎが痛い
□体の中を小さな虫が動いている
□体が自動的に動かされ、オイルタンクの前にいる

生活エピソード

3　幻聴さんもやってくる

四つのパターン

体感幻覚だけでなく、臼田周一を悩ます症状に幻聴さんがある。体感幻覚と幻聴さんは、苦労の両輪となってやってくる。そこで体感幻覚のチェックと同様に、臼田周一にどのような幻聴さんが影響を与えているのかを調査した。その結果、［★3］のようなパターンが明らかになった。そこで、いままでとってきた対処方法とその結果を検証した。

［パターン❶］　高校生幻聴

下校の途中に「働かないで何してんだ」「あいつは変態だ」みたいにバカにしてくる。

対処方法▼高校生に向かってにらむ、怒鳴る、喧嘩を売る。

結果▼かえって関係が険悪になって傷口をひろげる。

［パターン❷］　テレビ・ラジオ幻聴

テレビのコマーシャルで「この犬！」と言われたり、犬のダイエット食品を勧めてきたりする。ほかにも自分に関する多種多様な情報が流れてくる。

対処方法▼テレビがおかしくなったと思い、家族に相談する。
結果▼医師に「この子頭おかしいですから、薬を増やしてください」と家族が頼んで、しばらく外に出さないようにさせられる。家族は臼田周一がおかしくなったと思い、喧嘩が始まる。

［パターン❸］　仲間幻聴

デイケアのなかにいると、すれ違いざまに意味深なことを言ってきたり、まわりでひそひそと悪口の噂をしてくる。
対処方法▼幻聴の送り主に向かって爆発する。
結果▼相手がキレて怒鳴り返してくる。

［パターン❹］　車幻聴

自動車からエンジン音に合わせて「ひき殺してやる」「うちの車の製品をバカにしやがって」などと聞こえてきて、追っかけてくる。
対処方法▼車に喧嘩は売れないので、おびえて自転車でひたすら逃げる。
結果▼何百キロも離れた場所に行ってしまうので、迎えにくる仲間に迷惑をかける。

以上のように幻聴さんのタイプ別に自己対処法とその結果を整理してみたところ、いままでの対処方法はほとんど効果がないことが明らかになった。そこで、臼田周一がそれを変えたいかどうかチェックした後、新しい自己対処法を検討した。それらをまとめたのが［★4］である。

[★3]　臼田周一の幻聴さん

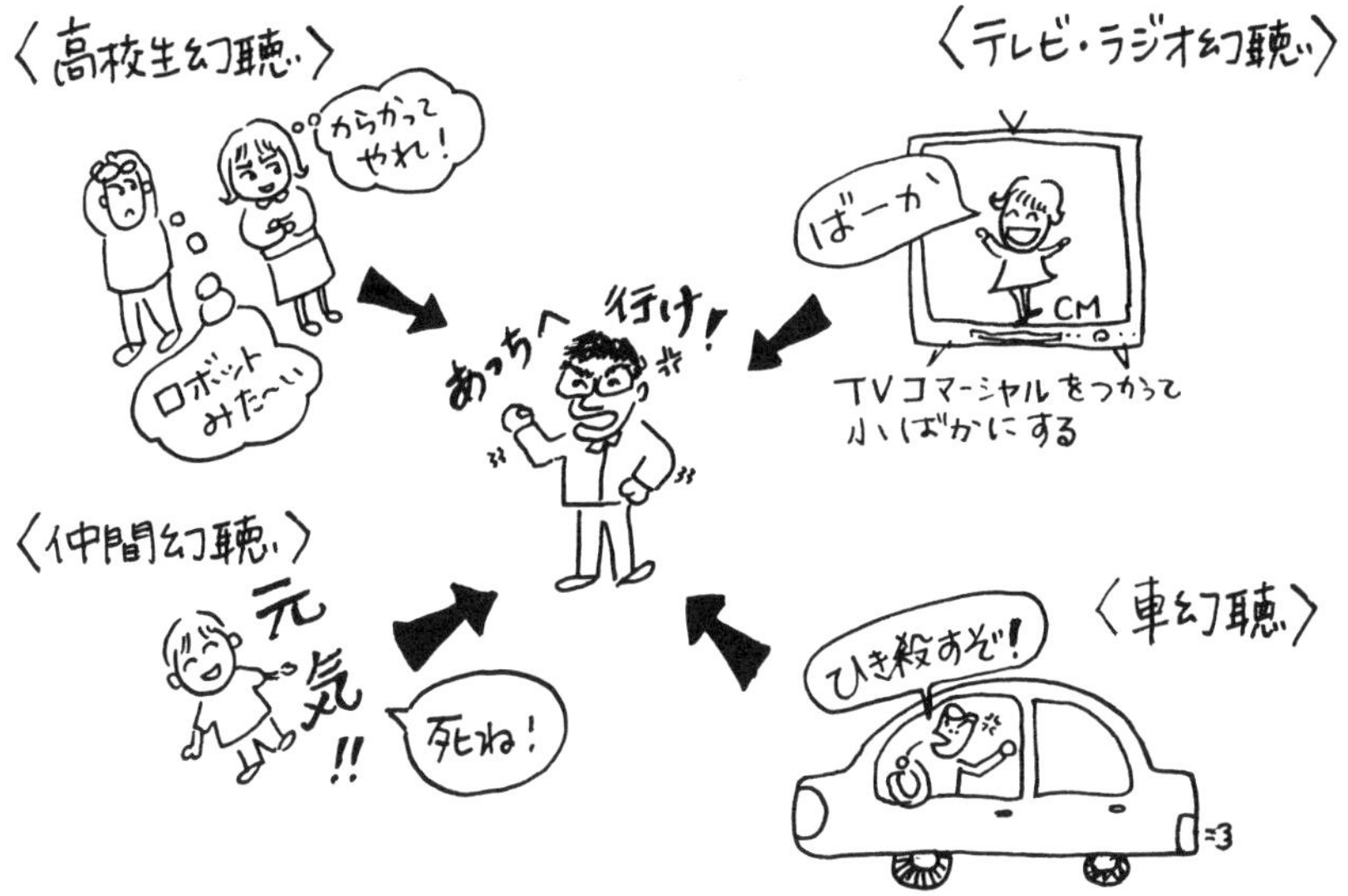
〈高校生幻聴〉
からかってやれ!
ロボットみた〜い
〈テレビ・ラジオ幻聴〉
ばーか
CM
TVコマーシャルをつかって小ばかにする
あっちへ行け!
〈仲間幻聴〉
元気!!
死ね!
〈車幻聴〉
ひき殺すぞ!

[★4]　幻聴さんをキャッチした際の対処方法

※区分：×＝変えたい　△＝少し変えたい　○＝そのまま

幻聴さんの内容	今までの対処方法	区分	新たな対処方法
高校生幻聴	相手をにらみ返す。	×	鼻歌を歌う。globe の「What's the Justice」という曲の鼻歌がいちばん効果あり。
高校生幻聴	壁パンチ、壁キック。	×	その場から離れて、仲間に打ち明ける。
高校生幻聴＋仲間幻聴	ドリンクをがぶ飲み。	△	ストレスがたまった状態なので、別な方法で発散する。少しはOK。
高校生幻聴＋仲間幻聴	親に電話でうっぷん晴らしをする。	△	手紙やメールを送る。 仲間に相談する。
仲間幻聴	相手にいきなり怒鳴る。	×	近くにいる人に確認する。 場を外して気分転換する。
仲間幻聴	買い物をする。	△	お金をあまり持ち歩かない。 権利擁護事業の活用。
仲間幻聴	電話で家族やスタッフに相談する。	○	いままで以上に幻聴を利用する。幻聴の内容を仲間やスタッフに確認する。幻聴ミーティングで日々の幻聴を報告する。
テレビ・ラジオ幻聴	テレビ・ラジオから聞こえてくる内容について家族に訴える。	△	幻聴の内容が意外にもおもしろいため、日々の駄洒落のネタとして重要な情報源とする。
車幻聴	自転車で逃げて遠出する（最高 200km）。	△	仲間がほしいときにこの幻聴が始まるので、共同住居や病院など仲間のいるところに避難する。

おわりに――手がかりが少し見えてきた

長いあいだ苦労してきた暴走型の体感幻覚への取り組みが、ようやく始まった。なによりも、デイケアスタッフお手製の体感幻覚チェックリストは役に立っている。これに書き込むことによって、症状に振り回され混乱させられることが確実に減った。

身体で感じる体感幻覚も、いままでの対処方法の研究がそうであったように、(1)人とのつながりの回復、(2)ユーモア、(3)外に出す(外在化)、(4)練習、という四つのポイントが大切であることが再確認された。

対処方法についても、今後はＳＳＴなどを使って、場面ごとの練習を取り入れていきたい。いずれにせよ臼田周一の暴走型の体感幻覚の当事者研究には、圧倒的な症状のボリュームに対応できるだけの、大掛かりで、時間をかけた、「チームでの取り組み」が必要となってくる。

浦河に来る前は、一日に三〇錠ちかく飲んでいた薬も一〇分の一にまで減った。逆に薬の大切さもようやく身体でわかるようになって、家族以外の人とのかかわりも、これまでには考えられないくらい多くなった。いままでは「まわりの人間がこわい」と感じていたが、ただ自分が勝手にこわがっていたことがわかってきたのだ。

体感幻覚に対する対処方法が見つからないために、同じことを繰り返しては家の中――建物も家族関係も――がボロボロになってきたが、どう対処したらよいかの手がかりが少し見えてきたことが何よりもうれしい。同じような大変さを抱えている仲間がいることがわかったのも大きな収穫だった。

ライブ！ 幻聴さんとのつきあい方

林 園子＋向谷地悦子

向谷地（悦） 「浦河べてるの家」で看護師をしています向谷地悦子です。よろしくお願いします。

　まず事例を紹介させていただきます。三〇歳代の女性で、病名は統合失調症。大学時代に発症し、「電話をしてみたら」というような指示的な内容の幻聴が出現します。そのため人から言われた言葉、話した内容が気になり、「あれはどういう意味だったのか」と何回も繰り返し確認行為をするようになります。確認行為がエスカレートすることで本人の孤立感も深まり、強迫行動がさらに強まっていきました。入退院を繰り返すものの改善がみられず、強迫的に外来受診を昼夜繰り返し、そのたびに注射の回数も薬の量も多くなっていきました。

　一年前に浦河赤十字病院の精神神経科に転院し、頻回の注射と大量の服薬の代わりに、自己対処のスキル獲得を目的とした支援プログラムが立てられました。

　今日はご本人がみえていますので、紹介したいと思います。林園子さんです。

林　みなさん、おはようございます。林と申します。

　二〇〇二年の七月に名古屋から北海道の浦河町に着きました。自分で自分の病名をつけたのですが、「統合失調症・九官鳥型」です。何回も同じことを言ったり聞いたりします。自分の言葉が足りなかったり多すぎたりして思うように話せないときに、自分の言葉の行方が気になるんです。それで人に「いま、こんなことを言ったのですが、大丈夫ですか」とか、待ち合わせが一時だったか七時だったかを、だいたい平均五回ぐらい人に聞いています。

〈くどうくどき〉と「な・つ・ひ・さ・お」

向谷地(悦)　いろいろな苦労をもっている林さんですが、自分の気持ちを伝えたり困ったことを相談できるように、SSTを活用して練習をはじめました。具体的には、外来受診時における主治医との会話のしかた、仕事における対応のしかた、仲間にSOSを出して相談にのってもらう練習など積極的にやっています。

林　べてるの家でのSST、浦河赤十字病院でのSST、「ぶらぶらざ」での接客・商品の説明のSSTと、週に三回SSTをやっています。

向谷地(悦)　林さんは土曜日とか日曜日、授産所の仕事がないときに〝くどく〟なってしまうのですね。夜中にもなる。それはさびしいとき、友達を求めているときです。そんなとき、「どうやったらSOSを出す電話ができるだろう」「どうやって仲間にそのことを伝えたらいいのだろう」という練習をします。

毎週木曜日の午前一一時からおこなわれるべてるの家でのSSTでは、幻聴をもつ当事者である施設長の荻野さんに電話をかけてSOSの出し方を練習します。まず、〈くどうくどき〉のくどさのレベルを「今日はお腹がすいているので、三・五です」(五段階で五がもっともくどい)などと伝えます。

林さんは強迫的な確認行為によってくどくなる症状にみずから〈くどうくどき〉と名前をつけて、キャラクター化してきました。これが〈くどうくどき〉くんです(八〇頁[★2])。

林　いかにもくどい灰色で、わたしが強迫症状に陥るときの顔にそっくりなんです。お菓子のオマケだったらしいのですが、オオカミです。で、こちらが〈あっさりほめお〉です(八〇頁[★3])。自分のことをあっさり誉められるようになったら、〈くどうくどき〉から〈あっさりほめお〉に改名しようと思います。

向谷地(悦)　〈くどうくどき〉とのつきあい方を明確にするために、仲間同士が集まって「当事者研究」を始めました。なんで〈くどうくどき〉があらわれるのだろうと、仲間と一緒に研究するんです。そこでわかってきたのが「な・つ・ひ・さ・お」の存在です。隠れキャラですね。

林　悩みがあるとき（な）、疲れているとき（つ）、暇なとき（ひ）、さびしいとき（さ）、お腹がすいたときやお金がないとき（お）に、とくにひどくなるのです。そこで「な・つ・ひ・さ・お」のカードをつくりました。そこには、「悩みがあるとき、疲れているとき、暇なとき、さびしいとき、お腹がすいたとき、お金がないとき」と書いてあります。

くどくなったと思ったら自分でチェックをして、たとえば「いまはお腹がすいているから、くどくなっているんだ」と印をつけて、対処方法を考えます。お腹がすいたときは、わたしも〈くどうくどき〉も大好きなキムチチャーハンを食べたり、ヨーグルトを食べたりしています。まわしものではないのですが、明治ブルガリアヨーグルトがとてもおいしくて（笑）、常時アパートの冷蔵庫に三つぐらい入れてあります。

向谷地（悦）　きのうも一緒にシンポジウムを聞いていたのですが、林さんが「〈くどうくどき〉がやってきた！」とわたしに報告してくれたんです。そのときは、「お」でしたね。

林　はい、お腹がすいていました。

向谷地（悦）　このあいだはこんなことがありました。夜の八時ごろ、わたしに七回ぐらい電話がきたんです。そこで林さんに「な・つ・ひ・さ・お」をチェックしてもらったら、じつはお金をおろすのを忘れて三円しかなくてお腹がすいていることがわかりました。「お腹がすいているから〈くどうくどき〉がやってきたんだね」ということで、林さんのアパートにカップラーメンを持っていったんですよね。

林　はい。カップラーメンとジュースとお菓子を悦子さんがわざわざ持ってきてくださったんです。

向谷地（悦）　人に言われたことが気になったから〈くどうくどき〉がやってきたのだと思ったら、じつはただお腹がすいていたということです。

林　けっこう単純な理由で、〈くどうくどき〉はやってきます（笑）。

向谷地（悦）　食べたら、結果はどうでしたか。

林　〈くどうくどき〉は眠りについて、わたしもお腹いっぱいになって休みました。

幻聴さんが「よくやってるね」と

向谷地（悦）　べてるの家では毎年、幻覚&妄想大会というイベントを開いていて、素晴らしい幻覚や妄想には賞がもらえるんです。今年は林さんが賞をもらいました。

林　最優秀新人賞をもらいました（拍手）。こちらがそのときの賞品で、「くどうくどきがやってきた！　それはきっと暇なのよスゴロク」です（八一頁［★4］）。スタッフの人、メンバーの仲間がつくってくれました。ゴールには「いまのままのわたしでもいいんだ。いつでもわたしは一〇〇点満点」と書いてあります。

この賞品をもらったとき、こんなにくどくて変なわたしでも、浦河のみんなはわたしのことを受け入れてくれているんだ。こんなに変なわたしでも「味わいのある人」と見てくれているんだ、という気持ちになりました。これはわたしのお守りですし、一生の宝物です。

向谷地（悦）　これは、秋冬バージョンにコーディネートしたばかりですね。

林　夏バージョンにサンマの汁をつけてしまって……。秋冬バージョンはゴージャスに変えてもらいました。

向谷地（悦）　このスゴロクには、〈くどうくどき〉に注目しない、自分がヒマだということに注目する、というルールがあります。べてるには全国からお客さんが来るのですが、一緒にスゴロクをして遊んでいますね。

林　今回もこのスゴロクをスタッフの人と一緒にやろうと思って、サイコロも持ってきました。

向谷地（悦）　林さんのもう一つの対処方法として、幻聴さんに、やさしくかつしつこくお願いするという方法があります。

林　「デブ、ブス、おまえなんかダメだ」という幻聴が聴こえてくるのですが、地元の名古屋にいたとき

◉林園子さん（左）と向谷地悦子さん

は、「『うるさい。黙れ。あっちに行け』と言ってみたら？」と言われたのでそのように対処していました。でも、幻聴は治りませんでした。

浦河に来てから、だんだんと幻聴とのつきあいがうまくなってきたんです。いまでは「今日は疲れたので、もう夜なので幻聴さんも家に帰って寝てください。わたしもゆっくりお風呂に入ってから寝ます」と話しかけて、幻聴さんに帰ってもらうことにしています。

幻聴さんに一〇回言ってダメなときは二〇回言う。二〇回言ってダメなときは三〇回言う。最後に「お願いします」と丁寧に言うと、自分も幻聴さんに対して礼儀正しくできるので安心しますし、三〇回も言えば帰ってくれます。

「デブ、ブス、おまえなんかダメだ」が、だんだん「デブ、ブス、大丈夫か」になってきて、このごろはもっと幻聴さんもわたしにやさしくなってきました。これまで三回ぐらい「よくやっているね」と聴こえました（拍手）。

苦労のレベルが高くなった

向谷地（悦）　幻聴さんにはやさしく言うのがコツですね。一方で〈くどうくどき〉が来たときは、ヨーグルトを食べるのがいちばん効果があるようです。でも、べてるの家の松本くんも効果的ですよね。

林　べてるには、松本寛くんというすごく有名な男の子がいます。みんな「まっちゃん」と呼んでいます。「きょう、すごく幻聴が聞こえるけどどうしよう」と相談したら、まっちゃんは「仲間と楽しい会話をしたらいいよ」と提案してくれたんです。これは幻聴さんに対しても、〈くどうくどき〉に対しても言えるなぁと思って……。松本くんはいつもダジャレばかり言っている人ですが、そのときばかりは感心しました。

向谷地（悦）　松本くんとつきあっていると病気も……。

林　……あの、つきあっているわけではないんです（笑）。友だちとして、とてもいい人です。こだわりがなくて、わたしみたいにくどいところがない。話題が豊富なんですね。松本くんには教えられるところがいっぱいあります。いろいろ提案してもらって、いつも助かっています。

向谷地(悦)　松本くんは「ぼくの仕事は病気です」って言ってるぐらいの人ですからね。

林　浦河に来て、苦労や失敗がけっこう多いんです。一日に五回ぐらい自分の言葉の行方が気になって確認の質問をしたり、自分が言ったことに対しての人の評価が気になることは続いています。でも、名古屋の病院ではただ「幻聴が聞こえるから、注射を打ってください」と一日に三回も打ってもらったり、一日に何十錠の薬を飲んでいたりしたんですが、浦河に来て先生や仲間、スタッフの人に恵まれて幸せになりました。

苦労するチャンス、失敗するチャンスも増えました。幻聴が聴こえて調子が悪くなるので注射を打ってほしいという悩みから、くどくなるという人間本来の悩みに変わったような気がします。悩みや失敗が人間的なものに変わっていって、苦労の質や苦労のレベルが高くなったというか……。そこが、浦河に来てとてもよかったところです。

わたしのも幻聴か?

司会　ありがとうございました。昨日の打ち合わせのときに林さんが「ここは学会でしょう。〈くどうくどき〉の話なんてしたら、皆さんに失礼じゃないかしら」と心配されていたのですが、最初の国立精神・神経センター武蔵病院の原田誠一先生の話（「〝正体不明の声〟へのコーピングをどう援助するか」）と、いまのべてるの話がみごとに一つに繋がっているような感じを受けました。

今日は会場に、林さんと一緒にべてるの家から来た清水里香さんがいらっしゃいます。自己紹介を含めて感想をいただけますか。

清水　こんにちは。清水です。二か月前から作業所の施設長をやっています。施設長を誰にするかとなったときに、わたしでいいんじゃないかとなってしまったんです。引きこもって一〇年ぐらいになるのですが、表に出るいいきっかけになるからと思って引き受けました。病名は統合失調症です。今日この場に出られることをすごく楽しみにしてきました。

原田先生のお話は、幻聴とどうやってつきあっていったらいいのかのヒントになりました。わたしもずっと幻聴に悩まされて生活しています。でも最近は、自分と幻聴とのつきあいだけでなくて、幻聴をもった人がわたしのところに相談にきてくれて、幻聴の話をして帰っていくんです。わたしの目からみたらそれはまさに幻聴なんですけれど、「それは幻聴だと思うよ」とうまく伝えることができなくて苦労する場面がけっこうあるんです。原田先生のお話を聞いて、方法によっては「これは幻聴さんがやってきているんだ」と認識してもらうことができると思いました。

あ、でもいま、自分のことを棚にあげて言っているんですよね。わたしも幻聴のことは幻聴だと信じていないほうなので（笑）。

そこのところが複雑なんです。友だちの話を聞くと「それは幻聴だよな」って思うんですが……。「相談される自分」と「当事者である自分」が複雑にからみ合って、わたしも相談されながらも「もしかしたら、わたしのも幻聴か？」（笑）とか思いながら、日々生活しています。

今日はすごくためになりました。ありがとうございました。

どこまで聞いていいのか

司会　「妄想をどこまで聞いていいのか」は、一般的に皆さんが心配しているテーマだと思いますが、どうでしょう。

参加者1　それについては、べてるの実践がとてもいいヒントになると思うんですね。べてるだったら、「で、その催眠術師ってどんな名前？」と聞くでしょう。そして、わかりやすくて、明るくて、つきあいやすいような名前をつけてしまうんじゃないでしょうか。本来ならば大変なものを、外在化という方法を使って、自分がイメージのなかでコントロールしやすいものに、まず変えていく。

ある意味で原田先生のおっしゃる「正体不明の声」

というのも、「いままで幻聴といわれていたものを、もう少しつきあいやすいものに変えて対処してみませんか?」という提案なのだと思います。

向谷地(悦) 〈くどうくどき〉もそうなのですが、明確化するとわたしたちも支援がわかりやすくなります。他人や援助者のほうも、具体的にわかりやすくなるのですね。たとえば悪魔がやってきたとき「ターッ!」とやると悪魔が去る人がいます。そこで、「みなさん一緒にやってください」「ターッ!」と(笑)。

ひとりぼっちでは、やらないほうがいい

参加者2 うちの病院にも確認行為をする患者さんがおられるのですが、言葉にするのが苦手な人なので困っています。「な・つ・ひ・さ・お」を見つけるコツのようなものがあれば教えてください。

林 わたしの場合は、「爆発ミーティング」という、当事者研究をやる集まりでみんなに相談しました。そこで、「悩んでいるとき、疲れているとき、ひまなとき、さびしいとき、お腹がすいたとき、お金がないときにわたしがくどくなる状態になるんだね」という話になって、カードをつくってもらったんです。

向谷地(悦) でも単純じゃないときもあるのですよ。〈まわりくどき〉っていうのもいて。ちょっとねじれて出てくるんですね。「こういう講演があるからわたしを連れていってほしい。こういう集会にほんとうは行きたい」と、自分からは言えないんですよ。

林 誘ってもらいたくてしょうがないんです。でも自分からは言えなくて、逆に何も聞かれていないのに「わたしは行けませんから」とか言ってしまって……。その〈まわりくどき〉で、わたしはいま苦労しています。

向谷地(悦) 講演旅行があったりすると、「わたしはそのメンバーに入っていませんよね」という確認作業をわざわざする。わたしは行きたい、わたしはさびしいと素直に言えないんです。そんなときは、ゆっくりと話を聞きます。このあいだの土日にもミュージカルがあったのですが、それをじっくり見れないほど〈くどうくどき〉がやってきた。何リットルもの大量の水を

飲んだりする。どうしたのだろうと思っていたんですが、「ああ、川村先生と遠軽の講演に行きたかったのだね」とやっとわかりました。で、「行けなくてさびしいんだね。今度からちゃんと言えるように練習しようね」と、その場でSSTをやりました。

司会　セルフモニタリングも、ひとりぼっちでやらないことが大切かもしれませんね。仲間同士で「な・つ・ひ・さ・お」をチェックする、というように。

参加者3　保健師です。妄想や幻聴をもちながらも治療に結びつかない人が地域にいます。なんとか生活ができているので、保健所や市町村で連携をとって見守っているのですが、「あなたたちが来ると、悪いやつが毒をばらまきにくるから来ないでくれ」という妄想があるんです。そういう人たちに対してどう対応したらいいかと……。

司会　「保健師さんが訪問すると毒を盛られる」という人に、どのように対処したらいいかという相談です。清水さんは当事者の立場としてどうですか。

清水　本人が困っているならば何らかのかたちで助けてあげられたらいいなあと思うけれど、本人が困っていないならばそのままでもいいんじゃないですか？

（会場どよめく）

［二〇〇三年九月二七日、第一一回精神障害者リハビリテーション学会にて］

＊　林園子・向谷地悦子、二〇〇三年、「当事者が語る「仲間といっしょに探す〝幻聴さん〟とのつきあい方」」、『精神看護』第七巻二号、二四―三一頁より。

III

あきらめたら見えてきた

つながり系

8 逃亡の研究Ⅰ
統合失調症から〝逃亡失踪症〟へ

荻野 仁＋逃亡研究班
協力＝山本賀代 河崎寛 長友ゆみ 松本寛 向谷地悦子
清水里香 早坂史緒 向谷地生良

はじめに――べてるで始まった〝わが逃亡〟

二〇〇二年の八月に「精神分裂病」という病名が「統合失調症」に変更された。いち早くその情報を知ったわたしは、べてるを見学に訪れたお客さんの前で「統合失調症の荻野です」と自己紹介をした。しかし、それを聞いたべてるの仲間は大笑いしたのである。

わたしには何が起きたかすぐには理解できなかったが、あとでわかった。べてるのみんなにはそれが〝逃亡失踪症〟と聞こえたのである。「荻野さんも冗談がうまい」と、ウケけてしまったわけだ。

じつは、このエピソードには伏線がある。

その年の七月に、隣町で開催された精神保健関係の会議に当事者団体の代表として出席したのだが、わたしは一〇分ほど参加しただけで途中で帰ってしまった。高校・大学と同級生で、現在は某町の課長をしている友人と会議の席で出会った瞬間にいたたまれなくなり、逃亡したのである。

それまでもちょこちょこと逃亡を重ねてはいたが、これが決定的な逃亡事件として注目を浴びてしまった。その矢先の病名変更だったので、みんなに〝逃亡失踪症〟と聞こえてしまったのである。以来、浦河では、統合失調症よりも〝逃亡失踪症〟のほうが有名になってしまい、全国どこに行っても「逃亡失踪症の荻野」で名が通るようになった。

なぜ逃亡するのか。何から逃亡しているのか。この逃亡はやめるべきか否か。それまでアルバイトや勤務先では経験のなかった「逃亡」という現象が、べてるで働きはじめてから起きるようになったのはどうしてなのか――いろいろと興味が尽きないということになり、「逃亡の功罪」も含めて検討することになった。

研究の目的

「できるならば逃亡は避けたい」という思いと、「逃亡できなくなることの不安や恐怖の意味を知りたい」という二点から、この研究は始まった。

施設長(小規模通所授産施設「浦河べてる」)であるわたしが逃亡すれば、現実には仕事に穴を開けるこ

◉荻野仁さん

とになり、みんなに迷惑や心配をかけている。にもかかわらず、クビにもならず働くことができている。これは、統合失調症を抱える当事者の就労を考えるときに、大事な要素として考えられなければならないと思う。

さらには、同じように逃亡に苦労している仲間はまわりにも多い。この研究を通じて、多少なりとも逃亡のメカニズムが明らかになるのではないか。その結果、「安心してサボれる職場づくり」にむけたアイデアが生まれ、新しい逃亡観が広がることを願っている。

研究の方法

「逃亡の研究」に着手しようとのアイデアは、ある日の「爆発ミーティング」で、逃亡が話題になったときに浮かんだ。爆発ミーティングとは、感情をコントロールできずについ爆発してしまうメンバーが集い、爆発にどう対処するかをSSTなどを用いて検討する自己研究ミーティングである。そのミーティングの最中に、「爆発は一種の逃亡だ」という議論になり、ならば逃亡そのもののメカニズムを研究しようということになったのである。

具体的には、依存系の女性メンバーや爆発のエキスパートなどに集まってもらい、それぞれの体験と「荻野仁の逃亡」を比較検討した。

また「荻野仁の逃亡」のメカニズムを解明する際には、みんなで過去にあったさまざまな場面を思い出しながら、そのときの「実際の行動」と「こころの動き」を丹念に紙に書き出し、逃亡の全体像をあぶり出そうと試みた。

1　荻野仁の逃亡人生

学習塾に通いはじめるころから

思えばこの「逃亡」欲求は、いまに始まったことではない。振り返れば、物心がついたころから言いようのない緊張感が体中に走っていた。小学校に入学してからは、学校とか社会を恐れていたように思う。

とくにそういった感覚をはっきりと自覚したのは、小学校四年生の町内にあった学習塾に通いはじめたころである。その学習塾ではとくに高度な授業をしていたわけではないが、小学校の学習のレベルよりは高い授業がおこなわれていた。

学習塾に通いはじめたきっかけは、母親の勧めである。母親は教育熱心で、弟もその学習塾に通っていた。家庭では、母親が絶対的な主導権を握っていた。病弱であったわたしにとって母親は絶対的な存在であり、母親の言うことに従っての学習塾通いであった。

その母親が事あるごとにわたしに言っていたのは、「父親の存在を越えろ」ということだった。会社員であった父親を越える、より社会的に地位の高い職業に就くことを重んじていた母親だった。いまから考えれば実直で真面目な父親であったが、当時のわたしにとっては、たんに越えるべき存在にすぎなかった。わたしは学校とか社会が絶対的なものであるといった思いにとらわれていた。そして、そういった社会に適応することがわたしの存在価値であるように思われた。

弁護士をめざし東京の大学へ

このようにしてわたしの目標は、学校でよい成績をとること、それによって母親を喜ばせることになった。表面的にはそれを成し遂げて小学校・中学校・高校・大学と順調に進むことができた。東京の大学では法学部に席を置き、弁護士をめざした。

しかし当時のことを考えてみると、子どものころから引きずっていた不安感や緊張感とともに、弁護士という「社会的に地位の高い職業」を目指しながらも、すでに言い知れぬ孤独感や焦燥感に苛まれていたように思う。

大学卒業後も、アルバイトをしながら必死になって受験浪人をしていたが、やがて「オウムの信者だと思われて警察に追われているのでは」という妄想が強まっていった。そしてついには隣近所の人たちからの圧迫感に耐えられなくなり、北海道浦河町の実家に帰ったのである。

しかし実家が安息の場だったわけではない。「両親が食事に毒を入れている」という妄想に駆られ、暴力的な言動も出てきた。こうして浦河赤十字病院の精神科を受診することになった。幸いに入院まで至らずに、外来通院だけで被害妄想が落ち着いた。その受診のとき、最初に相談に乗ってくれたのがソーシャルワーカーの向谷地さんだった。こうしてべてるの家の存在を知ったのである。

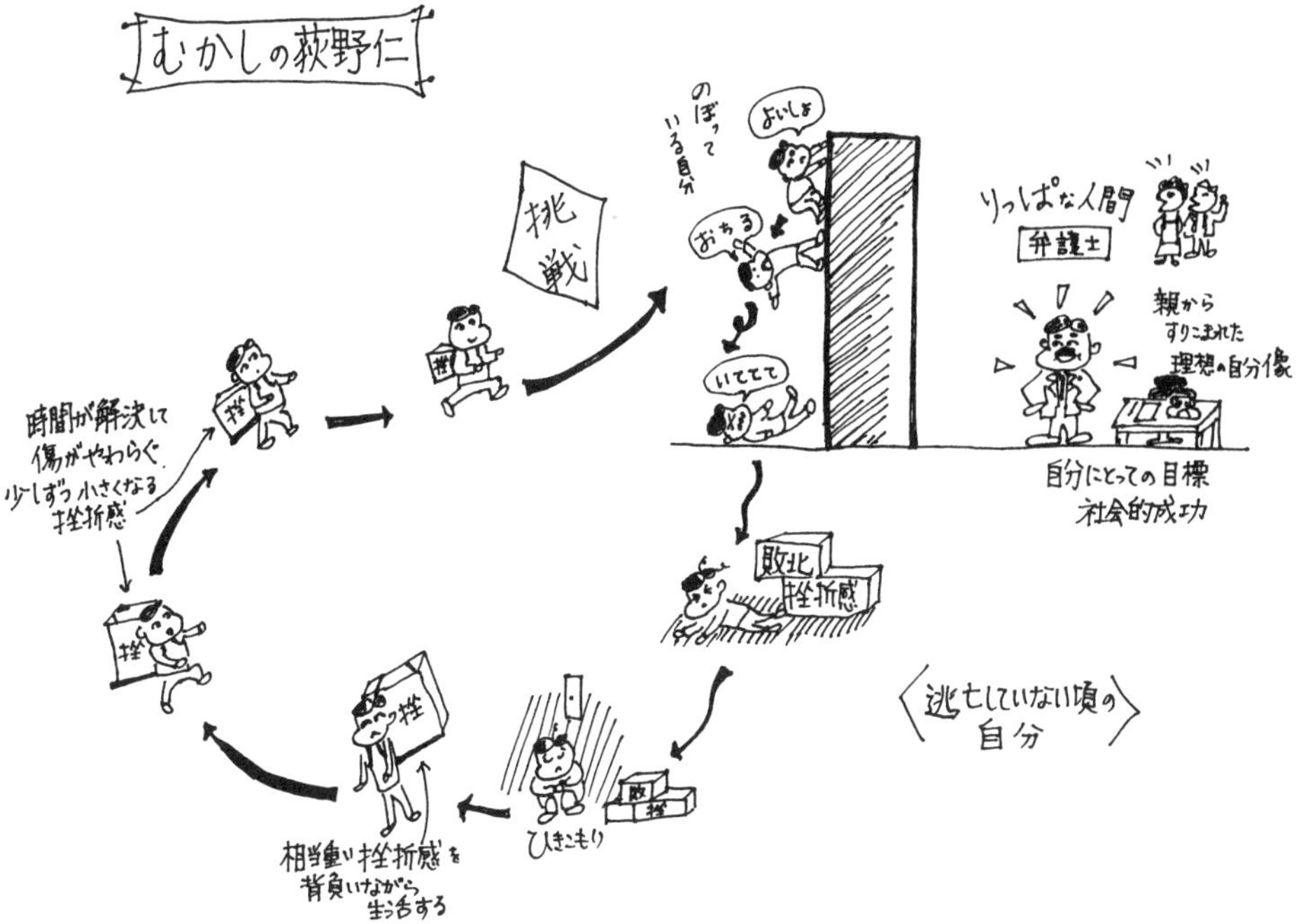

むかしの荻野仁
のぼっている自分
よいしょ
おちる
いててて
挑戦
りっぱな人間
弁護士
親からすりこまれた理想の自分像
自分にとっての目標
社会的成功
時間が解決して
傷がやわらぐ
少しずつ小さくなる
挫折感
敗北
挫折感
ひきこもり
相当重い挫折感を
背負いながら
生活する
〈逃亡していない頃の自分〉

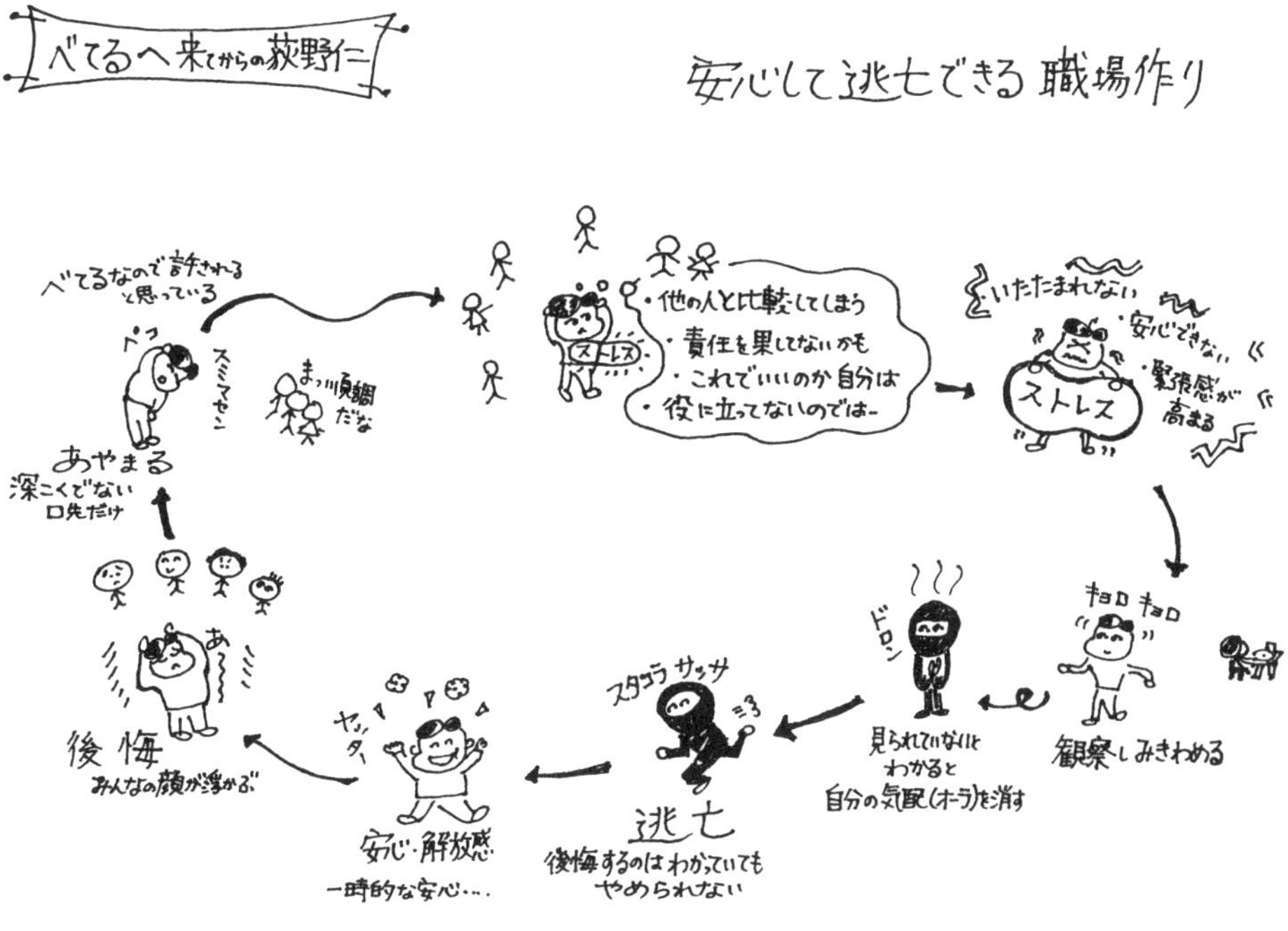

べてるへ来てからの荻野仁
安心して逃亡できる職場作り
べてるなので許されると思っている
ペコ
スミマセン
まっ順調だな
あやまる
深こくでない
口先だけ
ストレス
・他の人と比較してしまう
・責任を果してないかも
・これでいいのか自分は
・役に立ってないのでは…
いたたまれない
・安心できない
・緊張感が高まる
ストレス
キョロキョロ
観察しみきわめる
ドロン
見られていないとわかると
自分の気配(オーラ)を消す
スタコラサッサ
ミ3
逃亡
後悔するのはわかっていても
やめられない
ヤッタ
安心・解放感
一時的な安心…
あ〜
後悔
みんなの顔が浮かぶ

2 儀式のように繰り返すサイクル

逃亡信号➡逃亡シナリオ➡「またやってしまった……」

逃亡はまず、「役割」や「仕事」を背負うことから始まる。責務や期待に応えられるだろうかという不安がよぎるのである。そして、強烈なイライラ感が体に走る。これが「逃亡信号」である。

ここで苦労するのは、逃亡信号を周囲にキャッチされてはならない、ということだ。「もし逃亡信号を周囲にキャッチされ、逃亡を阻止されたら……」という不安を隠して、できるだけ平静を装う。仕事に夢中であるかのように見せながら、頭の中では着々と逃亡にむけたシナリオができあがっていく。

次に重要なのは、逃亡の「痕跡」を残さないことである。そこに姿がなくても、「トイレにでも行っているかな」と思わせるような存在感を保つことが大切だ。その

［★1］ 机の上に愛用のカバンを置き、「存在感のみ残して存在を消す」術

ためには、財布や免許証はしっかり持ちながらも、バッグを机の上に目立つように残すことを忘れてはならない［★1］。

途中、出会った仲間には「一緒に帰ろう。送っていくよ」などと誘うことも、逃亡の後ろめたさを軽減するには有効である。車に乗ったらあとは自宅まで一目散。家に着き、部屋でくつろいだときのあの解放感は何ものにも代えがたい。

しかし、その解放感もつかの間のことである。「また、やってしまった……」という後悔と自責の念が波のように押し寄せてくる。ここでべてるのスタッフから自宅に電話が入る。「ごめんごめん」といちおうは謝る。しかしじつは電話がくると、不思議と「まだ、見捨てられていなかった」という安心感がわいてくる。

以上のサイクルを、まるで一つの儀式のように繰り返している。研究メンバーからも「もしかしたら逃亡とは〝荻野仁の愛情度チェック〟ではないか」という声が上がったが、案外当たっているかもしれない。その背後には、逃亡に対する嫌悪感と、逃亡を止められるのではないかという恐怖感、そして、あっさりと逃亡を許されてしまうことの屈辱感――「あなたが居ても居なくても困らない」と思われたくない――がごちゃまぜになってぐるぐると回っている［★2］。

安心して逃亡するために

今回、「逃亡」を研究するに際して最初にあったのは、「いかにして逃亡をやめるか」というこだわりである。しかし、しだいに「べてるに来て、ようやく堂々と逃亡できるようになった」という、まったく逆の考えが生まれてきた。つまり、ここでやっと逃亡が日の目を見たのだ。

東京では被害妄想のなかで、人の目を気にしていつも何かから逃げまくっていた。そんな孤独な暮らしをやめて浦河に戻り、べてるにつながり当事者研究を始めて「なぜ逃亡するのか」をみんなと考えているときに実感したのは、心底「逃亡に助けられてきたんだ」ということである。さまざまな緊張場面でいたたまれなくなり、こころが壊れそうな感覚に襲われるとき、被害妄想や混乱に陥る前に自分を救出してくれる「逃亡」は、自分にとって、なくてはならないものだった。

これまでは、人の目、社会の評価という相対的な基準で自分の人間としての価値を推し量り、みずからにつねに失格の烙印を押すというつらい作業を続けてきた。そのなかで自分を保つためには、「病気=被害妄想」という避難所と、逃げたいという思いを安心して表現できる場が必要だったのだと思う。

だから、逃亡はしばらく続きそうである。そこで

[★2] 逃亡のメカニズム

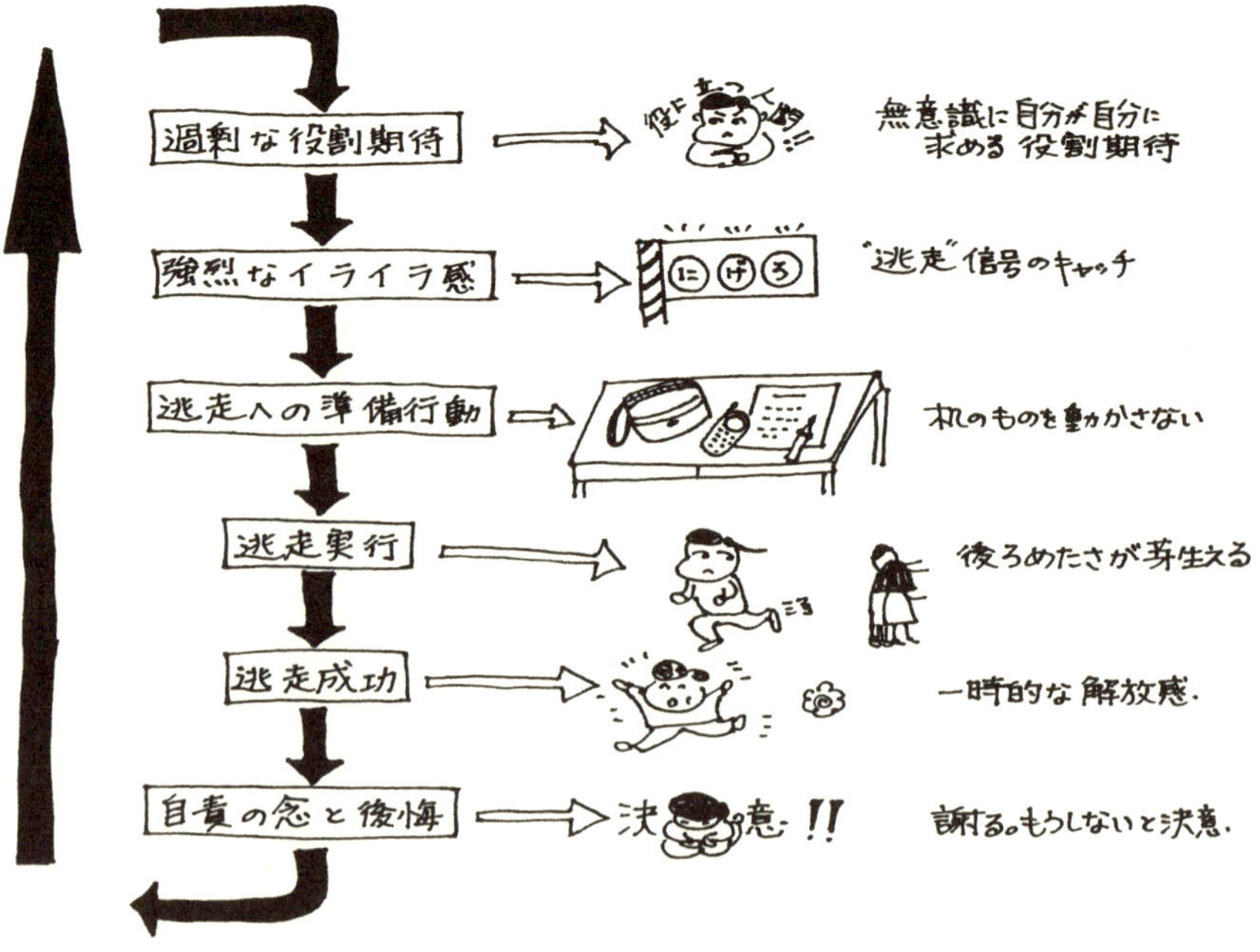
過剰な役割期待
無意識に自分が自分に求める役割期待
強烈なイライラ感
にげろ
"逃走"信号のキャッチ
逃走への準備行動
机のものを動かさない
逃走実行
後ろめたさが芽生える
逃走成功
一時的な解放感.
自責の念と後悔
決意!!
謝る。もうしないと決意.

「安心して逃亡できる職場づくり」の条件を仲間と考えた結果、以下のことが提案された。

(1)当分続くであろう逃亡そのものを周囲から承認してもらうこと
(2)逃亡の本質をさぐる当事者研究を継続すること
(3)みずからの逃亡信号をキャッチしたときは周囲に伝えること

しかし、とくに(3)は、まだ自信がない。逃亡を止められ、我慢してしまうことを想像しただけでも、なんだか落ち着かなくなってしまう。まわりを信用していないのかというと、そうでもない。体が勝手に怯えているのだ。この点は、今後の研究課題である。

おわりに——逃亡に助けられてきた

自分は、何から逃げてきたのか。

それは、社会から自分が「無能」であると見なされることへの恐怖からだった。周囲からの評価——学校の成績——に依存して生きてきたツケが回ってきた格好だ。学校という評価の枠組みに、頑固に縛られてきたことがわかる。

しかしそれは荻野仁ひとりの問題ではない。社会全体が学校化[*1]し、人間を一面的な価値観で評価しようとする勢いが広がりつつあるなかで、そのような現実に見切りをつけようとする人たちがどんどん出てきている。じつはわたしの「逃亡」は、巷に蔓延している「引きこもり」や「ネット集団自殺」などにも通じるような気がしている。逃げるということは、何かに追われていることでもあるが、その一方

［★3］　逃走論から逃亡論への系譜

1941年　エーリッヒ・フロム『自由からの逃走』
フロムは問う。幸福を追求するために選んだ自由がはたして「本当の自由」といえるだろうか。「選ばされた自由」にごまかされてはいないか！

1984年　浅田彰一『逃走論』
現代思想の最前線を軽快に疾走する俊英が、ドゥルーズ＝ガタリ、マルクスなどをテクストに語る《知》的逃走論。時代は「パラノ人間」から「スキゾ人間」へ！

そして……

2001年　いかりや長介『だめだこりゃ』
いかりや長介が父に言われた言葉。
「いいか、長一、みっともねえから負けんじゃねえぞ。負けそうになったら……逃げることだ！」

では何かに見切りをつけていることでもあるだろう。

これまで自分では、「逃亡」は否定的にしか考えられなかった。しかしそのメカニズムを「研究」することによって、逃亡のまた別の面を見ることができるようになってきた。「逃亡に助けられてきた」というのは負け惜しみでも言い訳でもない。自分のこころを客観的に見ることができるようになってくると、たしかにそんな側面が見えてくるのだ。

そんなとき、次の言葉と出会った。惜しくも亡くなってしまったドリフターズのリーダー、「いかりや長介」氏の自伝[*2]に書かれていたものである。

ケンカに負けて帰ってきたいかりや氏（本名は長一）に、父親はこう言った。

「いいか、長一、みっともねえから負けんじゃねえぞ。カッコいいのは、上手に逃げることだ。負けないコツは、適当なところで逃げることだ。これに尽きる」

すごい！　こんなこと言える真っ当な大人は多くない。時代は逃走から逃亡へと移っているのだ［★3］。わたしはこの言葉のなかに、「安心して逃亡できる職場づくり」の極意が秘められている気がしてならないのである。

＊1　上野千鶴子『サヨナラ、学校化社会』太郎次郎社、二〇〇二年
＊2　いかりや長介『だめだこりゃ——いかりや長介自伝』新潮社、二〇〇一年

9 逃亡の研究II

安心して逃亡できる職場づくり

荻野 仁＋逃亡研究班
協力＝河崎寛 清水里香 林園子 吉田めぐみ 岩田めぐみ
早坂史緒 向谷地悦子 向谷地生良 渡辺晴美

はじめに——反省しない生き方をめざして

一九九六年に精神分裂病と診断された荻野は、周囲の評価に対する過剰な意識や緊張感から、職場から何度となく「逃亡」を図っていた。

勤務中に自宅に逃げ帰るという、まことに嘆かわしく後味の悪い癖をなんとかせねばとばかり考え、やたらと自分を責め、まわりの顔色をうかがっていた荻野は、あるとき「なぜ自分は逃亡するのだろうか」と考えてみた。そこから〝逃亡失踪症〟に至るメカニズム研究が始まったのである。その成果は「逃亡の研究I」（一三六頁）として結実した。

荻野はそこで「逃走の時代は終わった。これからは逃亡だ！」と高らかにうたいあげるとともに、「安心して逃亡できる職場づくり」への希望を語った。

さて、「安心してサボれる職場づくり」というコンセプトは、すでに『べてるの家の「非」援助論』（医学書院、二〇〇二年）のなかで下野勉氏によって紹介されている。すなわち、サボるという現象を克服するのではなく、サボるリスクやそこに至る弱さの情報を前向きに周囲に伝えること（弱さの情報公開）によってこそ、「安心してサボれるネットワーク」ができあがることが語られている。

荻野が先行研究で〝逃亡失踪症〟に至るプロセスを明らかにしたことは、まさに「弱さの情報公開」であった。すなわち、⑴前触れ（緊張反応）→⑵逃走準備にむけた偽装（いかにもまだ居るという状況を装う）→⑶アリバイ的な逃亡（帰りたい人を募り同伴逃亡する）→⑷自宅退避（安心と後悔）→⑸反応確認（かかってくる職場からの電話によって〝愛情確認〟する）、というサイクルを解明し、仲間に公開できたことは一定の成果といえる。

とはいえ、ときおり出現する〝逃亡失踪症〟によって、いまだに居心地が悪く罪悪感に包まれてしまう。これが現実である。「逃亡は克服すべき悪癖」という意識も、なかなか抜けない。そのような状況のなかで、第二次「逃亡の研究」が進められたのである。最初の会合でなされた議論をまとめると、次のようになる。

⑴「逃亡」をやめようとして反省や後悔をしないこと。
⑵「逃亡」という現象のなかには、さまざまな個性をもった人が、共に働くことを可能にするヒントがある。
⑶通常なら「逃亡」が繰り返されれば〝クビ〟になり、出勤困難に陥るはずなのに、荻野は逃亡をしながらも堂々と休まずに通勤している。つまり、そこには「逃亡権」ともいうべきものがすでに確立されているのではないか。

今回の研究でも会議の途中でいなくなるなど、荻野は何度も逃亡を繰り返した。しかしながら、なぜかクビにならないばかりか、二〇〇二年の二月には、その功績(?)が認められて小規模通所授産施設「浦河べてる」の施設長にまで抜擢されたのである。仕事ぶりが評価されたのではなく、その逃亡ぶりが評価されたのである。「ここに人の評価の新しい基準があるのではないか」という仮定の下に、「安心して逃亡できる職場づくり」の研究を進めた。

研究の目的

統合失調症など、精神障害を体験した当事者の多くは仕事に就きたいと願っている。しかし現実に

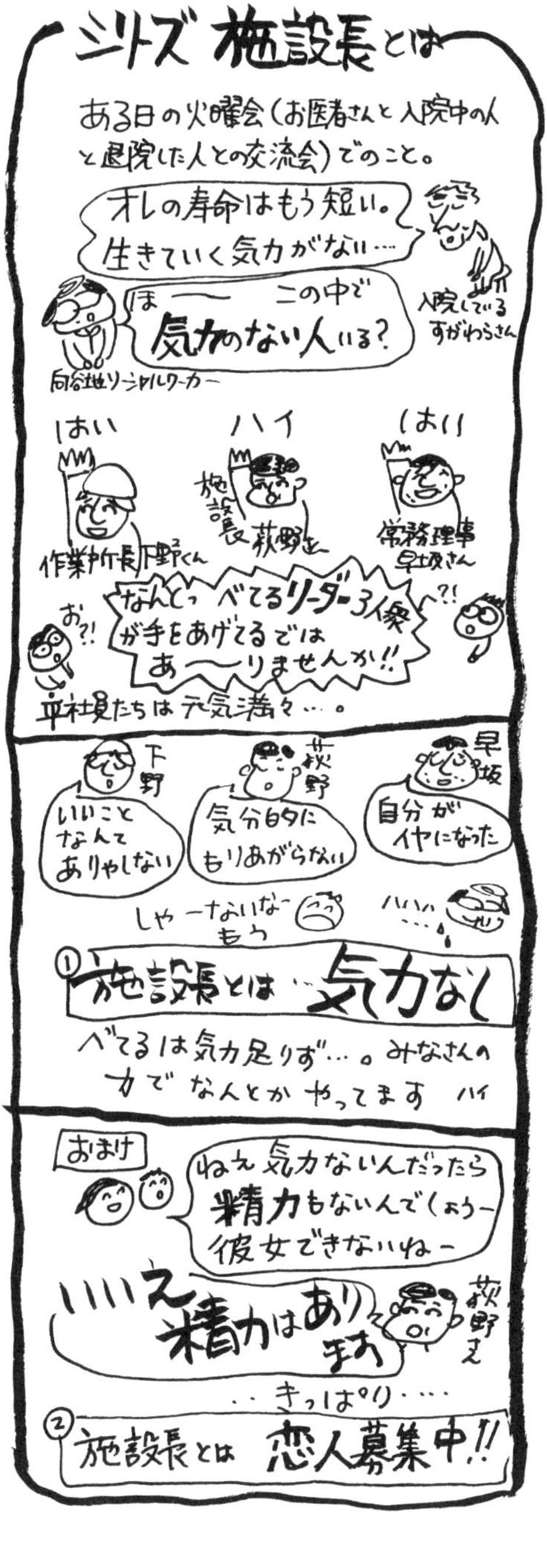

は、相手のペースに自分を合わせることがむずかしく、幻聴や妄想も邪魔をし、なかなかうまくいかないのが現状である。しかも、一般の職場環境は年々悪化の一途をたどっているから、その困難はむしろ増しているといえよう。

そこで、(1)安心して逃亡できる条件づくりを明らかにすること、と同時に、(2)「反省と後悔の悪循環」を超えた新たな職場のコミュニケーションを考えるきっかけにすること、の二つを研究の目的とした。

研究の方法

荻野自身や、同様の体験をもっている当事者がみずからの体験を持ち出して議論に参加した。この手の議論は、下手をすれば自分の惨めさの暴露になりかねないため、そのつど軌道修正を図った。議論の際には、出されたキーワードを白板に書き出し、関係図をつくりながら進めた。

1 「安心な逃亡」とは何か

「人を信じないパターン」が、逃亡スキルを向上させる

「安心のない逃亡」とは、最後には反省し、後悔することはわかりきっているのに、その場の緊張や耐えがたいイライラ感からみずからを解放することを目的におこなう逃亡であり、いちばんポピュラー

な逃亡パターンである。このような逃亡パターンには三つの条件がある。

A…決して人を信じない。

B…あくまでも表面的なプライドに固執する。

C…周囲の人間は基本的に、「ライバルである」「いつかは自分を裏切る」「期待にこたえられないときには切り捨てられる」という理解と構えがある。

これは見事に、荻野の行動様式にあてはまる。すなわち、

a…講演先で、いつ見捨てられても困らないように、つねに一〇万円の資金をもっていく。

b…みんなで行動するときには、「後ろを振り返ったら誰もいなかった」とならないようにつねに最後

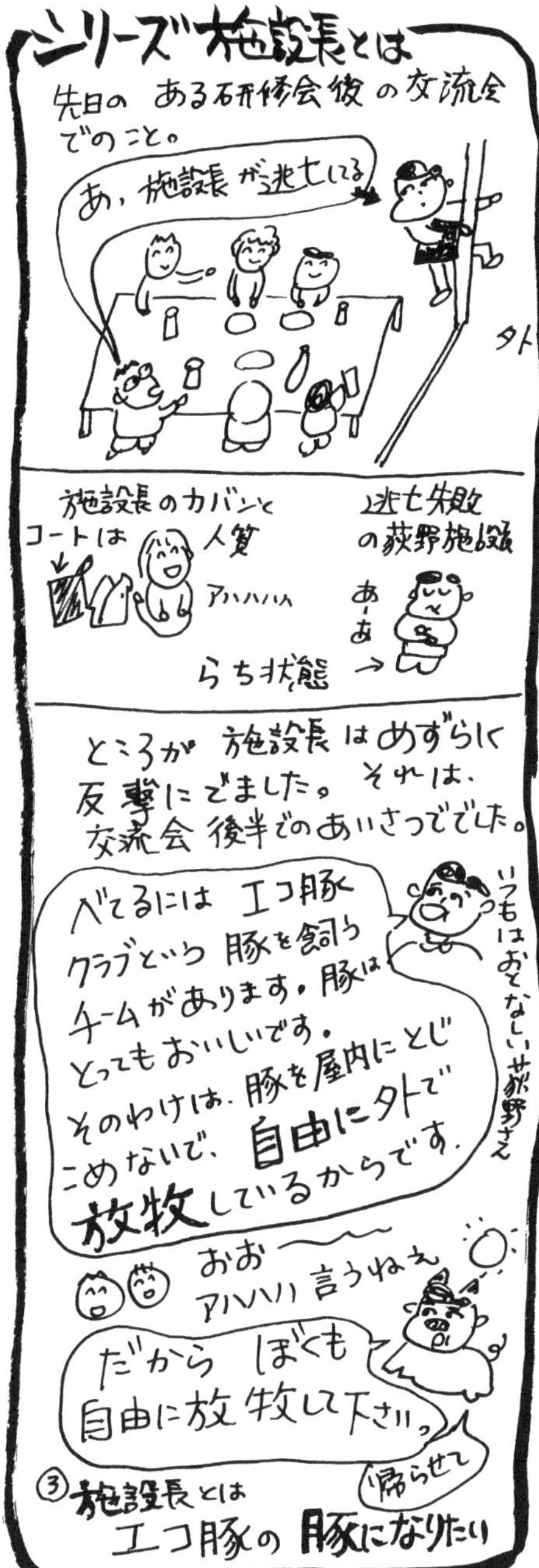

尾を歩き、全体の動向を視野に入れられるようにする。

c…素直に逃亡サインを伝えたら逃亡を阻止されるのではないかと考え、つねにこっそりと逃亡を図る（じつは、あっさりと逃亡を許可されることのほうがもっとこわいのだが）。

この「人を信じないパターン」を温存するために、しだいに逃亡のスキルは熟達し、巧妙化する。このパターンは、「逃亡するときにはいつでも遠慮なく話してね」と周囲から理解され受容されることを好まない。禁止されてこそ、「逃亡」は迫力を増し、意味をもつのだ。

それでは、反対の「安心な逃亡」とは、いかなる条件のもとで可能となるのだろうか。

荻野安全装置論――荻野は職場のカナリアである

直接それについて考える前に、まず準備作業として「逃亡できる人」と「逃亡できない人」という枠組みで対比を試みた。これは「嘘をつける人」と「嘘をつけない人」という例でも成り立つ。

べてるの早坂潔氏はとにかく嘘がつけない。嘘をついたままにしておくと三日と身体がもたない。嘘をつくと身体がまともに反応し、正直になると休まるのだ。しかし、いわゆる「健常者」は、嘘をつくことが平気である。とくに身体の反応は鈍い。この「嘘をつけない」という脆弱性は、早坂氏の「無類の正直さ」という個性として、人を励ます源泉となっている。

その流れでいうと、「逃亡できる人」としての荻野がもっている可能性とは何なのか。「逃亡」が認められて施設長に抜擢されたということの意味とは何なのか。検討するなかで浮かび上がってきたのが、

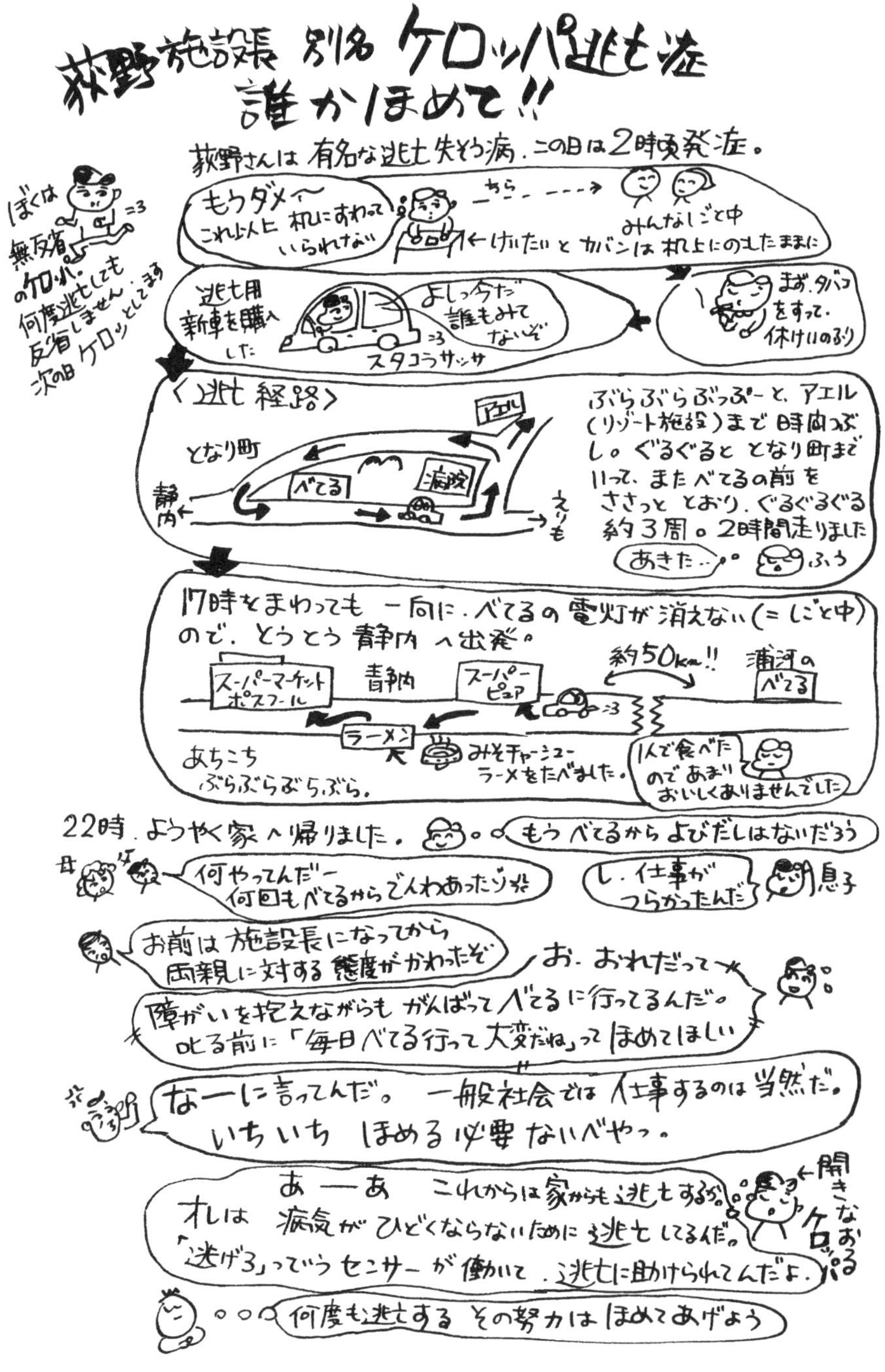

荻野施設長 別名 ケロッパ逃亡症
誰かほめて!!
荻野さんは 有名な逃亡失そう病. この日は2時頃発症。
もうダメ〜 これ以上 机にすわっていられない
ちら
みんなしごと中
けいたいとカバンは机上にのせたままに
ぼくは 無反省の加小. 何度逃亡しても 反省しません. 次の日 ケロッとしてます
ニコ
逃亡用 新車を購入した
よしっ今だ 誰もみてないぞ
スタコラサッサ
まず、タバコをすって、休けいのふり
〈逃亡経路〉
アエル
となり町
べてる
病院
静内
えりも
ぶらぶらぶっぷーと、アエル(リゾート施設)まで時間つぶし。ぐるぐるととなり町まで行って、またべてるの前をささっととおり、ぐるぐるぐるぐる約3周。2時間走りました
あきた… ふう
17時をまわっても 一向に、べてるの電灯が消えない(=しごと中)ので、とうとう静内へ出発。
スーパーマーケット ポスフール
静内
スーパーピュア
約50km!!
浦河のべてる
ラーメン
あちこち ぶらぶらぶらぶら。
みそチャーシューラーメンをたべました。
1人で食べたのであまりおいしくありませんでした
22時、ようやく家へ帰りました。
もうべてるからよびだしはないだろう
母 父
何やってんだー 何回もべてるからでんわあったゾ
し、仕事がつらかったんだ
息子
お前は施設長になってから 両親に対する態度がかわったぞ
お、おれだって
障がいを抱えながらも がんばってべてるに行ってるんだ。
叱る前に「毎日べてる行って大変だね」ってほめてほしい
なーに言ってんだ。一般社会では仕事するのは当然だ。いちいち ほめる必要ないべやっ。
あーあ これからは家からも逃亡するか。
オレは 病気がひどくならないために逃亡してるんだ。
「逃げろ」っていうセンサーが働いて、逃亡に助けられてんだよ。
開きなおるケロッパ
何度も逃亡する その努力はほめてあげよう

「荻野安全装置論」である。つまり、「逃亡する力」をもった施設長のもとで働く「カルテのない」スタッフは、荻野の逃亡性によって保護されているというのである。

「上司」は一般的には部下に「指示」をし、あることを決定することを期待された権威を与えられているものだ。しかし、その常識的に期待された上司としての「権威」が権威でなくなり、ほかの職場ではとうてい想像もできない「施設長の逃亡」という現実を、べてるの家のスタッフたちは見せつけられる。しかも、その現実を受容することを迫られるという、究極的ともいえる「弱さの情報公開」に向き合わされるのだ。

その前に立たされた「健常者」スタッフたちは、戸惑い、苛立ちながら、つまり困惑するひとりの「当事者」として、ともに生きることを促される。そして彼らも、そのような困難な現実を生き抜くための「弱さの情報公開」を志すことなくしては、「逃亡する力」をもった上司のもとで生きぬくことはできないのだ。いいかえれば、安心して弱さの情報公開が共に許されるなかでこそ、結果として、多様な個性をもつ一人ひとりがともに保護され、尊重される場が築かれているのである。

2 責任感という心地よさ

「責任」をもって「逃亡」する力

「逃亡」の研究を始めて意外だったことがある。「施設長という重責を担うことによって、荻野の逃亡はよりいっそう逃亡が促進されるであろう」という予測が覆されたことである。従来「逃亡」は、心身に及ぶ重圧から自身を解放しようとする身体欲求だと考えられてきた。しかし今回の荻野の施設長就任においては、「責任感」が重圧としてではなく、自尊心を高め、「力を育む呼び水」として役に立ったのだ。

このことは、同じく小規模通所授産施設「ニューべてる」の施設長に就任した清水里香も同様である。彼女は、施設長に就任するとともに引きこもりから脱却した。つまり、「強いられる環境が自分にある」ことの心地よさが、脱却を促したといえるのではないか。

人間は、いつも相矛盾する要素を同時にもっている。荻野にしても、「責任感」と「逃亡する力」という、一見、相反する要素が彼の中では両立しているのだ。これは当たり前のことであるとともに、なによりも大切なことのように思える。

おわりに——逃亡は「順調!」と言ってしまう

「逃亡」とは、関係からの逃亡でもある。人とつながることに最大の困難を感じ、孤立し、自暴自棄になった経験から荻野が会得したことは、被害妄想をはじめとするさまざまな症状に保護されながら自分を閉ざすことだった。

今回、仲間からは「なんといっても荻野さんの魅力は〝逃亡〟に尽きるね」と言われながらも、やはり逃亡というパターンから抜け出したいという複雑な思いのなかで、荻野は研究を続けてきた。じつは現在でも、「安心な逃亡」をするために仲間やスタッフに「弱さの情報公開」を試みようと考える反面、それを躊躇し、自分の「弱さ」に戸惑う自分がいる。

しかし、このように戸惑いながらも「もしかしてこの研究は、これからの時代の人の働き方、つながり方のおもしろい試みになるかもしれない」とうっすらと感じる。さらには、統合失調症を抱えている荻野が「逃亡する施設長」をやりつづけていることの意味があるはずだ。後に続く仲間たちに、病気を抱えていても仕事ができるということを伝えられるだろうし、今後増えるであろう専門スタッフと当事者スタッフとが、それぞれの持ち味を活かしながら協同していくにはどうしたらよいかが見えてくるかもしれない。

常識的に施設長に期待される「実行力」「決断力」「判断力」のいずれも頼りなく、反面、「逃亡」を徹底して受け入れ、認め、「順調!」と言い放ってしまった後に見えてくる「人の新しいつながり方」に漠然とした可能性と希望を感じている。

この淡い手ごたえを元手にして、今後は「弱さの情報公開」を職場の仕組みとして成り立たせる工夫をしていきたい。

10 ケンカの仕方の研究

発展的別居のすすめ

山本賀代
協力＝下野勉　河崎寛　清水里香

はじめに――なんでこんなにケンカをするのか

山本賀代（自己病名＝依存系自分のコントロール障害）が、下野勉（自己病名＝依存系爆発型統合失調症）と一緒に暮らしはじめたのは、二〇〇〇年七月のことである。浦河の町内に一軒家を借り受けて、「家族としての暖かく平和な家庭」を夢見ながらの生活が始まった。

山本としては、生きていること自体が不安な毎日のなかで、そんな自分をまるで保護してもらうかのような感覚だった。下野は下野で「自分自身のコントロール障害」を抱えながらもそんな自分を棚上げして、なんとか山本の面倒を見てやろうという気持ちがあった。両者のそんな心理状態が、がっちりと食い込み合った状態であった。

しかもお互いに、自分では背負いきれない「こころの爆薬」をすでに抱え込んでいた。だから、最初から無理な設定ではある。はじめから容量オーバー気味の状態でスタートした「新婚」生活だった。やがて、酒に酔った勢いを借りてのケンカが〝順調に〟始まった。

山本は、ケンカが始まると最初はすぐに逃げていた。「それが悪い」と言ってケンカになる。山本は山本で、下野が昔つきあっていた女性のことを持ち出して攻撃に打って出る。

最初のうちは、ケンカしても仲直りができていた。しかし、回を重ねるにつれて前の収まりきらない怒りに新たな怒りが重なり合って「発酵」し、さらなるケンカのエネルギーが蓄積される。しかも両者とも、しだいに「どこを責めたらいちばん刺激的か」というコツをつかみ、いわばケンカの腕が上達し、過激さを増すばかりとなった。

そのようななかで出会ったのが、一九八九年にアメリカで出版された『Fighting Fair for Families』という英文の冊子であった。つまり、「ケンカにもルールがある」という趣旨の本で、家族間暴力を防ぐための心理教育を目的にしたものである。

これを読むとふたりとも、「ケンカのメカニズム」が驚くほどよくわかった。ならば、あらためて自分たちのケンカを客観的に研究してみようということになった。それほど自分たちのケンカは末期的であり、ワラにもすがる思いだったのである。

研究の目的

この研究の目指すものは、当たり前のことだが、なんといっても「平和」を取り戻すことである。ケンカに費やす時間、体力、費用、精神的なダメージはきわめて大きい。お互いに仕事にも行けなくなる。近所の評判もがた落ちで、外を歩くと被害妄想も増す。ケンカをして良いことといえば、山本にとっては夜逃げが多くなるので友達が増えることと、下野にとってはこういう厳しい時期に限ってけっこう気合いの入った良い曲ができることぐらいである（下野はギター弾きである）。

もう我慢できない。なんとかしよう——そのような切羽詰まった状況が、研究の動機となった。

研究の方法

ふたりが個別に浦河赤十字病院の医療相談室に出向き、それぞれがソーシャルワーカーとのあいだでケンカのメカニズム解明と回復の方法を求めて研究を始めた。二週間に一度、約一時間という頻度である。ソーシャルワーカーとともにケンカの悪循環を見極め、いま起きていること、いまの気持ちを図に表して整理した。また家族における自分の役割や行動を振り返った。

研究のポイントは、相手の問題ではなく、「自分」をテーマにすることである。そして、まとめた研究の骨子をべてるしあわせ研究所チーム内で報告し、話し合った。先行研究である河崎寛研究員の「爆発の研究」（一九二頁）もたいへん役に立った。

1　こころのブラックボックス——ケンカの源流をさぐる

お互いに「わかってほしい」

「ケンカのメカニズムを明らかにする」という研究のむずかしさは、それ自体が新たなケンカのきっかけになるという点にある。実際、そのようなことはしばしば起こり、何のために研究をしているのかわからなくなることもたびたびだった。

カップル同士のケンカは、どこにでも起きていることである。しかし、他のカップルより目立つのは次のような点である。

(1)どう工夫しても話し合いがまったく成立しない。話がいつもテーマから逸れてしまい、不必要に互いの人格まで攻撃しあうことになり、深く傷つく結果を招く。

(2)自己に対する過剰な防衛があるため、これ以上深く傷つきたくないからと先制攻撃をかけてしまう。

(3)両者が、つねに疑心暗鬼で被害的な感情をもっている。

(4)両者ともに、根底にさびしさを抱えている。

しかしともかく、ケンカの分析を続けるうちにふ

[★1] ケンカの起こるメカニズム

たりに見えてきたのは、ケンカには「一貫性」と「法則性」があることだった。

特徴的なのは、自分が自分をわかっていないのに、相手には「わかってほしい」と求めることである。もともとがお互いに「さびしい、虚しい」という見捨てられ不安のもとに生きてきた。だからつねに、「相手が自分を見てくれているかどうか」が気になってしまう［★1］。そこでまず山本は、自分のさびしさの源をたどることから研究を始めた。

イギリスから日本へ強制送還

山本は生まれてからの一〇年間を鹿児島で過ごした。父は医者、母は専業主婦。兄が二人、そして母方の祖父と祖母との七人家族だった。小学校の二年生で祖母の死に立ち会った。三年生のとき幼なじみが喘息で亡くなった。父の都合で四年生のときに関西に転校した。その年、祖父も急死した。山本はつねに誰かの死に怯え、身近な人の死を空想し、人間という弱い存在に矛盾を感じながら暮らしていた。

父は絶対的存在だった。家族のなかには「父の機嫌を損ねてはならない」という暗黙の了解があり、それを守るため、誰もが自分に起きている出来事や気持ちを家の中では話したりしないようになっていた。

しかし山本は成長するにつれ、ひとりでルールを破り、父に不満をぶつけるようになった。山本は学校でも家庭でも、ひとりで自分より強いものにぶつかっていくようになった。

中学はイギリスの学校にひとりで行った。はじめての寮生活、規則どおりの行動が求められた。いじめもしたし、いじめられもした。そのうち夜ごとに恐ろしい「猫のお化け」――いま考えると幻視の始まりだった――に脅かされるようになった。

やがてまわりに起こる不幸は、無責任に自分を縛りつける大人たちのせいだと思うようになった。授業を受けるのが苦痛になり、なんとか妨害しようとひとりで学級崩壊を始めた。ほかにも団体行動を乱す行為や校則違反を繰り返し、そのつど罰を受けていた。酒を飲んでは奇行を繰り返すようになったのもこのころからだ。

その結果、中学二年の秋に退学させられ、日本に強制送還となった。強制送還となったことで、いきなり大人に「失格」の烙印を押されたように感じ、山本は、自分のおこないを反省するよりも「わたしはもう生きていけないだろうな」という深い絶望感を覚えた。クラスの男子からいじめにもあった。それがさらに絶望感をつのらせた。

高校は日本の国際学校に入った。規則のない自由な校風になじむことができ、友達もできた。先生も人間なんだ、と思えた。ただ、毎日の通学電車で痴漢にあっていた。「この人は会社での地位もあるだろうし、家には家族もいるだろう。わたしみたいな人間が（声を発するなどして）迷惑をかけてはいけないんだ。痴漢の対象にしか見えないわたしが悪いんだ」と思っていた。自分の価値が痴漢より低いのだと認知していたからだ。

男性とのトラブル多発

この時期から、山本の戦いの対象は男性に向けられていった。男性に自分の存在意義を認めさせるための戦いだ。それは、つかの間お姫様気分になったり、一瞬にして自分がゴミになったり、空っぽのこころを埋めるには手っ取り早く熱中できるゲームだった。

おかげでかなり身を危険にさらした。しかもこのゲームでは、勝利の幸福感を持続させることがむずかしい。相手をコントロールするためにあえてケンカを売ったり、次々と相手をかえたりと努力をしたが、努力するほど身も心もボロボロになり、ますます自分の存在意義を失っていくようなものだった。

すでに「自分のコントロール障害」になっていた山本は、なんとか大阪の大学に入ったが入学後すぐに男性と酒とでトラブルを起こし、通学時や校内で息をするのも苦しくなり、二か月で退学した。バイトをしながら先のことを考えたが、もう自分にはまったく自信がなかったので、親の希望どおり大学を受けなおし、京都の大学に入った。

ひとり暮らしを始めたが、ほとんど大学へは通えなかった。有名私立大学で、まわりはずっと優等生だったような人ばかりで、山本は自分が場違いに思えた。「おまえはダメ」「見るからに変」という〈お客さん〉（思考）がつねにいて、「まとも」にしていなくてはならないというプレッシャーに押されて大変だった。大学へ通うたびに、いかに「まとも」に見えるか鏡の前で二時間も奮闘したが、人目が気になり悪口を言われているような気がした。一時間半の授業も耐えられず、始まって早々に退散していた。

2002年べてるの家の総会で、下野勉さんとともにパンチング・グローブを贈られたところ。以降2人のユニット名は「パンチン'グローブ」になった。

さびしさのタンクを背負いながら出会ったふたり

一年のうち、冬の半年間は引きこもり、夏のあいだは外に出ては酒、男性、暴力といった問題を起こし、また引きこもる生活をした。大学生活の後半は海外逃亡もした。ネパールの現地人の彼氏――彼はジャンキーで、山本も一緒になって薬物にはまり遊び暮らした――をつくり結婚すると約束した。大学はなんとか卒業することができたが、父親の大反対でネパールの彼とは別れた。

もちろん就職もしなかった。そんなとき、疲れ果てた山本に中学時代の友達から「北海道の浦河に行く」との情報が入った。山本は「北海道で静養したい」と思い、浦河までついてきた。牧場でバイトをしながらのんびり暮らす予定だったが、例によって人間関係もこじれ、大学に入ったころから始まっていた睡眠障害もひどくなり、幻覚に悩まされることとなった。見かねた友人が浦河赤十字病院の精神科に連れていってくれた。そこで山本はべてるの家の存在を知り、いまの彼――下野勉――と出会ったのだった。

依存系で自己コントロール障害に苦労していた下野とは、すぐに息があった。下野は下野で、アルコール依存の猛烈サラリーマンの父親と姉二人の、「父子家庭」育ちであった。七歳で母親をがんで失う体験もしている。

ふたりとも、背中にさびしさという欲求不満の充満したタンクを背負い、しかし決してそのタンクを振り返ることなく生きてきた。

2 怒りのキャッチボール──破綻へのプロセス

リスパダール事件

どういったきっかけで、平凡な日常生活が刺激的な戦場へとなっていくのか。山本ひとりでは考えるきっかけさえつかめず、相手のせいにばかりしていたころ、「リスパダール事件」が起こった。事件の数日後にソーシャルワーカーに手伝ってもらって、ふたりに何が起こっていたのかを解明する作業をした。

事件当日、はじまりはごく普通のありふれた朝だった。ふたりはそれぞれの仕事をこなして夕方に帰宅した。いつものようにほとんど無言の緊迫した空気のなかで夕食を済ませた後、怒りのキャッチボールは始まった。

山本がまず発した言葉が「死ね」。下野が「なんでおまえなんかに……」と応じる。

山本──うるさい、死んでしまえ!
下野──出てけ!
山本──出てくよ!
下野──おまえなんて迷惑なだけだ。くそガキ!!

山本は酒を飲みはじめる。下野は「寝るわ」とフテ寝。山本は怒りにまかせて酒をあおる。「死んでやる」と思い、その日まで飲まずに貯めておいたありったけの抗精神病薬のリスパダール（推定三〇錠？）を飲み込み、床についた。次の日から丸三日、山本は薬の副作用でレロレロになり体はガチガチで息をするのもやっとで、望みどおり「死ぬ思い」をした。

魔の三時間

……表面上のあらすじはこういうわけだが、山本はソーシャルワーカーとさらに掘り下げて考えてみた。なぜいきなり「死ね」などと言ったのか。普通のありふれた朝から「死ね」発言に至るまでを振り返ってみた。

その日、山本は昼から作業所に行き、パソコン関係の仕事をひとりでした。この時点で山本のなかの「気持ちの子ども」がさびしさにグズリはじめたが、かまわず仕事を続けた。

五時になって帰宅の際、知人にニラをもらう。山本はさびしさと疲労でいっぱいになった気持ちを景気づけるために、「よーし、今日はこれで餃子をつくって彼と楽しく食事しよう！」と帰宅し、休むことなくすぐに買い物に出た。

ここからが魔の三時間である。山本のなかで起こっていた葛藤を見てみよう。

買い物の最中も、ひとりで餃子づくりに励むあいだも、どうしようもないさびしさ、虚しさが込み上げてくる。自分では自分の気持ちの面倒がみられない。彼と話したい。慰めて誉めてもらいたい。彼にわかってもらいたい欲求が高まる。しかし彼はいつもの時間になっても戻らない。連絡もない。こんなにかわいそうで惨めで健気なわたしを忘れて、彼は職場で仲間に囲まれ、いや女性に囲まれて楽しく笑っているに違いない。妄想は膨らむ。彼の楽しそうな声まで聞こえてくるようだ。山本の疲れ、さびしさ、虚しさは、この間に下野に対する失望に変わり、怒りへと表情を変える。

時計の針の音に合わせてカチカチと怒りが部屋中に満ちていった。夜八時、下野が帰ってくる。下野もそこに漂う空気で瞬時にヤバイと察知し「武装」する。そして普通の一日が悪夢の一日と変貌していくのだった［★2］。

◉山本賀代さん（左）と下野勉さん

布団を放り投げ、パトカーを呼び出し……

以上がリスパダール事件の顚末である。しかしながら、ふたりでこの問題に真剣に取り組まなくてはいけないと思うようになった決定的な事件は、その後二〇〇二年二月、厳寒の日に起こった。翌朝講演に出かける下野に、山本が言った「夕飯つくりたくない」という一言から、それは始まった。

いま思えば、下野がべてるの仲間と講演とギターの演奏に出かけてしまうことに、ひとり残される山本のまわりにはさびしさが募っていた。取り残される不安や、下野のギターの演奏と歌を聴くであろう多くの「女性」を意識して、イライラしていた。それが、先述の一言になった。

「また始まった…」と山本の妨害を意識した下野は、自分の苛立ちを鎮めるためにウイスキーを

[★2] 怒りのキャッチボール

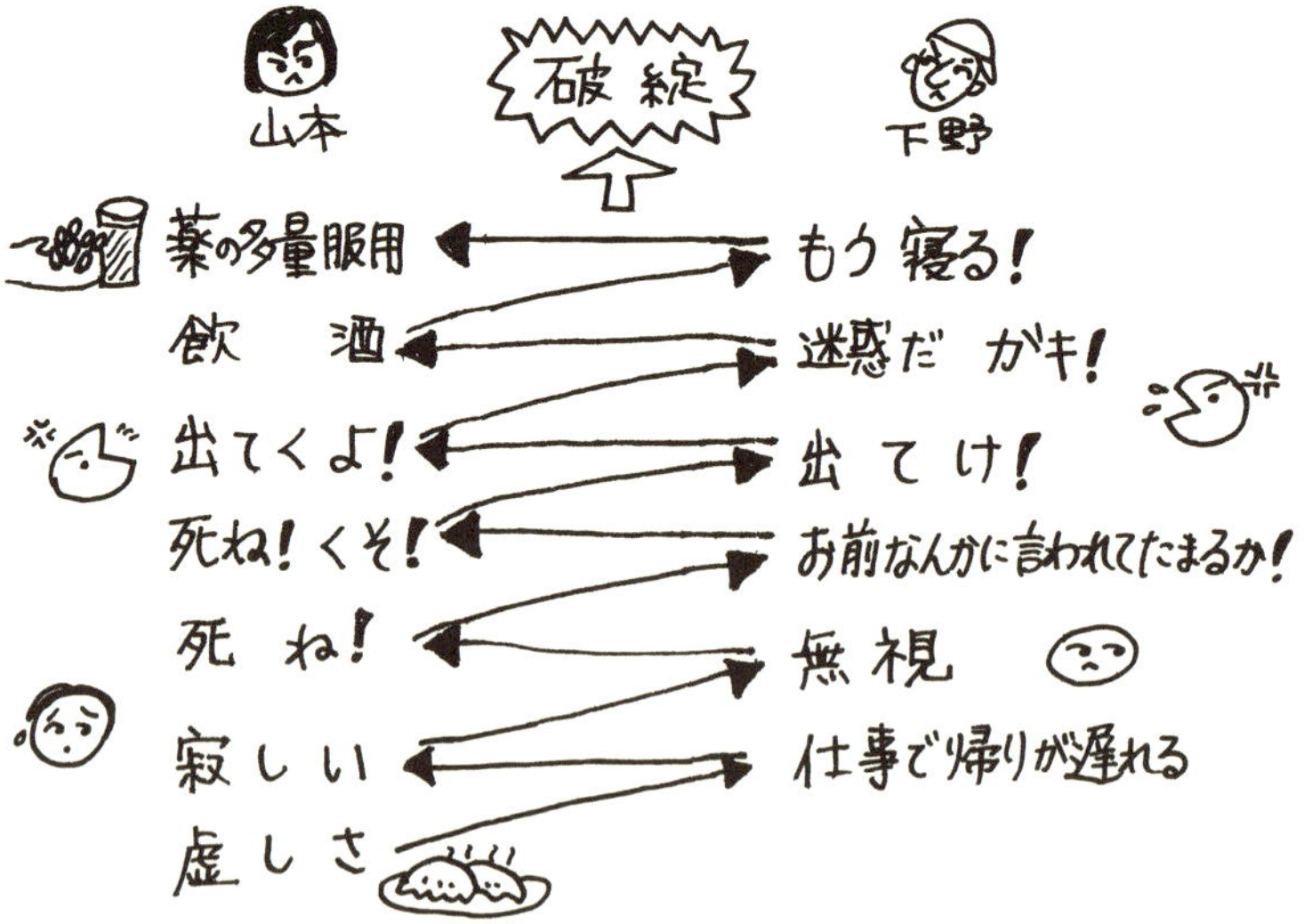

飲みだした。そして、いつものように口論と暴力が始まった。「これはまずい」と思った山本は、ケンカから逃れるように仲間の家に避難した。しばらくして案の定、「仲直りしよう」という下野からの電話があった。そのとき「大丈夫」と判断した自分が甘かったといまにして山本は思う。

下野が仲直りのためにつくった鍋もの——あるもの全部を放り込んだ得体の知れない気持ちの悪い料理だった——を挟むようにしてふたりは向かい合う。「仲直りしよう」という下野の提案に、「そんなのいやだ！　じゃあ、なぜ殴ったの！」と詰問する山本。

その後は、予定どおりのケンカの再開だった。下野はすでに酔っている。「口論」が「プロレス」に変わるのに時間はかからなかった。反撃に転じた山本は「酔っ払いは家にいてほしくない！　外で寝な！」と言って下野の布団を玄関から外に放り投げた。すると下野はキレてつかみかかってきたので外に逃げた。外に逃げた山本に向かって今度は下野が、山本の使っている布団や家財道具を外に放り出した。深夜の二時ごろのことであった。

携帯も壊された山本は、病院のソーシャルワーカーに助けを求めるための作戦として、公衆電話から一一〇番をしてパトカーを呼んだ。そして、警察署に連れていってもらい電話を借りてソーシャルワーカーに連絡をとった。「どうしよう」という山本の問いかけに、ソーシャルワーカーの対応はいつもの通りそっけないものであった。やむなく山本は仲間の家に避難し、朝を迎えた。家のまわりは布団や家具が散乱し、見るも無残なありさまだった。

この出来事がふたりに事態の深刻さを認識させることとなり、今回の研究を始める重要なきっかけとなったのだ。そして出た結論が、「前向きな別居」であった。

終わりより終わっていた――「発展的別居」へ

「別居」は、いままで誰かれともなくアドバイスされたことではあった。しかし「別居」とは、山本と下野にとって、これまでの苦労を水の泡にするような「終わり」を意味するように思えていた。

挫折を繰り返すのは恐怖だった。だから「同居」しながらありとあらゆる方法を試してみたのだ。最初は「相手が悪い。相手が変わるべき」と思っていた。次に「相手は変わらないんだ。わたしが変わればいい」と思いなおした。しかしそれでもどうにもならなかった。そこで出た結論が「自分たちのやり方をあきらめること」だった。

ふたりが「別居」をためらっていたのは、それが「終わり」を意味すると思っていたからだ。でも実際は「同居」という形はとっていても、すでに「終わり」より終わっていたのだ。そのことがわかってあきらめがついた。

[★3] 別居前後の生活の変化

内容	別居前	別居後
掃除	物を壊しても掃除する気にもならない。	自分の責任なので掃除する。
コミュニケーション	ぶつかるのがこわい。 相手の行動にびくびくする。 ぶつかると、酒、暴力、自傷行為に走る。	ぶつかると自宅へ帰る。 携帯で身の安全を確認。 話し合わないという選択もできる
攻撃性	暴力に走る。 関係が近すぎて、「問題」ではなく「人格」を攻撃する。	危ないと思ったら退却する。
お金	山本が一括管理。 そのため小さなことでも口論の種になる。	それぞれが自己管理。 下野は金欠状態。
武器の使用	すべての「武器」を使えるように鍛えられ、応用が自在になる。	「武器」を使用する前に家に帰る。相手を大事にしたいという気持ちがあることに気づく。
食事	山本が調理・家事担当で、不満が蓄積。	一緒に買い物、ときどき一緒に食事。
仕事	休みがち。 ケンカにエネルギーの80%を注ぎ、残りで仕事。	出勤できるようになる。 仕事に50%のエネルギーを注ぎ、残りで余暇。ケンカがなくなった。
友人関係	こわがって、だれも寄りつかない。	いろいろな人が遊びにくる。

あきらめてみると、「発展的別居」と言葉を変えただけだが、なんとなく新しい一歩を踏み出す勇気がわいてきた。さらにソーシャルワーカーとともに「別居」することのメリットとデメリットを考えたらメリットの方が大きくなっていた。

こうして山本の頭の中は「同居」をあきらめ「別居」する方向へとシフトしていった。［★3］のとおり、物理的に「別居」というかたちをとったことの効果は、てきめんだった。

3 考察——山本は語る

何十年と、自分をほったらかしにしてきた

この激しかった二年間にわたる同居生活は、わたしのそれまでの破天荒な人生にとって新たなスタート地点となった。

中学のころから問題児だったわたしは、これまでたくさんの失敗を繰り返しながらも、自分という人間に焦点が当たらないように自分のことをできるだけ隠してきた。自分という人間から逃げるため、そして夢のような「自分だけの救世主」を求めてあちこち渡り歩いて、問題を起こしては居場所を失い、人間関係を次々と切り捨てながら生きてきた。

浦河に来てからもわたしは相変わらず問題を起こしたが、不思議とここではそのことによって自分を

追い詰めなければならなくなるような空気がなく、かといって手厚く保護されるようなこともない。まわりの仲間からは、ただその問題をわたし自身の課題として考え悩むための手助けをしてもらった。

具体的には、まず「感情を備えた人間」として自分の存在を認識することから始まった。自分の気持ちに気づき、それにしたがって行動し、その責任をとり、それらを適切な言葉で表現するということ。ごく当たり前のことのようだが、何十年も自分をほったらかしにしてきたわたしにとっては、毎日の生活が練習と失敗の繰り返しだった。

たまに思い出してはゾッとしたり悲しくなったりするようなこともある二年間だったが、いまでは胸を張って、「あの生活がわたしには必要だったのだ」といえる。まわりの人たちにもさんざん迷惑をかけた。あのときはごめんなさい。だけど、見守ってくれたこと、いちいち話を聞いてくれたこと、夜中に押しかけても泊めてくれたこと……、みんなの手助けがあってわたしはたくさん感じ、考え、とことんまで悩み、ついにはあきらめ、新たな実験として次に進むことができたのだと感謝している。

あの生活で、わたしの中のたくさんの自分に出会うことができた。仲間や専門家にたくさんの言葉をもらった。自分の弱さを出せたことで、いままでにはなかった人とのつながりが持てるようになって、自分の苦手な部分を知り、自分にはまだまだ可能性があるということもわかった。

わたしのメンテナンスに気が抜けない

ひとり暮らしを始めて四か月。ひとりといっても「きれい荘」というアパートに女の子三人で暮らしている。週に一度は三人でミーティングを開き、お茶を飲みながら近況報告をしている。彼のところへもほぼ毎日会いにいって、一緒にご飯を食べたりしている。

ときおり無性にさびしくなるが、「いまひとりで感じるさびしさは、苦労の末に自分で選択したさびしさなのだから」と、その質の高さを嚙みしめている。ふたりで居てどうしてもわかりあえないさびしさは、ひとりのさびしさよりつらかったから。

こうして平和を手にしたかのように見えるわたしだが、最近は不安発作に見舞われるようにもなった。生きている限り問題は尽きないようだし、自分という人間のメンテナンスは少しも気が抜けない。

こんなわたしでもいつかは家族をもちたいと夢見ている。人と人が二人で一人ではなく、一人と一人としてつながって生きていけるということを信じて、これからも研究を続けていくつもりだ。「今後の悩み深きわたしに乞うご期待！」と自分に言ってあげたい。

4 二年後の研究報告——さらに山本は語る

さて、ここまでを書いてから二年が過ぎようとしている。その後の経過報告をしておきたい。

何度ものガス爆発——ゴミは分別して少しずつ漏らすこと

「きれい荘」での暮らしは、わたしにとって二七年間かけてやっと辿りついた「安心」の場となっている。経験したことがない、安心感のある生活の大切さは、これまで知りようがなかったのだ。引き換えにそれまでの「刺激的」な暮らしはなくなった。でも少々退屈なくらいのほうがいいのだということがわかってきた。それが「ゆとり」というものなのだろう。「ゆとり」があるので友達との話や旅などを楽しめる。

それでも未だに変わらないことは、こころのゴミ箱から「魔の客」が顔を出して、わたしの生活を破綻させようといつも狙っているということだ。わたしのこころのゴミ箱は、大量のゴミが長年かけて蓄積されて、発酵して腐りきっている。以前はそのような汚物は決して人様に知られてはならないものと思っていたため、がっちり重い蓋《ふた》をしめていた。そして、振り返らないこと、何も感じないように自分の世界を閉ざすことが自分を守る手段だった。

しかしゴミは発酵を続けているため、重い蓋は何度となく、内部・外部でのガス爆発というかたちで吹き飛ばされた。周囲の人間は、山本がなぜそれほど荒れるのか理解できなかっただろう。もっともそのときは、自分でも自分に何が起きているのか理解できなかったのだ。

わたしはいま、USA（浦河スキゾフレニクス・アノニマス、九二頁＊2）や爆発ミーティングを利用してゴミ箱のゴミを分別し、底に穴を開けて少しずつ漏らして対処している。そうしていると普段の生活でも「弱さの情報公開」ができやすくなってきたと感じている。

日本語会話教室で、〈お客さん〉とのつきあい方を練習中

とはいえすべてがうまくいっているわけではない。

別居後、身体上は平和を手に入れたわたしには、悪い〈お客さん〉（六三頁「用語解説」）との本格的な

学級崩壊?!
沖縄への講演に、山本さんと下野くんは参加しました。この日も2人の歌う歌は好評でした。
作詞もする山本さん
愛って何〜♪ 答え知ってるの〜
ギタリスト下野
自己紹介もしました。
ぴりぴり
私は人格障害で社会から逸脱したことをしてしまいます。昔は学級崩壊もしていました
下野くん
とても上手に自己紹介した山本さんですが、
実はこの日、「薬ナシ生活に挑戦中」だったのです。朝からぴりぴりでした。
もともと落ちつきのないべてるですが、山本さんも講演の途中から会場の外に出ていってしまいました。
あ〜イライラする〜 薬なんてのまないぞー
会場入口
ところが、1人で仕方なくうたっていた下野くんのところに戻ってきて…
17才の〜♪ 純すいな少年は〜♪
沖縄の海はキレイだね
やめれーうたうのやめれ〜
ハハハやってる
わけのわからないことを言う向谷地さん。
山本さん、效果をねらって、花道をとおってきた。
これがべてるかー
それは、会も終わりに近づいて、感動のうずにひきこまれていった ちょうどそのときだった…
涙もおちかけてとまり…。
まさしく講演崩壊だった…
それでも動じないべてると聴衆だった
この日うたうはずだったのは下記のうた。作詞も山本さん。題は「人間なんだ」
あたしのどこがいけないの〜
どこがいけないんだろうねえ?
あたしのどこがいけないの
あの子のどこが変でしょう
目に見えるもの少し違うかもしれない
聞こえてくるもの少し違うこともある
だけど それだけど 見下さないで 見捨てないで
私だって笑ってる 私だって怒ってる 私たちも愛しあう
私たちも語りあえる 痛みもある 喜びも 悲しみも
あなたと同じ感じているはず
人間なんだ あなたと同じ
人間なんだ 私もあなたも
人間なんだ 病気とかでも
人間なんだ あなたも私も
同じ権利を下さい 裁かれる権利も下さい
同じ力を下さい 同じ立場を下さい
人と人として 人と人として

つきあいが待っていた。下野と同居していたときの〈お客さん〉は、すべて彼を悪者にしてわたしにケンカを売らせ、生活を破綻に導いていた。下野という爆発対象を失った〈お客さん〉は、以前そうだったようにわたしに矛先を向けてきたのだ。

わたしの〈お客さん〉のメインテーマは、あらゆる手段を使ってわたしを〝死〟へ導こうとすることだ。わたしの〈お客さん〉は過去の傷ついた経験から来ていて、その傷ついた経験に非現実的な恐怖感や不安感を加えることによって、わたしを現実の地道な苦労から遠ざけ、わたしの行動を制限させる。しかし一方で、それによって、実際の人間関係でこれ以上深く傷つくことからわたしを守っているのかもしれないと考えてきた。

だからこそわたしは、悪い〈お客さん〉にお茶を出し、頭の中に長居させていたのだが、ソーシャルワーカーと数人の仲間と始めた「日本語会話教室」という試みが、〈お客さん〉とのつきあい方を勉強するのにけっこう有効だった。日本語会話教室で学ぶうちに〈お客さん〉を一歩引いて見て、自分が取り入れたい〈お客さん〉なのかどうかなど考えることが多少はできるようになった。

「日本語会話教室」とはおもしろいネーミングをしたなぁと思う。これは、「自分の言葉を取り戻そう」という発想から生まれたもので、『自分を愛するための十日間トレーニング』という本を参考にしている。具体的には、小グループで週に一度一時間半ほどの時間で、ソーシャルワーカーの助けを借りながら、この一週間の〈お客さん〉状況を話したり、本を参考に自分に当てはめてロールプレイをする。

たとえば鏡に向かって自分を誉める練習はとっても恥ずかしかった。家で試みると、ついつい鏡に向かって悪口を言ってしまう始末だった。

一方、悪い〈お客さん〉にジャックされて自分を責めているときに、大事な友達を励ましてあげるように自分に言ってあげるロールプレイはよかった。みんな、自分に対してはうんと辛口なのだが、友達に対してなら優しくなれるものだ。また「歪んだ思考リスト」というのも、日ごろしてしまいがちな、よく考えるとおかしい思考回路を理解するためとても参考になった。

仲間と一緒にゴミ箱整理

林園子研究員の研究でわかった「な・つ・ひ・さ・お」（八二頁参照）も知っておくと便利だ。〈お客さん〉とのつきあい方で肝心なのは、やはり誰かにその〈お客さん〉の話ができることだ。一人で抱え込むと〈お客さん〉に完全にジャックされる確率が高まる。そしてできるだけ多くの人とのかかわりを持つことで〈お客さん〉もバラエティ豊かになり、つきあいやすくなることがわかった。

当事者研究はゴミ箱整理にとても有効だが、さらにほかの仲間の研究に参加することで、不思議ともっと自分を知ることができるのだ。というわけで、最後にこの言葉で研究をしめくくりたい。

「何かでとても苦労されている方、どうぞ仲間を増やしてそれぞれの当事者研究をされることをお勧めします」

intermission 3

ライブ！　当事者研究ができるまで

河崎　寛＋向谷地生良

向谷地　みなさん、こんにちは。ただいまご紹介いただきました向谷地と申します。

今日は、この四年ほどタッグを組んであちこちを回っている河崎くんと一緒にお話をしていきたいと思います。

河崎　こんにちは。精神分裂病（統合失調症）の河崎寛といいます。

べてるに三年前に来ましたが、ずっと「爆発」で苦労してきました。家庭内暴力とか、親の持ち物を壊すとか、そういった親への屈折したアプローチで、ちょっと苦労しています。いまべてるのなかで人間関係を築く作業をしているんですけれども、もともと人間関係の病なので、いろいろとむずかしさを感じながら生活しています。

向谷地　三年前に河崎くんの家族と知り合って、それ以来のつきあいです。この三年のあいだにもさまざまな出来事がありましたね。

キムチ悪い話

先日、河崎くんから、夜一一時ぐらいに急に電話がありました。わたしは基本的にメンバーやその家族に携帯番号を公開していまして、「二四時間いつでも電話をちょうだい」と言っています。大学で精神保健福祉士コースの教員などをやっていますと、現場実習に赴く学生から「患者さんに携帯の番号などを公表していいのですか」と聞かれます。一般的に学生は「プライバシーは公表してはならない」という指導を受けてきていますが、わたしは二六年間、自宅の電話番号と住所と携帯番号を全部名刺に書き込んで、当事者・家族にオープンにしています。当時セブンイレブンはなかったのですけれども、「いつでも、どこでも、いつまでも」というキャッチフレーズで仕事をやってまいりました。みんな最初は「えっ、いつでもいいのですか」と言います。「いつでもいいよ。遠慮なく」と言うと、不思議なもので、電話をかけてこないんです。「いつでもいいんだよ」と言われると、「いえ、いえ」と言って、ほんとうに緊急なときだけ電話をかけてくれるようになりますね。

……で、一一時過ぎに河崎くんから「向谷地さん、大変だ。台所から○○くんの部屋まで廊下に血が点々と落ちている。大変だ」という電話がありました。「えっ、血が点々と台所から？ 何事があったんだ!? 点々と血がついている○○くんのところを確認してみたかい？」と聞きました。そこで河崎くんが「大丈夫かい？」と確認したら、彼は「大丈夫だあ」と答えたそうです。それでも、血が点々としているということはただごとではないので、わたしはちょっとそのとき身動きがとれなかったものですから病院の若いワーカーに連絡して対応してもらったのですけれども、結論を言えば、それはキムチの汁だったのです（笑）。

そのメンバーはその日、たまたま仕事中に針金か何かを足に刺していたので、「誰にも言っていないのに、なんで俺が足にけがをしたのがわかったのかな」と不思議がっていたそうですが……。まあ、こういう話はべてるでは日常茶飯事なんです。

河崎　しょっちゅうだね。

向谷地　以来これは「キムチ悪い話」として語り草となっています（笑）。

まあ、そんななかで河崎くんは「爆発の研究」を始めました。いわゆる当事者研究ですね。当事者研究のキャッチフレーズは、「自分自身で、共に」です。つまり、当事者が「自分自身で」、わたしたち専門家も含めて「共に」、自分の生きづらさを整理していく。といっても専門家に対抗したような研究でなく、むしろ笑いながらワイワイやっていくような、お祭り騒ぎ的なものです。では河崎くん、自己紹介をお願いします。

暴力の衝動に苦しんできた

河崎　ぼくは高校にいた当時から夜眠れないとか、学校のなかにいても正体不明の閉塞感とかがありました。学校になじめなくて、それで爆発して、暴れて、先生に「なぜ暴れたんだ」と言われても自分でも理由がわからなくて……。そういう前兆があって、高校を卒業したあとに、「分裂病だ」とお医者さんに言われました。

中学まではすごくおとなしい生徒だったんですが、高校に入って、体を鍛えはじめて、ちょっと体力がついてくると、暴力的なものが出てきました。それで、父親に暴力をふるったり、家族の物を壊したりとか、友達に対しても攻撃的になったり……。なぜかもわからずにそういうことをしているんだから、自分も親も疲れきってしまって。で、とうとう親に対してすごく攻撃的になった夜に、自宅を全焼させてしまい措置入院をさせられたわけです。

入院しても、怒りとか、暴力的な衝動とかが抑えられなくて苦労しましたし、病院から出ても、親との人間関係を暴力で断ち切っちゃって、家具を壊し、入退院を繰り返して……。

それでもう親もぼくもクタクタになって、そういうときに、べてるの向谷地さんから電話があったんです。暴力をふるったり火をつけたり、どうしようもない、取り返しのつかない自分だけれども、向谷地さんは「それでいちばん苦労しているのは君自身だ」と言ったんです。ぼくは、自分が欠陥のある人間だからとあきらめていたんだけれども、「ぼくは苦労していたんだ。自分なりに分裂病という病気をもちながら、社会のなかで生きるために苦労して、その結果起きてしまった事故なんだ。ぼくなりに一生懸命生きてきたんだな」とはじめて思いました。

親もぼくも、自分を捨てかけていたときに、はじめて相手が見えたんです。人間関係が切れていて自分しか見えなかった状態だったのが、まわりの人間とか、社会の人とか、相手の人間が見えてきた。そういう人たちと自分も関係を築けるのではないかという望みをもって、べてるに来ました。

親に文句の言える薬を出してあげるよ

河崎　とはいっても、べてるに来てもやっぱりいちばん困ったのは、暴力の衝動ですね。それが二週間に一度ぐらい周期的に来ることがあって、また毎日毎日、対人関係を恐怖していました。爆発して誰かを傷つけてしまうような人間関係しか築けないから、対人関係がすごく怖くて。

そういう壊れた人間関係から普通の人間関係を築くことができるようになるための苦労を、自分のなかに感覚として取り戻すための生活が始まったんです。ぼくが入院したときに川村先生が、「親に文句のひとつも言える薬を出してあげるからね」と言ったんです。ぼく、いまだにこれが何の意味かわからなくて、「どういう意味だろう。親に文句なんかほんとうに言っていいいんだろうか。親は爆発しても警察に届けないし、もし警察に届けられたら、ぼくは即、刑務所か何かです。親は身を張って守ってくれた。そんなことをしてくれる親に文句なんか言えるわけがない」と思ったんです。川村先生は何か間違っているなという感覚でした（笑）。

向谷地 お父さんは、浦河に来たら河崎くんが治るのではないかと期待をしていたんです。ところが現実には、父親のパソコン破壊事件とか、公衆電話破壊事件……。つまり、浦河に来たら、余計ひどくなった（笑）。

河崎 問題が浮き彫りになったからね。

向谷地 いままでは抑制されて、もう何も考えられない状態だった。目隠しをされて右も左もわからなくて、ただ手を振り回して暴れていた。でも浦河に来てからは、ちゃんと目を見て、自分のクリアな意識で爆発できるようになったというか……。薬が抜けていくときの感覚は、どんな感覚だったの？

河崎 薬が抜けるときは、ほんとうに苦しいんだよね。薬が抜けてくると、ちょっとクリアになるでしょう。クリアになったら、そのぶんの悩みとか、罪の意識とかが、グワーッと来るんだよね。

向谷地 よみがえってくるわけね。

河崎 よみがえってくる。ウワッ、どうしよう、と。

向谷地 いままで忘れかけてきたことが思い出されるみたいな？

河崎 「自分の責任なんだな。ちょっとやばいんじゃないか」と苦しかった。

向谷地 朦朧《もうろう》としていたものが、どんどん意識に浮上してくるときの恐怖感みたいな感じかな？

河崎 いや、とにかく苦痛なんです。麻薬をやめたときの禁断症状に似ているような。麻薬はやったことはないけれども、たぶん、そんな苦しみ。

向谷地 それだけで爆発してしまいそうになるよね。

河崎　もうウワーッて、そんな感じで苦しかった。

向谷地　その意味では、ちゃんと立派に悩めるようになったわけだね。

河崎　うん、そうだね。

人生なんて終わりだ！

向谷地　河崎くんが前に住んでいたところでも、いろいろなエピソードがあったわけでしょう？　先ほど火事を出してしまったと言ったけれども、あとはどんなことがあったの？

河崎　もう記憶がほとんどないんだよね。昔の記憶は、ほとんど頭の中に閉じこめちゃってね。

向谷地「壊すときは影響力のある物を壊す。それがいちばん効果的だ」という話を河崎くんから聞いたことがあるけれどね、一つのテクニックとして（笑）。

河崎　親のパソコンを壊したね。パソコンを持ち上げて、ドカンと地面にたたきつけた。

向谷地　浦河に来てからと同じなんだね。

河崎　ワンパターンだな（笑）。

向谷地　お父さんの大事にしているパソコンね。仕事の道具みたいなものだから、これを壊すのが効果的なわけね。パソコンは壊し甲斐がある？

河崎　はい（笑）。

向谷地　河崎くんが言葉でお父さんやお母さんに暴言を吐くことはしないの？

河崎　それはあんまりないね。

向谷地　もう即、行動だ。

河崎　言葉にせずに、行動で物を壊したりしていたな。言葉にしていたら、まだよかったんだけどね。

向谷地　たとえば、壊すときも無言で壊すの？「お父さんのバカヤロー」とか、一言でも言わないの？

河崎　自暴自棄な発言をするんかな。

向谷地　もうやけくそ？

河崎　やけくそになってね。

向谷地「くそおやじ」とか？

河崎「人生なんて終わりだ！」と叫んで。

向谷地　青春ドラマを見ているみたいだね（笑）。「人生なんか終わりだ」と言って、ガシャーンとやるわけね。浦河に来るまでもそうだし、浦河に来てからも順調にこういうことが起きたわけだよね。

河崎　そうだね。地元と浦河では、何が変わったかな。行動の範囲が広がったことかな。

「おまえは問題だ」って、ずっと言われていたんだよね。だからべてるに来ても「おまえは問題だ」と言われるかと思ったら、「自由にしていいよ」と言うから、こっちでは行動範囲が広がった。「じつは俺はこういう人間なんですけど」と言っても、「自由にしていいよ」と言うから……、どういうことだろ（笑）。

向谷地　向こうでは事件があるたびにどんどん行動抑制されて、外出も禁止になって、薬もどんどん増えていったけれども、浦河はどんどん外出させられて、「べてるにも行け。仲間に相談しなさい」と、逆に押し出されるという意味で、変なんだよね。

河崎　変だよね。ちょっといままでとは違うな、どうしようって。

ちゃんと自分に謝ったかい？

向谷地　公衆電話を壊したっていうのも、入院中だよね？

河崎　うん。親に電話していたんだよね。親に爆発したいけれども、入院していて会えないから、「来て」と言ったんだよね。でも来ないから、公衆電話をたたきつけて。

向谷地　公衆電話の受話器を公衆電話にたたきつけて。

河崎　それをした後に、もう院内での評判がすごく悪くなりました。みんな親に電話したいのに、俺、壊しちゃったから恨まれて（笑）。

向谷地　恨まれたよね。こういうことが起きると河崎くんのお父さんもお母さんも病院に飛んできて、平謝りに謝って、「弁償しますから。どうしたらいいでしょうか」と来るんだよね。これ、いままでのパターンだよね。つまり、尻拭いパターンというか、代行する。

河崎　そう。ぼくは爆発する病気で、それで苦労しているでしょう。だから親は「息子は、そんな人間じゃないんです」とか言って謝りにくるのかな。

向谷地　ひたすら「申し訳ありません、ほんとうに申し訳ありません」と。謝りにこられて、河崎くんは、あのときうれしいの？　それとも、恥ずかしい感じ？

河崎　ホッとする。

向谷地　ホッとするでしょう。「あ、まだ愛されているんだな」とホッとするよね。だからわたしたちは、家族から「これから謝りにいきます。いくら弁償したらいいでしょうか」と電話が来ても、「いっさい来なくていいですよ。いっさい弁償しなくていいですよ。弁償するのは、河崎くんですから」と言って、家族を押し返します。だから、せっかく親が来てくれて謝ってくれて、河崎くんが愛情を確認するところを、悪いけれどもプチッと切るんだよね（笑）。

河崎　意地悪だね（笑）。

向谷地「お父さんお母さん、ほんとうに心配しないでください。ご両親に責任を問う気持ちは毛頭ありませんから。いま起きたことの大変さとか、苦労とか、それもみんな河崎くんの大事な宝物ですから。それを河崎くんから奪わないでください」と。

この公衆電話事件のときには、もうお父さんもお母さん、とくにお父さんは電話の向こうでうなだれているというか、崩れかかっている感じがしたんだよね。そして河崎くんの部屋に行ったら、河崎くんも案の定、首が折れそうにうなだれていました。「ちょっと部屋に来ない……」と河崎くんに声をかけて相談室に呼んで……。ここからだよね、研究が始まったのは。

河崎「研究しようか」と向谷地さんに言われて、訳わからなかったけれども、妙にワクワクしたんだ。

向谷地　あのとき河崎くんに、「河崎くん、誰に謝らなければならない？」って聞いたら、河崎くんは「川村先生に謝る。お父さん、お母さんに謝る」とたしか言ったんだよね。ぼくは、「謝って、手を握って、すまなかったといちばん言うべき相手は誰かというと、河崎くん自身なんだよ。河崎くんは、ちゃんと自分に謝ったかい？　自分とちゃんと仲直りしたのかい？」と言ったんです。

河崎　ちょっとびっくりした。そういうことを言う人がいるんだなと、カルチャーショックを受けました(笑)。

爆発でノーベル賞?!

向谷地　「今回のことでいちばん申し訳なくて謝らなければならないのは、河崎寛だぞ。河崎寛を傷つけたんだから、河崎寛に謝る。河崎寛をこれからどうやって大事にしていけばいいのかを、これから真剣に命懸けでやっていかないと、河崎寛を大事にできないぞ」という話をしました。「でもそれはとてもむずかしいから。どうしたらいいか。……一緒に研究しようや」と河崎くんに提案したのです。そしたら、河崎くんは「研究したい」と。河崎くんは非常に本が好きなんだよね。

河崎　本、好きだね。

向谷地　前の病院で看護師さんたちを相手にして、むずかしい哲学用語とか非常に観念的な論争を仕掛けて、看護師さんたちを煙に巻いていたことを聞いていたものだから、河崎寛という男は研究肌だなと思っていたのです。だから、ぼくは河崎くんに研究させたいなと思っていたんです。

河崎　研究ね。俺、勉強は嫌いなんだけれども、研究はワクワクするね。

向谷地　そうだよね。「研究しよう」と言ったら、河崎くん、「よし、やる」と言うんですから。それで一緒に研究が始まったんだよね。

そんななかでも、相変わらず順調に高級車体当たり事件とか、彼女への爆発事件とかがあったけれども。でも研究をしていくうえでは、失敗は必ず起きるわけです。ノーベル賞をとった田中耕一さんだって、自分の予測したことの結果としてあのような成功を勝ち得たのではなくて、薬の調合を間違えてしまったことがきっかけでしたよね。最近の日本のノーベル賞をよく見てみると、みんな失敗です。実験の設定を間違えたとか、薬品の調合を間違えて「しまった」と思ったら、とんでもないものができちゃった。だけど「これ、なんだ?」ともう一回失敗をしてみたら、またそれができた。「これはおもしろい」と、ノーベル賞をとっちゃったわけです。

河崎くんの爆発もとてもつらくてしんどい出来事だったけれども、この失敗自体を研究することによって、河崎くんはまた一歩「爆発の真実」に近づいた感じがします。とくに彼女への爆発事件。ある行事が札幌であって、みんなで車に乗って行ったんですが、彼女が隣に座っていて……。

河崎　俺、それも言わなきゃいけないの？　勝手に話さないでよ（笑）。

懲りない隊長、また爆発

向谷地　まあ、いろいろあって爆発して、河崎くんだけ途中で帰ってきちゃったんだよね。ちょうどわたしたちが病院で「爆発ミーティング」を開いていたときに、「河崎くんが爆発した！」という緊急情報が入ったんです。河崎くんは、爆発救援隊の隊長なんですよ。隊長なのだけれども、救援要請がいちばん多い当事者でもあるんです（笑）。

河崎　そうだね。

向谷地　ミーティングの最中に「隊長が爆発しました」という電話が入ったら、みんながワーッと盛り上がって拍手した。札幌から戻ってきて、河崎くんが頭かきながらバツ悪そうにしてミーティングの場に来たときも、みんな拍手をした。あれ、不思議だよね。なんで拍手されたと思う？

河崎　謎だね（笑）。みんな応援してくれているんだよ。

向谷地　そうだね。その後、河崎くんから夜に再び「向谷地さん」と電話が来ました。また何かあったのかなと思ってドキッとしたのだけれども、「向谷地さん、ぼくのこころに、なにか平和があるんだよね」と。その一言です。

河崎　あのね。きっと何をしても無駄なんだな、あきらめようかなって。自分であがいて必死に爆発を克服しようとしたんだよね。それで、「海に向かって叫ぼうの会」を結成したりして、ひとりで海に向かって叫んでいたけれども、それをしたら余計に爆発がたまって、ある日爆発した。それで自分で克服するのは無理だと思って、人に助けを求めようかなという気になったんです。そして、ちょっと他力本願になったら楽になった。

向谷地　いままで自分で爆発をなんとかしなくてはならない。「自分で研究するんだ」という意識でやってきたけれども、足をすくわれるようにして爆発を繰り返す。だけど仲間が「隊長、爆発したね。がんばれよ」と拍手して言ってくれて、その後、「あ、自分ひとりじゃないんだ。やっぱりみんなの力を借りるんだ。つながるんだ」ということが河崎くんのなかで起こってきた。べてる流で言えば、「あきらめる」ことですね。「自分の力でがんばることを、あきらめていいんだ」となったときに、河崎くんは「気持ちのなかに平和があるんだよね。不思議なんだよね」と電話をくれたんです。ほんとうに不思議なものですね。

河崎　そうだね。札幌で爆発して、ミーティングに入っていったとき、なんでぼくは拍手されるのだろうって。普通だったら、「おまえ、なんてことをやったんだ」と言われるはずでしょう。なんで拍手されるのか、不思議だよね。いまでもわからない。普通そうでしょう?

向谷地　そうだよね。

河崎　でも、拍手で応援してくれるんだよね。ぼく、そんなに価値ある?(笑)。みんなも同じ苦労を抱えているから、やっぱり応援してくれるんだなと思って。自分の悩みも自分だけの悩みじゃないなら、なんとかなるのかなって思ったんです。

人間はそんなに幸せでなくてもいい

向谷地　けっきょく自分に起きていることを自分で知って、そして、人につながっていくことが大事なんです。いままで、それこそ河崎くんは強制入院を何回もしてきて、たくさんの注射を打たれて、薬も飲まされて、人に保護されたり、管理されたりしてきた。そのようにして、自分の現実を意識したり受け止めることをむしろ奪われるかたちで保護されてきました。ほんとうに苦しかったけれども、自分の現実——それは病気の現実だけではなくて、自分が人として生きていく当たり前の苦労というようなもの――を彼が見る勇気、それを担う勇気をだんだん取り戻しはじめたときに、彼のなかにちょっとだけど平和があった。
　でもその平和は、ほどほどの幸せです。そんなに人間は幸せでなくていいよ。そんなに安心しなくていい。毎日が相変わらず不安だったり、大事な人に死に別れたり、予想外のアクシデントに巻き込まれたり、それは普通にあるよね。そういうことを普通に苦労して、普通に生きていく。わたしたちは、その当たり前さを共有できる。こういう病気をしてしまうと、知らず知らずのうちに身の丈以上の幸せを求め、身の丈以上の安心がなければ生きられないというある種の錯覚をしてしまうんですね。
　ナイチンゲールの有名な言葉に「病気は健康を指向している」というものがあります。「爆発」も同じだと思います。その意味で「爆発は回復を指向」しているのです。爆発が単純になくなるのではなく、爆発が指向する「回復」とは、人と人とが共に生き合う場と関係の創造です。この「爆発の研究」のテーマは、時代の先端を走る大事なキーワードとして、家族に対しても、専門家に対しても、新しいアイデアを投げかける大事な経験となるでしょう。河崎くんは、最初に自分の爆発のサイクルを自分で整理しました。それをちょっと紹介してもらって終わりたいと思います。

河崎　もう終わっちゃうんですか？　もっとしゃべりたかったな。向谷地さんばっかりしゃべって（笑）。

向谷地　これからが河崎くんのメイン発表ですからね。ではどうぞ！

［二〇〇四年一月二四日、熊本学園大学付属社会福祉研究所第四回研究会にて］

＊　向谷地生良・河崎寛、二〇〇四年、「べてるの家の非援助論：専門家主導から当事者主権へ」、熊本学園大学付属社会福祉研究所『社会福祉研究所報』第三二号、一三三―一六四頁より。

IV

人生は爆発だ！

爆発系

11 爆発の研究

「河崎理論」の爆発的発展！

河崎 寛＋爆発救援隊

協力＝林園子 山本賀代 松本寛 長友ゆみ 吉井浩一 向谷地生良

はじめに——お客さんと幻聴さん

べてるの仲間の当事者研究は、ぼく自身の「爆発」の苦労から始まった。ぼくはそれを「爆発の研究」として、すでに『べてるの家の「非」援助論』（医学書院、二〇〇二年）に掲載した。まず最初に、その内容を簡単に紹介したい。そして次に、その研究開始後も相次ぐ爆発の失敗を通じて見えてきた〈お客さん〉をめぐる新たな爆発のメカニズムについての研究成果を発表したい。

〈お客さん〉とはさまざまな生活場面で自動的に起きてくる「思考」であり、マイナスの〈お客さん〉は往々にして当事者の行動や生活に深刻な影響を与える。たとえばAさんに挨拶しようとしたとき「おまえなんてAさんに嫌われているぞ」という〈お客さん〉が来て、けっきょくAさんに挨拶できなくて孤立感が蓄積し爆発に至ることもある。ちなみに〈幻聴さん〉と〈お客さん〉の違いは、それが聞こえるのか、思考なのか、の違いである。

まずあらためて、ぼくのプロフィールを紹介したい。

自己病名▼統合失調症・爆発依存型

経過▼高校を卒業後、精神状態が不安定になる。ゲームに没頭。暴言、暴力、浪費、家族への恫喝、家具の破壊行為とともに被害的な言動も出現、火事を出し精神科に措置入院。統合失調症と診断される。三か月ほどの入院治療を終えて退院するも、相変わらずゲームに熱中。対人関係を断つ反面、暴言や家具の破壊、入院の繰り返しと薬物も増量の一途をたどる。両親も本人も、精神的にも肉体的にも疲弊し、父親は職場を休職。受入先を探し奔走する毎日を過ごす。

三年前に両親に付き添われて浦河赤十字病院を受診し、「暴力をなくしたい」と希望し入院となる。入院後も親を恫喝し、病室への寿司の差し入れを強要し、自宅へ外出してはゲームに熱中する状況に陥る。外出中も些細なことから家族への暴力に及び、行動がエスカレートする。そのことをきっかけに「爆発」の研究開始、爆発救援隊を結成する。

1 「爆発の研究」第一次到達点——爆発のサイクル

［★1］は、ここ一年間の爆発ミーティングでの議論を集約し、図式化を試みた結果生まれたものである。別名「河崎理論」と呼んでいる。もちろん、自分の爆発の経験にもとづいてこの図の骨格を提案したぼくの名を冠したものである。

この図でぼくの爆発のメカニズムを説明すると、次のようになる。

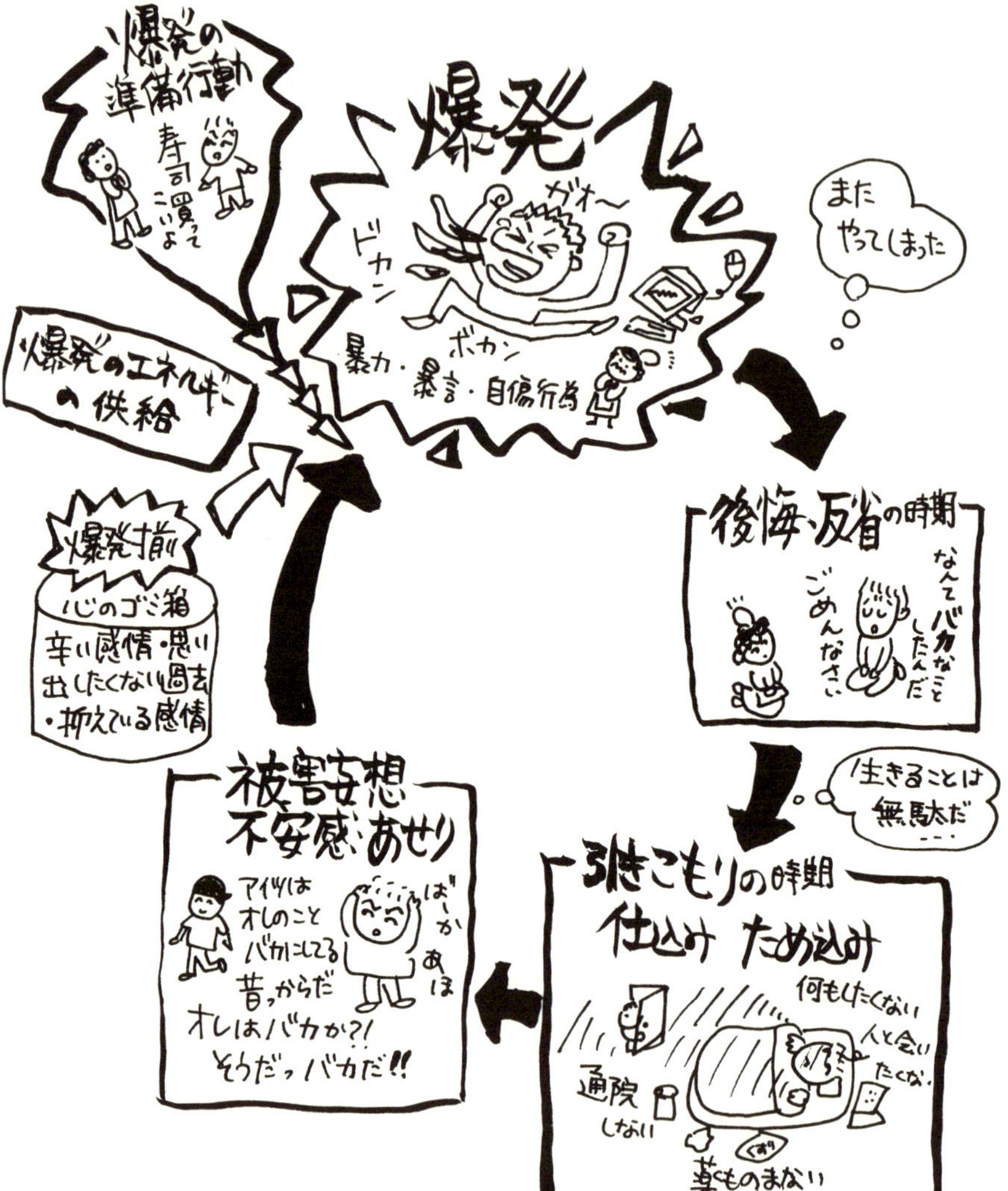
爆発の準備行動
寿司買ってこいよ
爆発
ガオ〜
ドカン
ボカン
暴力・暴言・自傷行為
また やってしまった
爆発のエネルギーの供給
爆発前
心のゴミ箱
辛い感情・思い出したくない過去・抑えている感情
後悔・反省の時期
ごめんなさい
なんてバカなことしたんだ
生きることは無駄だ
引きこもりの時期
仕込み　ため込み
何もしたくない
人と会いたくない
通院しない
くすり
薬ものまない
被害妄想
不安感・あせり
アイツはオレのことバカにしてる昔からだ
ばーか
あほ
オレはバカか?!
そうだっバカだ!!

［第1段階］　爆発の準備行動

爆発の前には必ず爆発のきっかけを探し回り、餌をまき、罠を仕掛ける「爆発の準備行動」ともいえるものがある。

ぼくの場合は、「寿司を買ってこい！」と親にねだることであった。ときには、「新しいゲームを買ってほしい」と求めた。親は、爆発がこわいからしぶしぶ従う。しかし、親のこころには徐々に不満が蓄積する。それをねらって、さらに要求水準を高くしていく。そして、親が「おまえも昼間からゲームばかりしていないで……」と小言をいったとたん、「待っていました！」と言わんばかりに爆発をするのである。

［第2段階］　爆発！

爆発の対象物は、親がいちばん大切にしているものである。ぼくの場合は、親のパソコンであった。パソコンを壊された親は、破壊されたパソコンや家具を何事もなかったように修復し整理をするなど、秩序を取り戻すことを急ぐ。そして再び息子に気をつかい、小言をいったことを反省とともに恐怖し、奴隷状態に陥るのだ。

［第3段階］　後悔と反省

しかしその後ぼくは、自責と後悔の念に襲われて、反省も人一倍する。「またやってしまった……」「おまえは、何をやってもだめなんだ……」という〈お客さん〉が勝ち誇ったように騒ぎ立てる。そして、爆発を防ぐために対人接触を断ち、引きこもりに入る。

［第４段階］　被害妄想、不安感、あせり

引きこもれば当然のように生活のリズムは乱れ、服薬や通院も途絶えがちになる。すると、しだいに不安感や孤立感がつのり被害妄想も増す。イライラも増幅し、昔のつらかったこと、いじめられた嫌な思い出が頭をよぎり、さらにつらくなる。次に誰かに当たらないと気がすまなくなると、「否定的で攻撃的なお客さん」の出番となり、援護射撃をして爆発を促そうとする。ぼくは、まるで儀式のように次の爆発の準備行動に入ってしまう。

爆発に悩む本人と家族への支援のポイント

これが「爆発のサイクル」である。そして第一回目の「爆発の研究」のポイントは、「爆発は止めるのではなく、活かすものである」ということであった。爆発を活かすための当事者や家族への支援のポイントをまとめると、次のようになる。

(1)「爆発」の改善にむけてのプログラムは、「暴力をやめたい」と願っている本人の思いと向き合い、連帯をしながら進める。
(2)当事者自身がこの問題解決の主役になる。スタッフは励ましと情報の提供という側面的な支援の役割に徹する。
(3)従来の「爆発」の改善の手立ては薬物療法が中心であり、薬は爆発を起こすたびに増量していった。その結果、薬に対する否定的なイメージや、過剰な期待を抱くようになってきた。それを取り除くため、薬の役割と限界を説明するとともに、さまざまな人からの支援の必要性を説明する。
(4)「爆発」の結果生じた損害や後始末の責任を本人がとることを重視し、尻拭いに陥らないように家族をサポートする。
(5)「爆発」に至る原因を「家族のかかわり方」にしない。家族への励ましと共感を大切にする。
(6)「爆発」に及んだ後に、みずからの気持ちを振り返り、家族に言葉で説明し、謝るプロセスを大切にする。そのための練習方法としてSSTを活用する。
(7)同じ苦労を経験した仲間の力を借り、仲間とともに「暴力のメカニズム」の研究をする場として、定期的にミーティングを開催する。

弱さの循環

以上のような「爆発の理論」を検討するなかで新たなテーマとなってきたのが「なぜ、仲間に話すことや、弱さの情報公開が大切になってくるのか」ということであった。このテーマについて仲間と議論し、自分でもいろいろと自問自答しているときに閃いたのが、[★2]である。

自分を語ることで、仲間の相談に乗る機会も増える。仲間の相談に乗ることによって、ぼく自身、新たなストレスや人間関係の苦労を抱えることにもなる。それを吐き出すために、自分のことを語る、つまり弱さの情報公開が大事になってくる。

こうして仲間に苦労を話して自分を楽にして仲間に助けられる経験も積むことになり、こういった苦労と情報公開のサイクルを経てはじめて回復が始まるのである。つまり、人間関係のなかに「弱さの循環」を起こすことが大切になってくる。

「爆発の研究」の成果

これまでの研究をまとめると次のようになる。

(1)ぼくは爆発に依存していた

(2)爆発のきっかけをつくるために、親がいちばん腹を立てるであろうこと——たとえば寿司を買わせてひとりで食べる——を無意識のうちにやっていた

(3)爆発を「止める」というよりも、「活かす」発想で取り組む必要がある

(4)弱さの循環に着目する必要がある

(5)この爆発の悪循環には、認知の壁——いわゆる今回取り上げる〈お客さん〉——の関与がある

以上がこれまでの爆発の研究の成果である。

[★2]　弱さの循環

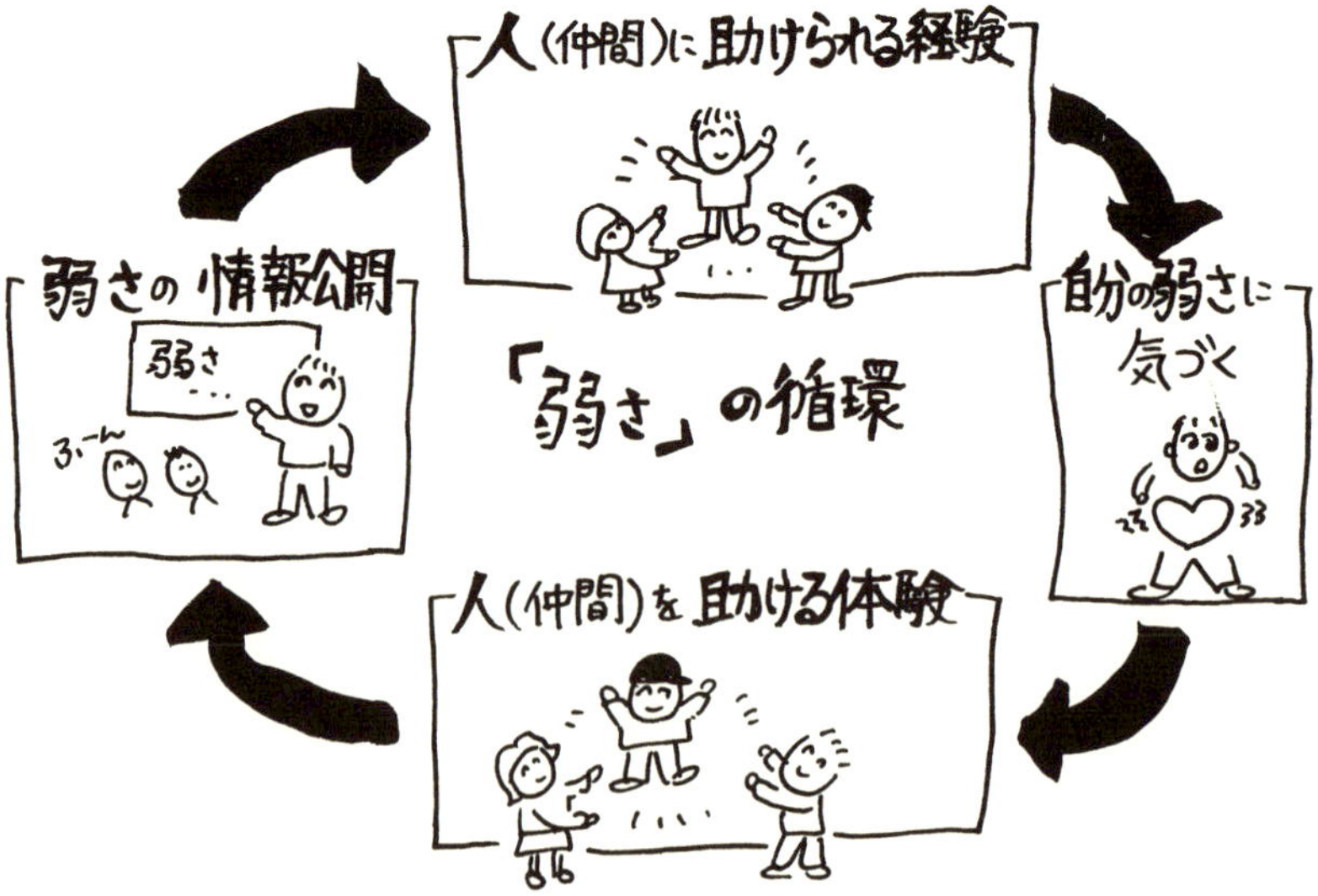

2 「爆発の研究」第二弾——「ポジティブなお客さん」には気をつけろ!

ぼくたちはこの爆発の循環のメカニズムである「河崎理論」をベースに、新しい暮らし方の実用化にむけた研究を続けるとともに、同じ爆発で苦労する仲間を助ける「爆発救援隊」を結成し、活動を続けてきた。

しかし、現実はそう簡単ではなかった。その後もぼくは、間隔が長くなったとはいってもやはり爆発を止めることができないで、イライラが高じてアパートの敷地に止まっていた高級乗用車(しかも新車!)に傷をつけてしまったのだ。

「爆発の理論」の実用化の壁は厚かった。隊長みずからが「爆発救援隊」に救援依頼をして相談に乗ってもらうという情けないことが続いた。この事件は、河崎理論を生活のなかで実用化することの困難さをあらためて痛感させる出来事であった。

研究の目的

従来から重視されてきた「否定的なメッセージをもつお客さん」だけでは説明できない爆発の連続の、背景と要因を解明することを目的とする。

研究の方法

「ノーベル賞といえどもすべて実験の失敗の産物だぁ!」という仲間からの慰めと励ましを受けて、

爆発をめぐって緊急ミーティングが召集され、爆発事故の経緯の検証をした。ミーティングを重ねながら、自分を責める「マイナスのお客さん」以外に、爆発の重要な因子となる新たな〈お客さん〉の存在を明らかにしていった。

爆発の検証

その日は朝からイライラしていた。むしゃくしゃしながらデイケアに行った。

デイケアにいると、いつもの〈お客さん〉がやってきた。そういうときには、ぼくはいたってクールなふりをして、人と距離をとろうとするモードに入る。そんなときはだから、朝、人に挨拶をされるとじつに不快な気分になってしまう。いちおう繕った平静さを突き破って、友好的におどけて挨拶をしなければいけないからだ。

そういった姿勢をとりつづけていると、やがて「ぼくにはデイケアで話し相手がいない」と思いはじめ、「自分は誰にも相手にされていないんだ！」という〈お客さん〉に責められるようになる。そして、「まわりと話すのもつまんない」「何もすることがない」という気にさせられて、「まわりの人がぼくをのけ者にしている」という気持ちに支配されはじめる。

イライラが頂点に達しようとするなかで、ぼくはデイケアルームの一室で寝ようと必死になっていた。そうしていると、以前から思っていた「オンラインゲームのためにインターネットを部屋に引きたい」という〈お客さん〉の誘惑が襲ってきた。そのときは、もう止まらなかった。

つきあっている彼女にゲームのための電話線を引く許しを乞おうと、電話で呼び出した。彼女は来てくれたけれども、はっきりと「自分には関係ない」と言った。ぼくは、彼女の電話をひったくり、地面にたたきつけ、外に飛び出した。そして、近くに止まっていた車を力任せに殴ってしまったのだ。新車の高級車だった……。

その経過の検証のなかで明らかになったのが、認知の壁としての新しいタイプの〈お客さん〉の存在である。ぼくがこれまで用心し対処に慣れていたのは、「おまえは何をやってもだめだ……」というタ

◉河崎寛さん

イプの「否定的で攻撃的なお客さん」であった。SSTでも、練習の場面はつねにそうだった。しかし、今回は否定的なタイプの〈お客さん〉は来ていなかったのだ。今回来ていたのは、「前向きなお客さん」だったのである。

前向きで一見肯定的なメッセージを持って近寄ってくる〈お客さん〉によって、隊長みずからが足元をすくわれるという新たな事態の発生は、これまでの〈お客さん〉像だけでは現実に追いつけないことを明らかにした。

〈お客さん〉の素性がわかったつもりだったが……

ほんとうにぼくの人生は「敗北と失敗の連続」の集大成のようなものだ。ぼくは統合失調症を抱えたしがない人間だが、「人生失敗装置」ともいえるものによって、連戦連敗の人生を強いられてきたように思う。いつも、「望んでいる生活には決して到達しない法則」に支配されたように、一定の法則や、儀式のようなお決まりのパターンで失敗を繰り返してきた［★3］。

いったいぼくは、どんな法則に支配されているのか——。

それを知りたくてぼくは当事者研究を始めたはずだった。そこで「認知の壁＝お客さん」の存在に気づいたのだ。仲間たちと過ごしたいのになぜかいつも独りになってしまうのは、〈お客さん〉が邪魔をしているからだ。たとえばミーティングや人の多いところに行くと頭の中に「あいつが睨んでいるぞ」とか「おまえのことが気に食わないんだぞ」といった思考が入って、思わずミーティングから飛び出してしまう。

このようにして〈お客さん〉のメカニズムを知るにつれて、自分なりに〈お客さん〉の素性がわかり、対処の仕方もわきまえているつもりだっただけに、今回の爆発はたいへんショックだった。

ポジティブなお客さんの、ネガティブな罠！

今回のぼくの失敗にタイトルをつけるとするならば、「ポジティブなお客さんの、ネガティブな罠」だろう。

いままで、ぼくはいろいろな〈お客さん〉とつきあってきたが、基本的に〈お客さん〉は「ネガティブ」だと信じていた。そして、苦労しながらもなんとか向き合えるようになったつもりだった。ところが今回、ぼくを襲った〈お客さん〉は違った。一見、肯定的に「君はこんなことができる、あんなこともできる」と持ち上げてくる。いままでと逆なのである。そして、その夢を追求させようと仕掛けてくる。今回は、ぼく

[★3] 望んでいる生活に 決して到達しない法則

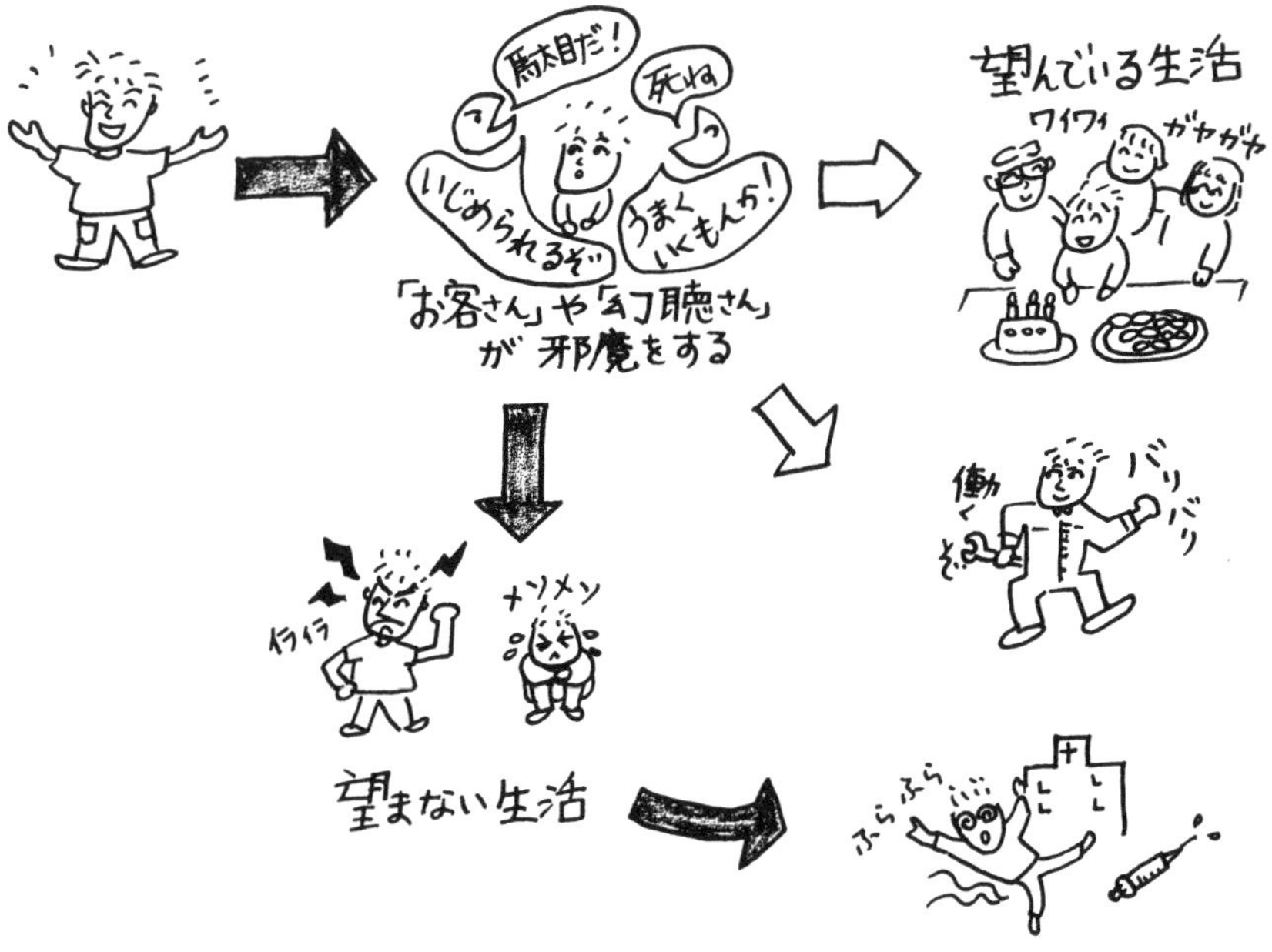

が本を読むのが好きなのを突いてきて、「大学に行きたい」という気にさせようと仕掛けてきた。

ここでぼくたちが注意しなければいけないことは、〈お客さん〉自身は「ぼくが大学に行くことなんてどうでもいい」と思っていることと、さらに「ぼくには大学は無理だ」と思っていることだ。〈お客さん〉とはじつに裏腹な人だ。〈お客さん〉は、ぼくを爆発させ、自暴自棄になって「絶望している子ども」に退行させておくために、巧妙に誘惑しようとしてくる。こういった、ポジティブで上昇志向的な〈お客さん〉の使う手に、爆発系のマジメな人はすぐに捕まってしまうのだ。

そこで今回のぼくの失敗をきっかけに、爆発救援隊の仲間とともに検証を試みた。その結果をタイプ別に分類してみると、思った以上に仲間の抱える「ポジティブなお客さん」は多種多様であることがわかった［★4］。

［お客さん　その1］　おせっかい型

恋愛関係に多いおせっかい型の〈お客さん〉。いつも「相手のために」世話をしてあげようといろいろと前向きな提案をしてくる。それに乗ると結果的に疲れて、不満につながる。

［お客さん　その2］　比較型

「あの人にできるのだから君にもできるはずだ」と、ぼくをがんばらせようとしてくる。

［お客さん　その3］　ほめ殺し型

ほめ殺し型の〈お客さん〉が来ると、なんでもできると万能感に浸ることになる、具体的には「君は大学にも行けるし、部屋にケーブルを引いてオンラインゲームもできる」と、実際にはできないことをやらせようとしてくる。そしてぼくは、部屋にケーブルを自分では引きたくないので親や彼女などの身近な人に引かせようとして、他人に絡み最終には爆発する。

[お客さん その4] 誘惑型

ぼくは部屋にオンラインゲームを引くと、夜寝られなくなって自滅するので作業所にパソコンを置いているが、夜眠れなくて深夜部屋にいるとき「一度くらい部屋でゲームしても大丈夫だよ」と誘惑してくる。つい最近まで、〈お客さん〉に誘惑されてオンラインゲームがしたくなって、眠れない夜をすごしていた。

以上のように、一見前向きを装いながら、ぼくたちの気持ちの弱いところにじょうずに擦り寄り、結果的に爆発に追い込んでいく「ポジティブなお客さ

[★4] ポジティブな「お客さん」のタイプ

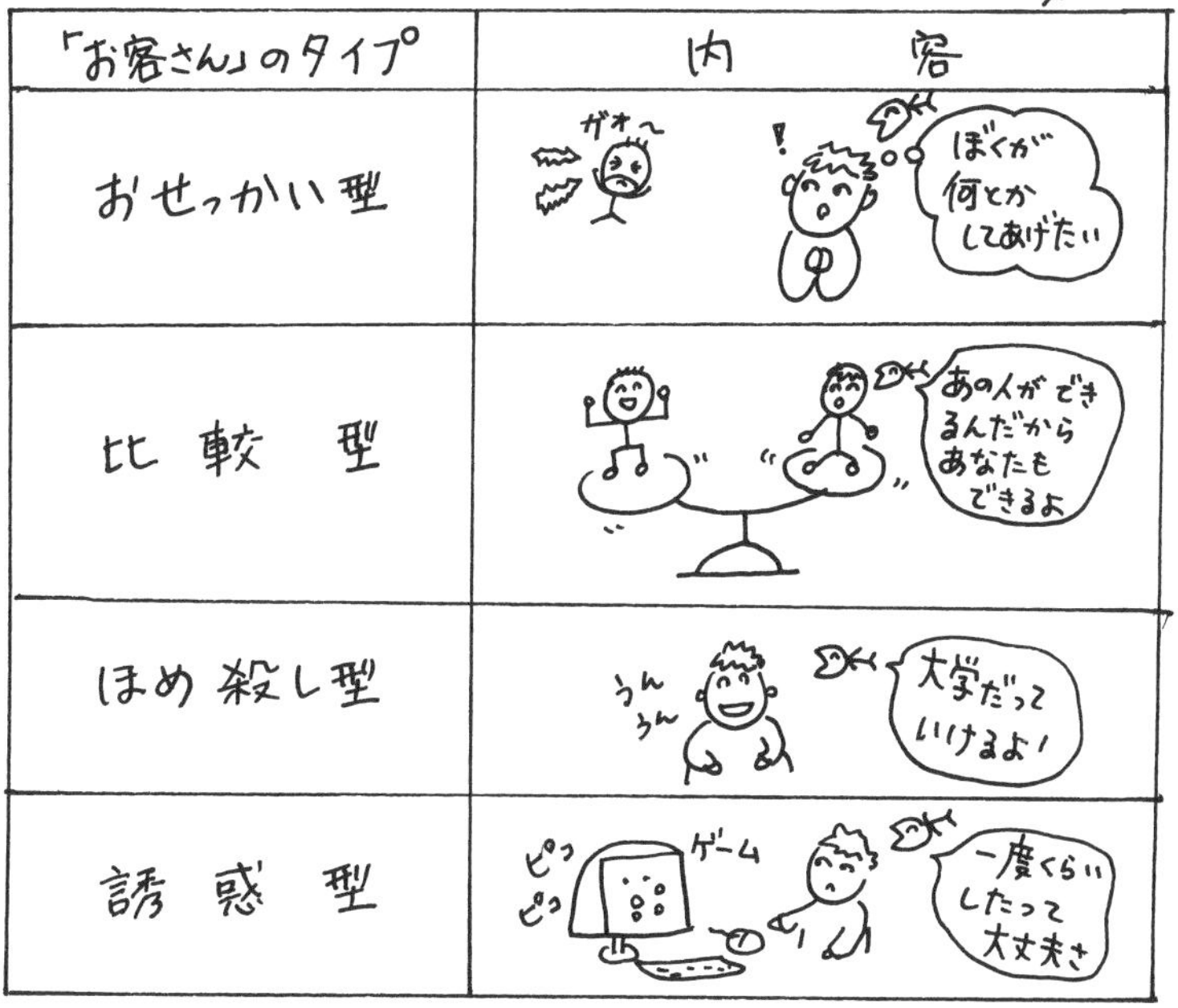
「お客さん」のタイプ
内容
おせっかい型
ガオ〜
!
ぼくが何とかしてあげたい
比較型
あの人ができるんだからあなたもできるよ
ほめ殺し型
うんうん
大学だっていけるよ!
誘惑型
ピッピッ
ゲーム
一度くらいしたって大丈夫さ

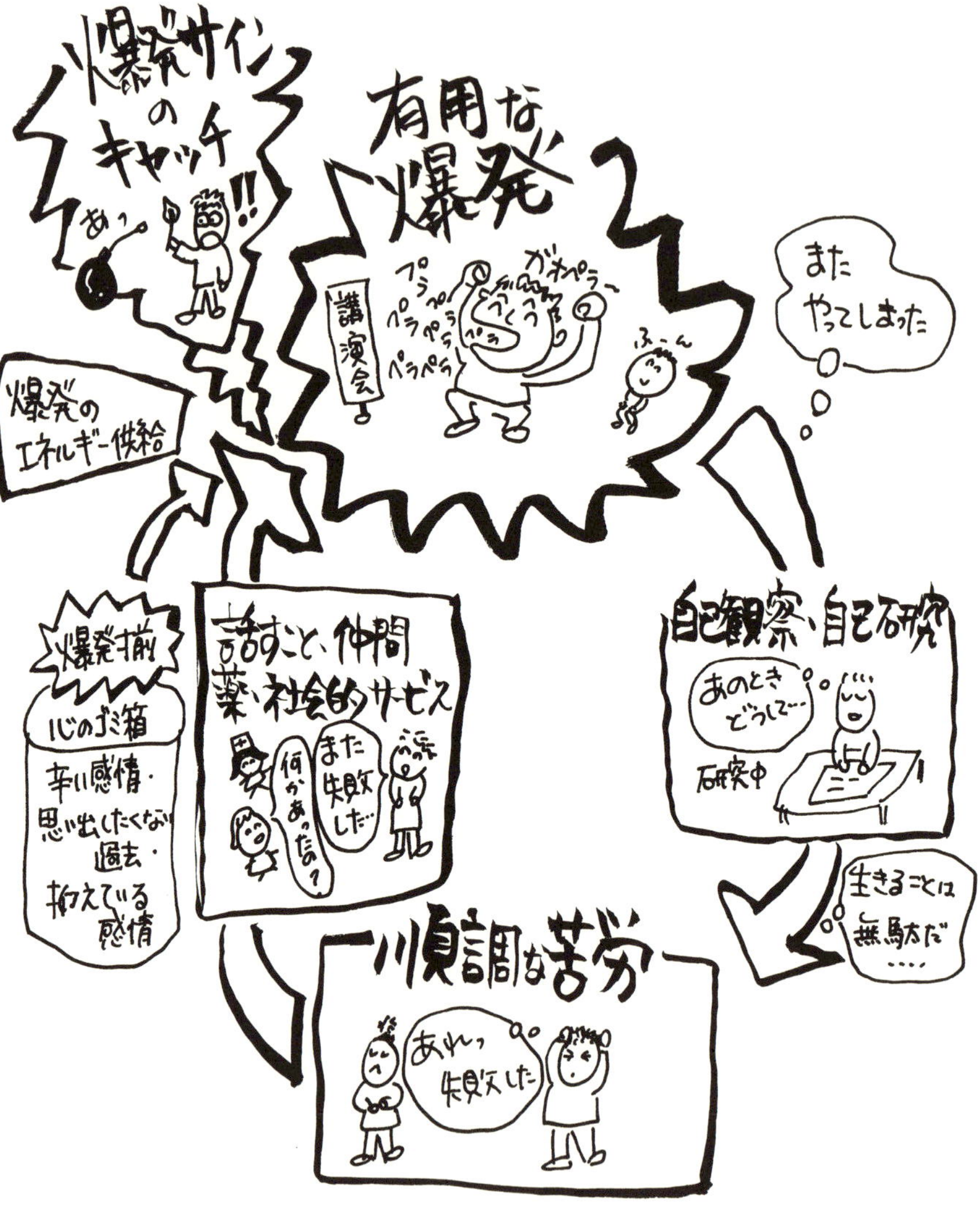
爆発サインのキャッチ
あっ
!!
有用な爆発
講演会
プラプラ
ペラペラ
ガオペラ〜
ふーん
また
やってしまった
爆発のエネルギー供給
爆発寸前
心のゴミ箱
辛い感情・
思い出したくない過去・
抑えている感情
話すこと、仲間
薬、社会的サービス
何かあったの？
また失敗した…
自己観察、自己研究
あのときどうして…
研究中
生きることは無駄だ……
順調な苦労
あれっ失敗した

ん」。この存在を確認できたことは、とても大きな収穫であった。

この手の〈お客さん〉の癖さえ自覚すれば、〈お客さん〉はとりあえず、手詰まり状態になる。つまり、「ばれたか！」という感じで退却を余儀なくされるのである［★5］。

3 〝子どもの王様〟からの脱出

爆発によって得た居心地のよい環境

ぼくがしている「爆発の研究」は、現代でいうキレる若者たちと同じ課題をもった「暴力依存の研究」ともいえる。

ぼくは、だいたい小学生ごろから大小さまざまな爆発を経験してきた。そのなかでもいちばん大きな爆発が、母親のいる前で自宅を全焼させるというものだった。これは爆発のなかの大爆発であった。それがぼくの「爆発の研究」のいちばんの動機であり、爆発というものを考えるうえでの忘れてはならない重要な経験でもあった。

そして、ぼくの爆発の目的も見えてきた。それは、親（当事者をとりまく人びと）に対してネガティブな行動をして子ども返りをし、大人になることを自己否定する一種のパフォーマンスであり、環境づくりだったといえる。ぼくが当時この爆発によって得た環境とは、子どもの暴力によってなんでも言うことをきく奴隷化した親、父親に提供させたパソコンとオンラインゲーム、より引きこもりに適してなおかつ快適な空間としての精神病院、また将来の不安などのストレスに曝されたときに飲む強力で便利なクスリなどであった。

こういった一連の〝自暴自棄な子ども〟でいられる環境はすばらしく居心地がよく、そのための爆発＝パフォーマンスもすごく快感だった。こういった良いことだらけの爆発にぼくはどっぷりと漬かり、まるで子どもの王様よろしく爆発の影響範囲、つまり世間体を気にしながら、その後も親を主なターゲットとして爆発を繰り返していた。

病院内での脳内ゲーム

精神病院に入院しているあいだは、ターゲットを看護師に切り替えた。病院の隔離室はお気に入りの引きこもり部屋だった。その中で、自分の世界で夢想する一種の脳内ゲームとしてあやしい宗教啓蒙書、宇宙人の本などを常備して読みあさっていた。時間は飛ぶように過ぎていった。もちろんゲームだから敵のモンスターがいなければ始まらない。暇を見つけては空手の正拳突きをして体を鍛え、同じように脳内ゲームをしている患者と院内広場で戦っていた。

おたがいに脳内ゲームの主人公は自分で、まわりはモンスターか奴隷で正義はつねに自分にあった。ぼくのいた閉鎖病棟はそういう患者のいるところで、多くの人がなんらかの脳内ゲームにはまっていたように思う。そしてなにか異常があっても、クスリと、当時ぼくにとっては奴隷だった医者や看護師たちが、この異常な生活の不安を吹き飛ばしてくれた。また診療のときは医者や看護師に、宇宙の真理、宇宙人の生活を楽しくしゃべっていた。そんな自分もすでに〝宇宙人〟で、脳内ゲームでの自分がいちばん偉くて強いんだということや、自分の宇宙人的生活についての脳内妄想を無邪気にしゃべっていればよかった。

こうしてぼくの引きこもりは深まり、オンラインゲームと脳内ゲームに没頭し、それ以外のことは、すべて親や病院のスタッフがしてくれるようになった。そしてこの快適な状態を維持するために、家に穴を開けたり親に手を上げ、院内では奇行にはまり、脳内ゲームにはまるという〝環境〟のメンテナンスを怠らず、あの手この手で「子ども的な自分」の世界を手放すまいとしがみついていたのだ。

おわりに――こころの底からのSOSが出せたとき

述べてきたように、爆発の世界はじつに奥が深い。

たとえば今回、隊長みずから爆発するという失敗を経験してみて気づいたことがある。仲間に「みんなぼくを助けて！」とこころの底からSOSを出せたときにはじめて、執拗な〈お客さん＝子ども的な自分〉が自分から遠ざかっていったという経験をしたのだ。SOSを出すまでは、口では「弱さの情報公開」が大切と言いながらも独りよがりの自己解決を図っていたこともわかった。

車の弁償費用はぼくにとっては多額な出費であったが、この「研究費」は決して無駄ではなかったと思う。これからも、予測しがたい新タイプの〈お客さん〉がやってくるかもしれない。そのためにも爆発救援隊は、研究活動と救出活動を続けていきたいと思う。

12 マスクの研究
俺は爆発型エンターテイナー

藤田卓史＋爆発研究隊
協力＝河崎寛　向谷地生良　林園子　山本賀代　伊藤知之

はじめに――生きるための「自己演出」

ぼくは、二七歳である。べてる流にいわせると自己病名は「爆発型エンターテイナー症候群」だ。

小学校六年生のときに突然チックのような症状に始まり、さまざまなパフォーマンスをともなう「爆発」で入退院を繰り返した。その一〇年間を振り返ると、ほんとうによく生きていたものだと思う。いまは高校の単位取得をめざしてフリースクールに通っている。空いた時間に引越しのアルバイトをこなしながら、空手の道場にも通っている。

アルバイトは大変だ。「精神科に入院していました」とも言えない。正直緊張する。なかなか覚えが悪くて「頭おかしいんじゃないのか？」とか「おまえ、ちょっとズレてるんじゃないか？」と言われたときには、気持ちが沈んでしまい仕事が手につかなくなる。でもなんとか、「自分の助け方」を意識して、バランスをとりながら自分なりに症状に対処して毎日を過ごしている。

昔だったら、こんなプレッシャーがきたら「注射、打ってほしい!」と病院に駆け込んでいただろうなと思う。いまは多くの人たちの支えを実感できる。そのおかげで、こうしていられると思う。まだまだその意味をわかっていない部分もあると思うが、理屈ぬきに自分の身体が仲間や人とつながっているのを感じている。正直、自分なりに「成長したなぁ」と思うこともある。

そんな自分の二七年を振り返ったとき、「爆発型エンターテイナー症候群」という仲間と一緒につけた自己病名が意味するように、自分はつらいとき、苦しいとき、いつも自分の人生を演出してきた〝エンターテイナー〟だったなぁということに気づかされる。苦しいときにはいつも自分が自分以外の人格に変身し、深夜徘徊をし、ときには自分の身体を掻きむしった。壁も叩き、わめき散らした。

いまべてるでは、仲間が次々に当事者研究を始めている。それを横目で見ていると今度はぜひ自分が挑戦したいと思い、ぼくも研究と講演への参加を始めた。

研究の目的

まず、客観的に自分を振り返ってみたいと思った。自分は何をしてきたのか、父と母はどんな気持ち

◉藤田卓史さん

でつらい時期を過ごしたのか、お世話になった看護師さんやまわりの人たちはどんな気持ちだったのか、自分は何を求めていたのか、何がつらかったのか、何がうれしかったのかなど、知りたいことが次々に頭に浮かんできた。

自己中心的な言動からまわりに与えた迷惑や、思考や行動の極度の欠陥を思い出すたびにいまも苦しくなる。でも、仲間との話し合いのなかで、「藤田くんは、エンターテイナーだよ。自分なりに必死になって自分を演出してきたんだよ」と言われて、少し考える視点を変えることができた。

そこで、いままでの自分の行動を「自己演出」という側面から整理してみようと思う。

研究の方法

まず、自分の体験を、以下のように五つの時期に分けてみた。

(1) 小学校六年生で発病後、大学病院に入院し退院するまでの時期
(2) 大学病院を退院し、院内学級（そこで中学校を卒業した）付きの児童精神科病院に入院した三年間
(3) その後、二一歳まで続く民間精神病院へ二〇回近く入退院を繰り返した時期
(4) さらに転院した病院で、保護室への入退出を繰り返した一年半
(5) その病院から退院を要請されながらも、市内の主だった精神科病院や相談機関では受け入れてくれず、浦河赤十字病院を受診・入院した後

次に、それぞれの時期に起きた出来事をインタビューに答えるようなかたちで話し、それについて仲間で議論した。

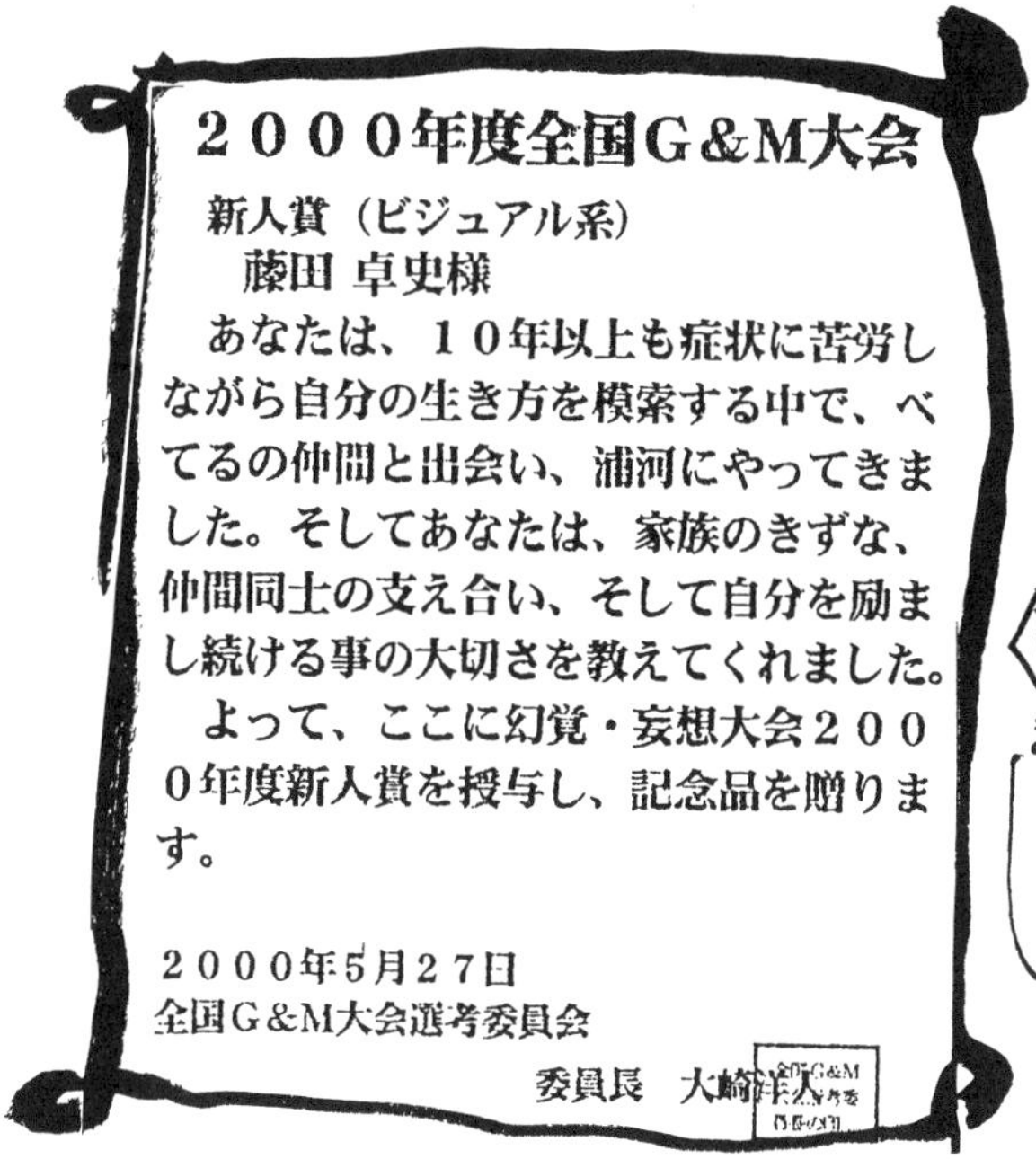

2000年度全国G＆M大会

新人賞（ビジュアル系）
藤田 卓史様

あなたは、10年以上も症状に苦労しながら自分の生き方を模索する中で、べてるの仲間と出会い、浦河にやってきました。そしてあなたは、家族のきずな、仲間同士の支え合い、そして自分を励まし続ける事の大切さを教えてくれました。

よって、ここに幻覚・妄想大会2000年度新人賞を授与し、記念品を贈ります。

2000年5月27日
全国G＆M大会選考委員会
委員長　大崎洋人

← G&M大会は幻覚&妄想大会のこと。
毎年行われるべてるのまつりで発表されます。
〈藤田くんの華々しいパフォーマンスの数々〉
まゆげ事件
いえ〜い
大坂くんのまゆげをそってしまう
コート事件
いえ〜い
水野さんのコートにマジックでイタズラ書き
ティッシュ事件
病棟でねている老人にティッシュをかぶせてまわった…
心なしかどのイタズラもちょっぴりオチャメ…

藤田くんは、若くてハンサムですが…。
親に心配してもらいたくてけいれんを起こしたフリをしてたら、本当に発作が起きちゃったんだ。それもデパートの中でさ!! イェ〜イ
金髪
なぜかハチマキ
白いタオル
ちょっとはじけてますが、SSTではホストをした経験を生かし、男女関係のアドバイスはピカイチ☆です!!

1　ぼくのこれまで

声が止まらない

ぼくの最初の「発病」は、小学校六年生のときに始まったチックのような症状だった。突然奇声を上げ、訳のわからないことを言いたくなり、何か一つのことを意識しだすと——たとえばこぶしで壁を叩くと——それが止まらなくなった。

声を止めようとすればするほど止まらなくなる。まわりの生徒が先生に「独り言をいって困る」と苦情を言った。だから、恥ずかしさと後悔で、ずっと下を向いていた。ときには「先生、どうしても声が出てしまう」と訴えたこともある。したくもないのに一つの行為が止まらなくなる。しかも、声が出た後の自己嫌悪と恥ずかしさが蓄積し、止めようとあがけばあがくほど繰り返してしまう。

家に帰ると、もっと安心して気兼ねなく、深夜までわめき声を上げた。同居の家族も大変だっただろう。ドアや壁をどんどんと叩き、自分の中のどうしようもないやりきれない不安やつらさ、説明できない思いを発散させていた。

そんな状態で大学病院に入院となった。カウンセリングと服薬治療を受けたが、ほとんど変わらなかった。

物体の影がリアルに見えてきて、目に飛び込んできて圧迫して押し寄せてくる感覚に襲われて、トイレもこわくて行けなくなった。目と耳を押さえ蒲団をかぶって嵐の過ぎるのを待った。そんなときは、きまって母に手を押さえていてもらった。誰かがそばに居ないと不安だったからである。

病院から追い出されて浦河へ

大学病院で治療効果を得ることもできないままに、児童精神科がある病院に転院することになった。当時は、とにかく入院もこわかったような気がする。物体が目に飛び込んでくる症状——自分は「フラッシュバック」と言っていた——は、その後も続いた。その病院に併設されている院内学級に三年間通い、なんとか中学校は卒業することができた。

中学卒業と同時に、市内の民間精神病院に転院し、二一歳まで入退院を繰り返した。

この民間精神病院への転院のころから、「フラッシュバック」と言ってきた自分の症状は明らかに変化し、いま振り返れば精神科病棟や家庭を舞台にした本格的な〝エンターテイナー〟となっていった。病院では、入院中の老人のオムツを外し、いつも陽気に振る舞い、同じ入院患者をからかった。フダ付きのトラブルメーカーとなっていった。退院してからも、自宅のある団地を徘徊し、草むらに寝転んで不審人物として住民に一一〇番通報をされた。デイケアに通ったが長続きせず、トラブル続きで通所禁止となった。

そんなことが続き、さらに民間の他病院へ入院となった。その病院では〝エンターテイナー〟が一段とヒートアップした。デイルームで、病室で、わめき、人をからかい、患者を寝かせないパフォーマンスに明け暮れた。そんなときは、男性看護師が「反省！」といって駆けつけてきた。行き先は保護室だった。今度は新築したばかりの真新しい保護室を破壊した。両親はその後始末に追われた。

その後は通称〝ロケット〟といわれる十字架のような抑制台に寝かされ、手足を縛られオムツをされ管も入れられた。一週間も寝かされると足の筋肉も硬くなり、痩せてほとんど歩くこともできないほどになった。そうなるとようやく解放された。

その後、病院の院長が言った。「藤田くんだけに保護室を使わせるわけにはいかない。できるだけ早くよその病院へ行ってほしい」と。市内にはもはや、自分を受け入れることのできる病院や相談機関はなかった。そして導かれたのが浦河だった。

2 「爆発型エンターテイナー症候群」の解明

どんな人格にも簡単にチェンジ

自分のプロフィールを明らかにしていくなかで見えてきたのは、先にも述べたように、自分は「自己演出」をしてきたのではないかということだった［★1］。たとえばぼくは、パフォーマンスがエスカレートして保護室に入る際に、「いかにしたら出られるか」とはいっさい考えなかった。目的は一つ、「どうしたら退屈をしのぎ、構ってもらえるか」だけである。そこに全エネルギーをかけるのが毎日の日課だった。

もちろん、看護師もそのへんはお見通しだったかもしれない。しかし、現実はぼくのほうが勝っていた。自分の内面のさびしい現実にシャッターを下ろし、その前で踊っていた。とくに、抑制されて全面介護を受けたときは、いつも看護師がそばにいてくれることが心地よかった。つらいとさえ思わなかった。まさに、ゲームだった。

ぼくが得意とした技は、欲しい人格の「マスク」［★2］を、いつでも付けられることだった。マスクのレパートリーを二〇個はもっていた。いまではすっかり埃が溜まっているが、たとえば、

・かわいくて甘えたがりで子ども返りができる人格
・凶暴性があり、人をはね除けて寄せつけない人格
・おもしろくて話術に長けていて、器用な人格
・かわいらしくて繊細で、傷つきやすい人格

などである。

それぞれの人格には名前がついている。そして、それらの人格を統括する威厳のある人格もある。チェンジの方法は簡単である。意識的にも無意識的にも、「何番目の人格になりたい」と願うだけでいつでもなれた。それは感情移入であり、一種のトランス状態に近いものだった。

そして、マスクを付けている自分をどこかで眺めている自分もいた。マスクを装着し、看護師に「藤

［★1］爆発型エンターテイナー症候群の循環

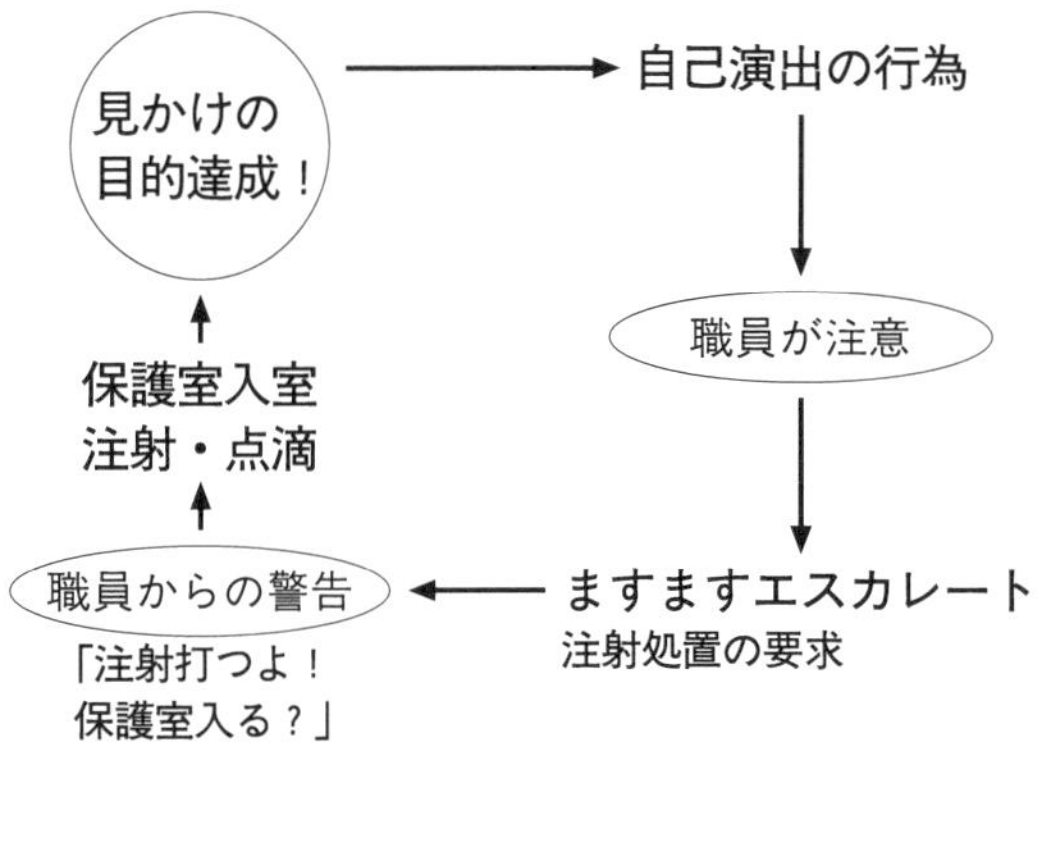
見かけの目的達成！
自己演出の行為
職員が注意
ますますエスカレート
注射処置の要求
職員からの警告
「注射打つよ！
保護室入る？」
保護室入室
注射・点滴

［★2］　藤田卓史くん自身が描くマスクの一例

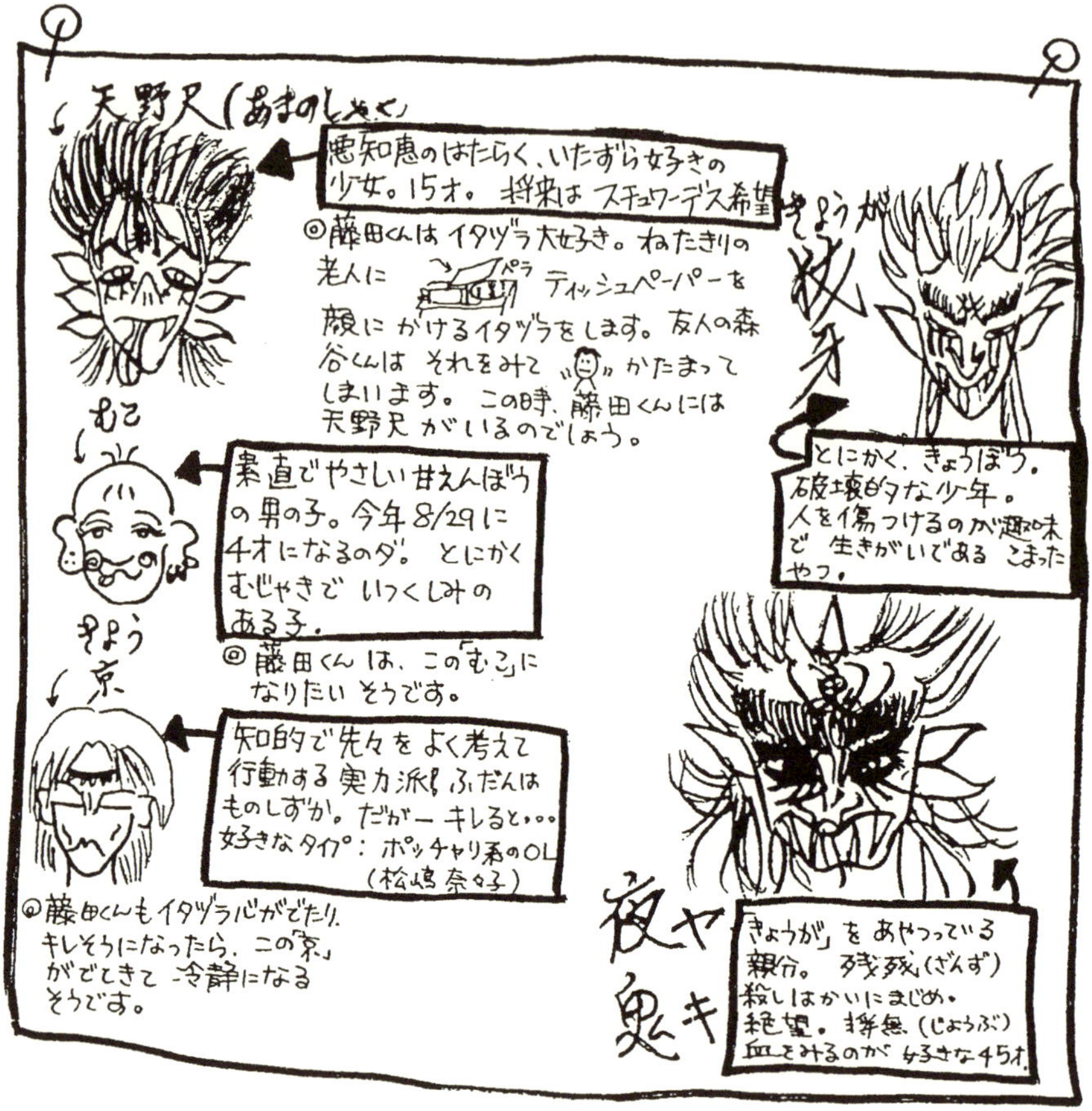

田卓史のケア」という〝やりがいのある役割〟を一生懸命になって運ぶ自分がいた。

しかし、これは決して詐病やだましではない。マスクに依存し現実から逃避する自分がいたのだと思う。

ここではペナルティが課せられない……

浦河赤十字病院に入院が決まったときに、添書に書かれたぼくの経歴を読んで看護師さんたちは、「わたしたちを殺す気ですか！」と主治医の川村先生に迫ったと聞いた。それほど、経歴の内容は凄まじかったらしい。

浦河で最初に川村先生に言われたのは、「どんなときも、注射や保護室を使わない」という治療方針だった。「言いたいことがあったら言葉に出して言うこと」と、それにむけた「仲間づくり」と「コミュニケーションの練習」が課題だと説明された。それと同時にべてるの仲間から繰り返し言われたのが「自分を助ける」という言葉だった。

浦河での入院中にも、前の病院と同じことがやっぱり起きた。壁に穴を開けた。入院している患者をからかった。腕や足を思いっきり血がにじむまで掻きむしり、奇声を上げた。小火《ぼや》騒ぎまで起こし、若い看護師さんに目の前で泣かれた。

以前であれば、親が呼び出されたはずだ。しかしここでは、徹底して大人扱いされた。すべてが自己責任のルールの下に進められた。いくらパフォーマンスを繰り返しても「自分とのつきあい、大変でしょ」と言われるばかりで、ペナルティは課せられなかった。

あるとき、カセットを大音量で鳴らした。部屋の患者さんが、「うるさくてたまらない」と看護師詰所にSOSを出しにいった。でも部屋にやってきた男性看護師は「みんな、デイルームのほうに行こう」とみんなを誘い、ぼくに何の注意もせずにニコニコしながら行ってしまった。

そのときつくづく自分が嫌になった。自分がやっていることに疲れている自分を感じた。気がつくとぼくは自分で音楽を止めて詰所に足を運び、看護師さんに話しかけていた。

マスクの研究をしよう!

ソーシャルワーカーさんに「一緒にマスクの研究をしよう」と言われて、最初はおもしろそうだと思った。ぼくはさまざまな種類のマスクを持って使い分けていた。場面と人にあわせてマスクを取り出すのがうまいと言われれば、そうだと思った。そして、それは自分の能力だと思っていた。

そのときは、しかし「マスクの研究」を真剣に考えようとしたわけではなかった。とにかく一緒に心配してくれる人がいるということがうれしかった。正直なところ「何のことを言っているのだろう」と思う気持ちもあった。それでも、それは自分がマスクを利用していることを認め、「研究」するきっかけになった。

そこで研究の一環として始めたのが「感情のチェック」作業だった。その表には、怒りや悲しみ、愉快や不安といった言葉とそれをあらわした顔の表情のイラストが描いてあった。その表を見て、そのときの感情に当てはまるイラストを選ぶという簡単な作業だ。

自分の表情と感情のズレに気づいて苦しくなり、その場を早く逃げ出したいという気持ちになったが、詰所に行くたびに看護師さんと自分の感情確認の表を見て、気持ちを受け止める場をもち、自分の気持ちを伝える練習のためにＳＳＴに参加した。

正直、爆発型のエンターテイナーには、飽きと疲れがきていたときだった。これらのことを通じて、少しずつ、言葉と仮面の現実がつながりはじめた［★3］。

おわりに——無理なくマスクを使っていこう

べてるの仲間から「藤田くんのパフォーマンスは特殊技能だよ」と言われていた。つらいときにも、困ったときにも、マスクは便利だった。元気で、挑発的で、刺激的な自分を演じるマスクをつけて、人を遠隔操作してきた自分を見透かした言葉だった。

ぼくは、いまにして思えば大人になることがこわかった。働いて、人と接して、お金を稼いで、という自立のイメージがこわかった。社会に出ないで、入院していることの居心地よさを保つためには、「子どもっぽくて、かわいい活発な自分」というマスクでアピールすることが自分を守ることだった。そして、それにはまりながらも、無意識と意識の真ん中に自分を置き、自分を危機状態に追い込み、独

［★3］　爆発型エンターテイナー症候群からの回復

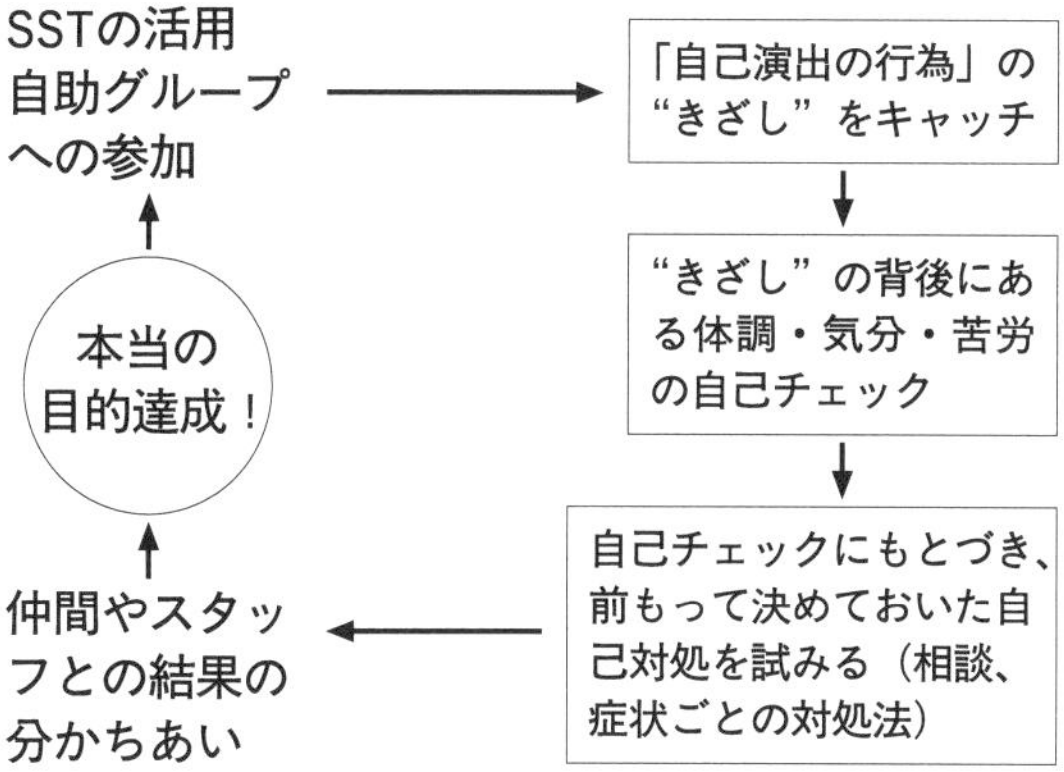
SSTの活用
自助グループ
への参加
「自己演出の行為」の
“きざし”をキャッチ
“きざし”の背後にある体調・気分・苦労の自己チェック
自己チェックにもとづき、前もって決めておいた自己対処を試みる（相談、症状ごとの対処法）
仲間やスタッフとの結果の分かちあい
本当の
目的達成！

特の仕方で自分の思いを訴えてきたように思う。

べてるの仲間は「藤田くんのエンターテイナーは生来のものだ」と言ってくれ、自分を演出する生き方はやめる必要はないと言う。自分もそう思う。長いあいだ自分を守る方法として使ってきたマスクを、自分を活かす方法として人とのつきあいや場面でいろいろと使い分けてみて、いちばん自然で無理のないかたちで使えるようになりたいと思う。

13 「自己虐待」の研究
そのメカニズムと自己介入について

吉井浩一＋爆発救援隊
協力＝河崎寛　松本寛　山本賀代　清水里香　向谷地生良

はじめに――なんで自分を傷つけるのか

「自己虐待」とは、自分に対する精神的・心理的・身体的な暴力である。そこにはつねに他者へのコントロール欲求がある。つまり、注目してほしかったり、かまってもらいたかったりする「想い」を言語化できず、自分の思うとおりの反応が相手から返ってこないと、ストレスが溜まっていく。そのような状況が続いていくと、自己破壊的手段でしか自分を救えなくなるのである。

吉井浩一の場合は、ガラスなどの器物の損壊、ガラスの破片を用いて手首を中心とした部分を傷つけるなどの自傷行為のほかに、刃物を使って実際に自分を傷つけるという本格的な「暴力」、さらには自分の存在自体を否定するようなマイナス思考に終始するという悪循環に、家族ともども苦しんできた。最近は浦河においても、そのような行為に悩む人は多くなっている。吉井にとっても、「なぜ自分は、自分の身体を傷つけるという手段でしか自己表現できないのか」というテーマは切実な課題である。しかし改善はみられず、ますます行為はエスカレートして絶望的になり、泣くしかなかったこともあった。

そんななかで縁あって、二〇〇一年一一月、親子共々に北海道浦河町で暮らすことになった。当初は案の定苦しくなり、救急外来に飛び込み、入院という切符を手に入れるために玄関のガラスを割って手首を傷つけ、屋上から飛び降りようとして看護師さんに制止されるといったエピソードを繰り広げてきた。しかし現在は不思議と、長年苦しんだ「自己虐待」という方法から距離を置きはじめている自分がいる。少なくとも何らかの「回復」への手ごたえも感じる。

仲間やスタッフからの情報によると、自己虐待が終わっても次にやってくるのは「当たり前の苦労」だという。その意味でも、先行研究である河崎寛研究員の「爆発の研究」を参考にしながら、この段階で一度、いま感じている手ごたえの意味を整理することを通じて、次の課題に向き合う準備としたい。

研究の目的

研究の目的は、吉井浩一本人と、その家族の救済である。そして、多少なりとも吉井浩一的な自己虐待に悩む人たちと研究を通じてつながり合うことと、お互いの回復にむけての参考になればと考えている。

研究の方法

研究にあたっては、べてるしあわせ研究所の「爆発の研究」の河崎寛研究員、「家庭内暴力」の経験者の松本寛研究員に協力をいただいた。また医療相談室のソーシャルワーカー向谷地生良、伊藤恵理子の両氏にも来てもらい、中央に吉井浩一を象徴するぬいぐるみを置き、ディスカッションを重ねた。

1　自己虐待を振り返る

病院の五階から飛び降り

吉井浩一は、三二歳である。いまのようなかたちで「自己虐待」が始まったのは、七年前である。精神的に行きづまり、専門学校を自主退学せざるを得なくなっていた。家に引きこもったころから向精神薬を大量に服用し、コントロール喪失状態に陥り病院の五階屋上から飛び降りたのだ。

このときは奇跡的に右足踵骨不全骨折ですんだが、以降、家庭内における器物の破壊行為が続くようになった。親を脅迫して高額な品（たとえばチェスの本全八二巻＝四十数万円相当）を買わせたりもした。あるいは、突然の失踪で家族を心配させたこともあった。

しかし自己虐待を「他者へのコントロール欲求」と考えれば、吉井浩一がはじめてその手法を用いた

◉吉井浩一さん

のは四歳のころにさかのぼる。以下に記す当時のエピソードは、このたびの研究の一環として吉井の父親にインタビューするなかで判明したことである。

勉強に希望を見いだし、勉強に捨てられる

四歳のころ吉井浩一は、父親と姉の三人でピクニックに出かけた。そのとき、家族で撮った記念写真のフィルムをカメラから取り出し感光させたというエピソードが父親の口から明らかにされた。また自家用車の中で発煙筒を焚き、騒ぎにもなっている。さらには、父親とドライブに行ったときに車のキーを外してトランクにしまい込み、鍵をかけてしまうということもしている。

小学校、中学校といじめられてきたが、転機は高校時代にやってきた。吉井浩一は県下一の進学高校に無事合格できたものの授業進度についていけず、いわゆる「劣等生」になっていた。それでも医師になりたい夢を捨てきれず、医学部を目指して理系コースに進むが、勉強内容はますますわからなくなっていった。そんな状況では、医学部に合格できるわけもない。

当然のごとく二年間浪人したが、しだいに焦燥感にかられ、予備校内の試験や授業もキャンセルし、引きこもるようになっていた。それは評価されること、結果を突きつけられることへの恐怖感とでもいえるもので、その結果、学習意欲をますますなくしていった。

そして二浪目の六月に自分から精神科を受診し、その当時は「神経症」と診断された。

さいわい父親の勧めもあって理学療法士養成の専門学校を受験し、なんとか合格して入学したが、自主退学せざるを得なくなった。その翌年にも介護福祉士養成の専門学校に合格し入学するが、たった一

週間で引きこもり状態となり、ここも退学してしまった。

このときを境に、本格的な「自己虐待」が始まった。小学校、中学校、高校といじめられてきた何の取り柄もない吉井浩一は、せめて学業だけは人後に落ちないようにし、そしていつか「見返してやろう」と思っていた。しかしその手段さえ失ってしまったときのショックは大きかった。それは吉井浩一の人生観そのものに深くかかわっているという意味で、根深いものである。

そして先に紹介したように、この浦河に来ても二、三か月のあいだは従来の自傷的で破壊的な行為を繰り返しながら、必死にこの地で暮らすためもがき続けてきた。いまだに「まだ何か(能力以上のこと)ができるのではないか」という強迫めいた万能感と現実のあいだで板ばさみとなり膠着状態となっているものの、外見的な自己虐待は沈静化している。

2　自己虐待へ自己介入

エピソードを整理する

まず、「自己虐待」の背景をさぐる方法として、思春期までの暮らしのエピソードを整理して一覧表にしてみた[★1]。

この一覧表を研究員全員で討議した結果、以下のことが推測された。

［★1］ 思春期までの暮らしのエピソード

年齢	生活上の事実	それに対する思い	社会的・家族的背景	自分のとった行動
4歳	父、姉とのキャンプ（母は誘ったが同行せず）	母のいない寂しさ	母が酒癖の悪い祖父と対立、父が板ばさみ。離婚の協議	記念写真のフィルムを感光させた
	父とドライブ（家族サービス）		母が祖父と対立、父が板ばさみ。離婚の協議	車の鍵をトランクに入れる
	車の中での遊び		母が祖父と対立、父が板ばさみ。離婚の協議	車内で発煙筒を焚く
5歳	父母の離婚	母のいない寂しさ	転居	夜尿症が始まる
7歳	同級生からのいじめ	なぜ、ぼくが	父子家庭、祖父母同居	泣いて帰る、父の迎え
10歳	父の再婚	複雑な心境	母方の親族の結婚への反対	
13歳	相変わらずのいじめ	いまに見ていろ	酒癖の悪い祖父に振り回される	学業で見返す
	学業成績に対する祖父のこだわり		祖父による成績への期待、賞賛	学業に努力
14歳	学業成績が急上昇	いじめた同級生に対して「ざまあみろ」という思い	祖父母による成績への期待、賞賛	塾通い
15歳	受験前夜の祖父の飲酒による騒乱 県で一番の高校に合格	またか、もういい加減にしてくれ！ 今までの苦労が報われた	家族関係の悪化	布団をかぶって寝る努力、耐えた
16歳	成績の急降下	焦りと不安。負けられないという思いの空回り		再度の塾通い

(1)祖父の酒癖をめぐるトラブルが、両親の人間関係に深刻な影響を与えていたのではないか
(2)祖父の顔色をうかがいながら、自分の行動を決めていたのではないか
(3)さびしさのはけ口として、幼少時からさまざまな行動をとっていたのではないか
(4)学業成績が、唯一の存在感の証であったのではないか

なぜ自分いじめがやめられないのか——吉井の自問自答

以上の検討結果をもとに、自傷行為という「行動化(アクティング・アウト)」の背景をまとめてみた。

［背景　その1］　不安定な親子関係

幼少期において十分に保育されたとしても、吉井浩一が「情緒的に安定した親子関係」をもつまでには至らなかった。

とくに男児にとって母親の役割は大きいものである。子育ての過程で母親が不安がっているだけでも子どもは不安定になりがちであるのに、まして母親不在のなかで育てられたら愛情飢餓感に苛まれるであろうことは十分に予想される。

吉井浩一の場合は五歳のときに両親が離婚し、一時期は母親不在の環境で育った。母親が去っていったとき、吉井浩一は泣きやまなかったそうである。依存症に関する専門書を開いたら、「母親にもっと甘えたい時期に、それが叶わなかったのかもしれない」と書いてあった。抵抗感を感じて認めようとしなかったが、いまでは感覚的に理解できるようになった。

みなさんには、こういったことはないだろうか。話しやすい人と語り合っていて、話し終えて相手が立ち上がった瞬間に一抹のさびしさを感じたりする経験が――。感じることがあったとしても、まさか「見捨てられてしまった」とまでは思わないであろう。しかし母親との歩調合わせがうまくできていないと、このような場面でも「見捨てられたのだ」と勘違いしてしまうそうである。

子ども時代に学習してしまった信念が、大きくなってからも訂正されずにいると、見捨てられ感は大きな悩みの種となる。母親に十分愛情をもって育てられれば、たとえ母親が目の前にいなくても、こころの中の母親のイメージが本人を支えてくれるものだろう。イメージがないと、目の前に誰かがいないと不安で、居ても立ってもいられない。

[背景 その2] 居場所がない

本来ならばいちばん安心できるはずの家庭でさえ喧騒が絶えず、居場所が見出せなかった。

弱い子どもにとって家庭とは、唯一安心して居られる場所である。吉井浩一の家庭を振り返ってみると、昼夜を問わず祖父が飲酒に走り、愚痴を言ってまわる喧騒状態にあった。高校受験の前日でさえ、うるさくて眠れない状態だったくらいだ。吉井浩一自身だけでなく家族全員の鬱積された「怒りの感情」は相当なものであったろう。祖父から茶碗を投げつけられたときには、あきれ返って言葉を失ってしまった。

また、小学校時代にはいじめに遭っていた。学校に行かないでおこうと考えていたら、祖母から「孫の手」で叩かれそうになり、怯えながら学校に通ったときもあった。孫が「孫の手」で叩かれそうになるのだから、これほど滑稽なことはない。子どもながらに「安心感をもって過ごすとはどういうことなのか」と考え込んでしまうのだから、よほど家庭が脅威だったということが想像できると思う。

［背景 その3］ 自己処罰

「自分を見捨てた者」を自己の身体に投影させ、自己破壊的行為でもって罰しようとした。

自傷行為が癖になった他責傾向にある者は、自分の怒りを周囲のせいにして、自分は庇護されるべきだという自分勝手な論理を押し付けるという。そしてその発散手段として、自傷行為を起こす。自傷行為によって、怒りを紛らわす。「自分はこれほど傷ついているんだから、周囲は気を配ってくれるはずだ。わたしは救われなければならない存在なのだ」というサインを「傷」に託すのだ。

吉井浩一自身のエピソードでいえば、親と些細なことでケンカをして、親から「アパートには来ないでほしい」と言われたことがあった。「もう見捨てられたんだ。誰もわたしなどいなくてもいいと思っているんだ」と勝手に考え、自室に帰って自傷行為を起こした。もちろん自分の身体だけが攻撃の対象ではなかったが、基本的に自分をいじめることで、周囲に怒りの感情をアピールしていた。しかし、親が来ないでほしいと言ったのは、お互いの距離を守るために咄嗟に出た「売り言葉に買い言葉」であって、なにもほんとうに見捨てたわけではない。短絡的に解釈したことで、自分の大切な身体にまた傷がついてしまったのだ。

さて、このような稚拙な自己表現が〝成功〟して、周囲から救いの手が伸びてくることは、吉井浩一にとっては長い目でみると良いことではない。自傷行為は、それを起こす本人が「見捨てられ体験」に近い感情を抱いたときに、自分を見捨てた者を罰するために、見捨てた本人を直接攻撃するのではなく、自分の身体にむけて怒りを自傷するかたちで表現する。そういったアピールが成功するということは、「自傷することが唯一のSOSの手段だ」という本人の信念を強める結果になる。つまり、こういうときに救いの手を差しのべるということは、暗黙のうちに周囲の者も自傷行為に加担する結果となる。これでは、依存を加速させるという「世話焼き女房」パターンと同じだ。

しかし多くの場合、実際に見捨てられているわけではなく、そうされたと思っているだけだ。つまり、見捨てているのは「自傷行為者自身」なのだ。だから、できることなら自傷行為が発展しないうちに自己本来の感覚を取り戻せたらよいのだろうが、そこが自傷行為も依存症の範疇に入るだけあって、むずかしいところなのだ。

［背景 その4］ 逃避手段

行動化は、処理しきれないほどの葛藤を否認し、逃避しようとする「手段」であった。

自傷行為を「プロセス依存」と考えると、自傷行為は葛藤からの逃避手段になり得るのだ。わたしたちは目的にむかって行動を起こすのだが、その行動の過程に〝快感〟を見出すことがある。プロセス依存とは、行動そのものに快感を見出し、その行動の繰り返しのなかで感情をコントロールしようとすることをいう。その代表的な例が、ギャンブル依存症や買い物依存症である。

葛藤を抱えながら生活していくというのは人間のあるべき姿なのだが、ストレス耐性が弱く、感情のコントロール・スキルを十分に獲得できていないと、逃避的手段をとることがある。具体的にいうと、自傷行為によって「駄目なわたしを、自分自身でも罰することができるんだ。自分で自分を叱ることができているんだから、わたしは大丈夫だ」と納得させ、自分の自傷への依存状態を否認する。そして、自傷行為が感情のコントロール手段となっているために、本来持ちこたえられるべき葛藤も途中で打ち

深刻すぎて……
吉井くんはある日、とても調子が悪くなり、仲間に助けを求めました。
あーあ
山本さん
小川さん
大濱さん
大量に薬をのんでしまいたい。
吉井くん
SOSにかけつけてくれた仲間、話をききました。
とっても深刻でした…
大濱さんて正直すぎる
まぁ…何といっていいかわからんけど…
大濱さん
新人ソーシャルワーカー
うっうっ
死にたい
浦河のみんなは深刻な場面は四六時中あり、仲間たちはあまり動揺しないのだ。でも話はきく。
しかーし。そのときもっと深刻なことが…。
あ……!
吉井くんのチャックがあいていた…!
あ……
みーんな気づいていた…。しかししかし
あまりに吉井くんの深刻な雰囲気に言えない。
うん
うん
やっぱり言えないよねー あいてるって
チャックあいてるなんて…。話の内容よりもオレには深刻だった。しめようにもしめられず…。あーはずかし…
SOS出す前にチャックのチェックを忘れずに!!

切ってしまい、自傷行為に逃げ込む。怒りなどへの対処法もみつからないために、葛藤状況には耐えきれず、感情のコントロールの一環として自傷行為を起こすしか思いつかないのだ。

わかりづらいと思われる方は、自傷行為を買い物依存症に置き換えて考えるとよいかもしれない。吉井浩一の場合は、孤独な状況を、買い物によっても紛らわしていた。チェスの本を買い込み、支払いは親に押し付けていた。さびしい状況が続き、仲間とのコミュニケーションが途絶えると、アパートに帰ってもポストが気になってくる。暗い夜に帰宅して、アパートのドアを開ける際にポストに郵便物が何も入っていないと、底知れない孤独感に襲われる。独身者は、このさびしさを紛らわす手段として定期刊行の雑誌を購読するらしい。

さびしく沈んだ吉井浩一は、チェスの本をインターネットで注文して、郵送される日を心待ちにするようになる。ポストに届くのはいつだろう。今か今かと待ち焦がれる。しかしいざ届いてみると、あまり本には興味を示さない。本の注文は、じつは吉井浩一にとって爆発のサインなのだ。

自分の置かれている状況を否認しつづけていれば、こういったサイクルは果てしなく続く。基本的には、依存対象が買い物であろうと仕事であろうと、行動そのものが感情をコントロールできる手段になっている限り、これは変わりはないのだ。

[背景 その5] かかわり方がわからない

感情の表出手段が未成熟なため、かまってほしいにもかかわらず、他者とどうかかわったらよいのかわからなかった。この説明には、格好の例がある。話してみたい人に声をかけて喫茶店に行きたいのだが、もし行っても会話が続きそうにない。残念だがあきらめよう、となる。こういった例が適当だと書いたのは、怒りに対する対処法と同じく、社会的なスキルを獲得していないか、獲得していても自信をもてていないと、「対人関係を避ける」という選択を採るからだ。

吉井浩一の場合でいうと、仲間と話したい欲求は強くあるのに、身体が疲れているなどの理由で会話についていけそうもないときには、仲間と距離をおいて様子を見ていることにする。そんなとき、みんなが楽しそうに話し、まして笑い声が聞こえてこようものなら羨ましくてイライラしてくる。

他者とかかわりをもちたいにもかかわらず、こういった感じで社会的スキルに自信がないために関係を拒否していくと、自傷行為をする者にとっては非常に危ない。これでは気持ちを語る場面も制限されて、気持ちを吐き出せない。社会性がないという劣等感もあるから、爆発してしまう。

これまでの対応を整理する

二〇歳の予備校生のころに精神科を受診して以来、さまざまな医療機関を受診し、さまざまな人たちに相談しながら今日まで過ごしてきた。この七年間の吉井浩一や家族は、とにかく必死に「解決と回復」を求めて努力してきた。では、これまでと浦河に来てからは何が違うのか。それを研究員で検討し、整理を試みた［★2］。

「いままで受けてきた対応＝A」と「浦河で受けた対応＝B」を比較したとき、そこにはどのような違いがあるのかが議論となった。河崎研究員の指摘によると、Aは吉井浩一の「孤立を招く対応」である。一見もっともらしい常識的な対応であるが、次の「自己虐待」を誘発するかかわりであるという。一方、Bは「人間関係につながる対応」であるという。

[★2]　対応のちがい

エピソードの内容
A―いままで受けてきた対応
B―浦河で受けた対応
ガラスの破損
家族が弁償．対応
すみませんでした
母
父
ふふ
自腹切る
ごめんなさい わってしまいました
毎月払っていきます
本人
リストカット
イテッ
周囲がビクビク
ハラハラ
キャー
やめなさい
なんでそんなこと…
コラッ
叱られたり気をつかわれる
あまり心配されない
あーあ
切っちゃったの～
あ…
コントロールが困難・誉められる
失踪
スタコラサッサ
捜索願い・心配
いなくなったんです
けいさつ
誰もさがさない．
自分で帰ってこい
そのうち帰ってくるよ
?!
買い物
本
親が支払い
まいどー
仕方ないなー
父
食費の中から自腹きる
今日もラーメンか…
カップラーメン
入院
即入院・薬が増えていく
病院に治してもらう
はいクスリ
治して
原則通院・薬は極力少ない
自分の助け方を学ぶ
君は病気とどうつきあっているの?

3　自己虐待からの脱却

自分いじめにあたる「自己虐待」から脱するには、自分ひとりではむずかしい。自己虐待とは、「自己表現」と「他者のコントロール欲求」を同時に満たす、使い勝手のよい表現方法だからである。吉井浩一も、そこから脱したいと思いながらも深みにはまっていった。

そんな状況から抜け出すために吉井浩一が選択した方法は、以下のようなものであった。これは、主治医、医療相談室ソーシャルワーカー、研究員との話し合いのなかから決めたものである。

［脱却方法 その1］　吉井浩一の感情に向き合い、対処する方法を練習する

まず自己虐待が起きる直前の注意サインを明らかにし、サインを感じた際にどう「自己介入」をしたらよいかを練習した。

介入の練習は、SSTを使った。具体的には次のように場面を設定する。

▼場面＝吉井浩一の部屋

まず、研究員のメンバーに吉井浩一役を頼んだ。〈吉井浩一〉は部屋の中でイライラが高じ、ガラスや壁を破損して気分の解消をはかりたい誘惑が起きている。そこに実際の吉井浩一がやってくる。メンバーの演じるイライラしている〈吉井浩一〉に、本人が声をかける。

「〈吉井〉さん、大丈夫ですか。イライラが起きているんですね。それでは相談室に行って、いまの気持ちを打ち明けてみたらどうでしょうか」

吉井浩一はこうやさしく声をかけ、〈吉井浩一〉を相談室に誘う練習をした。

その後実際の場面でほんとうにイライラが生じてきたとき、吉井浩一は自分のなかのイライラしている〈吉井浩一〉を、相談室に「連れていく」ことに成功した。

反面、忙しそうなソーシャルワーカーに声をかけることを躊躇して、待合の椅子にじっと座って声をかけられず帰ってくることもあったため、声のかけ方もSSTでさらに練習して、徐々にできるようになっていった。

また、深夜に不安感が増して自傷行為に走る予感がした場合に、医療相談室のソーシャルワーカーの携帯電話に相談の電話をかける練習もした。その後実際に、深夜にもかかわらず電話をして話を聞いてもらうことによって、少しずつ「自己虐待」を回避できるようになった。

[脱却方法 その2]「自己虐待」に悩む仲間との交流

孤立感と人とのつながりの希薄さが「自己虐待」につながりやすいことが、仲間との話し合いによってわかってきた。そこで、自傷行為を抱える当事者の自助グループ「アライブ」(四六頁*1)やSA(スキゾフレニクス・アノニマス、九二頁*2)に参加した。体験の交流を通じて、閉塞感から抜け出し、仲間とのつながりを築くことができた。

一つの工夫として、アライブのメンバー同士でメールアドレスを交換しあい、メールのやりとりをした。アライブ・ミーティングでは語り合えなかった事柄も、メールでは話ができた。会えなくても近況がわかったり、自傷に関する気持ちがわかりあえたりした。

メールでは、時間を気にせず書き込むことができる。つらい出来事や体調がすぐれないなどの情報もメールで確認できて、イライラしているのは自分だけではなかったということが理解できた。

〔脱却方法 その3〕 研究すること

当事者研究を通じて、独りよがりの観念の泥沼から這い出し、誇りと明確な目的意識をもって悩みを「課題」化し、客観的に整理することができた。なにより、研究員とのディスカッションは有意義だった。

とくに、「いままでの対応は孤立を招く結果になる」という河崎くんの指摘は、たしかに当たっている。自分に関心をもってほしいという思いで行動しているにもかかわらず、現実には周囲の人たちは吉井浩一から去っていく結果になっている。なるほど、と納得させられた。しかもこのミーティングを開いたことで、研究員だけでなく偶然に居合わせたべてる見学者の方とも交流することができて、充実した時間を過ごせた。正しく、《当事者研究――自分自身で、共に》である。

おわりに――あるエピソード

わたしは長いあいだ、学業成績という評価にしがみつきながらも周囲の評価に恐怖をいだいて生きていた。いまは自分という人間のほんとうの大切さを感じながら、自己の存在価値についても考えるようになった。その意味で、三一歳になってようやく人間とのつきあいが始まったといえる。

いまも、べてるの家の大人数の場所は苦手である。しかし子どものころから吉井浩一の身体に刻まれた、人と自分を恐怖し、現実を回避しようとする癖はそんなに簡単に払拭できるものではない。現在も、決して自分は「そのままでもよい」とは言えないどころか、バッテンばかり付けていることに変わりはない。そんなとき、ある若い女性メンバーから「バッテンをつけ続けても、それは縦に並んだバッテンじゃなくて、丸く並んだバッテンなんじゃない？」と言われ、目から鱗が落ちた。そして、ある雑誌に〝回復記〟を書かせてもらった際、この言葉をほぼそのままの形でタイトルに使わせていただいた。

わたしはいまでも、基本的には引きこもりに近い状態である。しかしながら「体」が徐々に何かを信頼しはじめている実感が、いまはある。現在の心境を端的に表現してみると、「人とのこころの葛藤が、おもしろい」ということである。以前までは苦痛でしかなかった人間関係の葛藤のなかに、「おもしろみ」が感じられるようになってきたのだ。これに関するエピソードとして、日赤病院でかかわりをもった先ほどの若い女性メンバーとのことを紹介したい。

そのメンバーは、親との葛藤を抱えリストカットを繰り返していた。しだいにわたしが対応に困るほど、心理的に振り回すようになってきた。デイケアが終わって、病院が閉まる午後五時を過ぎても帰ろうとせず、物に当たり出した。彼女は、ふだんは明るく話しかけてくれる子だったが、その日はいつになく落ち着きがなかった。その場に偶然居合わせたわたしは、病院の職員と一緒に夜遅くまで話につき合うことになったのだ。

そして彼女は、職員が説得している最中に、カッターを持ち出してきてリストカットを試そうとした。話しかけても返答をせずに、カッターを持ったまま対峙すること数十分。……なんとか自傷せずにカッターを放り出してくれた。

職員でさえもどう対応したらよいのかわからないほどの事態を前にして、わたしたち二人はただ寄り添うことしかできないでいた。そのときのわたしの思いは、「なんとか落ち着いてくれ。できることなら、逃げたい。わたしには、ここにいなければならない理由も責任もない。けれども、落ち着いた様子を見届けて帰りたい」という感じだった。わたしは表面上落ち着いて対応しているかのように振る舞っていたが、こころの中では動揺し、じつは水を飲む手も震えていた。

彼女は話しかけても何も言わずに、わたしたちを翻弄した。しかし、職員ではないわたしに気兼ねしだしたのだろうか。まずわたしのほうに話しかけてきた。それから、落ち着きを取り戻してくれた。職員と一緒に安堵したときの、なんともいえない感動は、これまでになかった経験だった。説得が終わり、帰宅させたころには日付が変わっていた。

この出来事はわたしにとって貴重な経験で、その彼女にはマイナスの感情を抱くどころか、むしろ感謝したいくらいである。先ほど述べたように、雑誌に書いた文章に彼女の言葉を使わせてもらったのは、このときのお礼である。彼女はいま、べてるにはいない。しかし一〇年後、二〇年後に彼女がこの雑誌を手にしたときに、「わたしの言葉が大切に思われていたんだ」と思ってくれたら、これに勝る喜びはない。

最近、わたしのような者にどんな生きる意味があるのかと、よく考える。不器用だし、稚拙な表現しか知らない者に、いったいどんな価値があるのだろう。この問いは、これからも続くだろう。その〝問い続け〟の作業のなかで、「自己虐待が沈静化したあとにほんとうの生きる苦労が始まる」という周囲のアドバイスに従い、今後も予想される当たり前の苦労――人間関係の苦労（親子関係や友人関係など）、役割獲得にむけての苦労（仕事、家庭、社会的奉仕など）、生きがいの獲得の苦労、喪失の苦労（肉親や友人）――に向き合う準備もしていきたい。

☆☆☆二〇〇一年一一月にわたしと共に浦河に移住し、側面的に支えてくれた父、吉井將は、二〇〇三年三月二五日に亡くなりました。病魔と闘いながら、最後の最後まで、べてると、息子である吉井浩一に〝命懸けの愛情〟を注いでくださったお父さん、いつまでも遥か彼方から、わたしたちを見守っていてください。お願いします……

「当事者」としてのわたしは、何に悩み、苦しんできたのか

中山 周（茨城県在住）

〝ミスターべてる〟こと早坂潔さんは、わたしの息子・玄一に向かって「おまえのお母さん大丈夫か？ だいぶ頭がやられているね。ちょっと入院したほうがいいぞ」と言われた。そのときわたしは一瞬、それが何を意味しているのかわからず、とまどいを覚えた。わたしを仲間にしようと考えているのかと思ったが、よく考えてみると、彼一流の鋭い観察と表現によって、価値観の違いを指摘されたのであろう。

わたしは小さいときからずーっと、今日に至るまで、半世紀も頭がやられていたのだ。ほんとうにあのときも頭がやられていた。が、いまべてるで人間として何が大切なのかを少しずつ学ばせてもらっている。べてるに行くたびに、そしてべてるの人びとに出会うたびに、こころの目とこころの耳が開かれていった。そして玄一が長い間こころの中で叫んでいたものが、少しずつ明らかになっていった。

編集者の方に、いろいろなエピソードをとおしてわたし自身がどう感じたか具体的に書いてほしいと言われて、ほんとうに困った。なぜならわたしはいままで、何も感じないように生きてきたからである。

中山さんの家はべてるにぴったりだ

ベルギーのアントワープ郊外にあるゲールという町では、七〇〇年前から精神障害者を自宅に引き取って一生涯ともに暮らす伝統がある。わたしは何かそこに一縷《る》の望みを託して、二〇〇一年の秋にゲールを訪問する企画に参加した。「玄一、お母さんちょっとベルギーに行ってくるからね」と言って、八日間も家を空けたのは結婚以来はじめてのことであった。この引率者であった米沢興譲教会の渡辺裕子さんと知り合い、

その後原宿カウンセリングセンターの信田さよ子さんを紹介されて、翌二〇〇二年の四月から原宿に通うようになった。一七年前に玄一が発病して以来、わたしはどうしたら玄一の病気が治るものかとあちこちの精神科医、そしてカウンセラーを訪ね歩いていた。

はじめてのカウンセリングの日に、わたしの話を聞き終わった信田先生が「今年中に玄一くんを家から出しましょう。中山さんの家にはべてるがぴったりだ」と言われた。そのとき、わたしは今年中に玄一が家を出るなどということは一〇〇％不可能だと思った。なぜなら玄一は外出といえば二〇〇メートル先のコンビニに行くことと、二週間に一回の通院しかしていなかったからである。また、東京の予備校や大学に在学中、足かけ八年間世話になった大好きな祖父母の家にも、この七年間一度も行くことができなかったからである。

べてるについては、『べてるの家の本』（べてるの家の本制作委員会、一九九二年）やべてるを紹介したＮＨＫの番組のビデオを貸してくださった方があって、少しは知っていたがピンとはこなかった。乗り気になれなかったのは、わたしも玄一も北海道に一度も行ったことがなく、寒くて遠い所と思っていたからである。まして日本国内で飛行機に乗ったことがなくて不安だった。外国には何度も行っていたのに……。

そのころ玄一は、家のなかで能力を発揮することができず、悶々として過ごしていた。朝から晩までタバコを吸って、コーヒーを飲んで、絵を描き、ピアノで弾き語りをしていた。わたしや主人に生活上の注意を受け、妹にタバコの煙のことで嫌がられていた。不潔なことや騒音のことでも皆に怒られてばかりいた。

そのあいだにもわたしは一か月に一回原宿でカウンセリングを受け、そのたびに信田先生は「中山さんの家にはべてるがぴったりなのよ」と繰り返しおっしゃった。なぜそれほどまでべてるに惚れ込んでいるのか、そのころのわたしにはわからなかった。半年経って信田先生はべてるとしかおっしゃらないので、もうそろそろカウンセリングをやめようかと思っていた。

一世一代の決意をもって対峙

玄一が底つきを感じていた九月ごろに、北海道で若者の訓練の場を兼ねて果樹園を経営しているという方が水戸に来るという話を聞いた。玄一はその話に乗り気になってその方に会いに行ったところ「あなたはわたしのところには合わない」とにべもなく断られてしまった。玄一は、自分ひとりで北海道に行きたいという気持ちが盛り上がっていたときに断られてしまって、ほんとうにがっかりして帰ってきた。

わたしがそのことをカウンセリングで話すと、信田先生は「残念だ。残念だ。せっかく北海道に行く気になったのに。チャンスの波に乗ったときが勝負。チャンスの波は一度去ると次になかなか来ないのよ。……まだ一か月も経っていないから、北海道のべてるに行こうと誘ってみたらどうかな。ついでに川村先生の診察も受けてみたら」とおっしゃった。そういえばある方も「チャンスの神様は前髪だけで、後ろは禿げているる。つかみそこなうとチャンスはつるりと逃げてしまう」と言っていたことを思い出した。

あと半年で玄一は三五歳になる。このまま家にいたら四〇歳になるのはすぐだろう。ここでなんとかしなければならない。玄一も決断しなければならないときが来たのだ。よしチャンスだ。翌日、わたしは一世一代の決意をもって玄一と対峙した。一歩も譲らないという気迫がわたしにあった。

「玄一、お父さんとお母さんはだいぶ歳をとってきたわ。あなたもよく知っているように、お父さんはたくさんの持病を抱えながらいまも働きつづけているの。でも明日の命のことをわたしたちはまったくわからない。あなたがこの家でずっとタバコを吸っていられるという保証は一つもないの。カウンセリングを受けている先生にね、北海道にべてるという所があって、何かとても素晴らしいって何度も言われるの。知り合いのUさんも『べてるの家の本』を貸してくれたしね。Sさんも、べてるに行ったときのビデオをくれたのよ。いろんな人がべてる、べてるって近ごろ言っているんだけれど、どうする?」

すると玄一は、「ふーん、じゃその先生ってどんな顔なの？　写真を見せて、ビデオも見せて」と言った。

浦河へ、そしてはじめての面接

底つきを感じていたであろう玄一は、わたしの話に耳を傾けてくれた。べてるの家のビデオを見て夕闇せまる五時三〇分、玄一が急に立ち上がったと思うと「これから飛行機の切符を買いに行こうと思うけれど、一緒に行ってくれる？」と聞いてきた。人がこわくてコンビニにしか買い物にいけない玄一なのだ。どうして行く気になったのかいまもってはっきりわからないが、わたしの気迫がすごかったかもしれない。

「八時までＪＴＢがやっているから食事の支度をしてから行くわ」と答えたが、玄一はもう用意して待っていた。仕方なしにＪＴＢまで車を走らせ店に入ると、なんと六時閉店と書いてあった。残りの一五分で航空券を調達し、二日後の日曜日に北海道に出発できることになった。日本国内で飛行機に乗るのははじめての玄一もわたしも、遠い外国へ旅行するように緊張してしまった。

一〇月二一日に新千歳空港に着いてから、一日一本だけある午後二時発浦河直行便のバスに乗り、浦河のバスターミナルに着いたのは夕方五時であった。ホテルは浦河イン。その日すぐ、ホテルの向かい側にある「ニューべてる」作業所に行ってみたが、日曜日だったので鍵が掛かっていて誰もいなかった。

翌日は月曜日なので、作業所に行くよりいちばんに病院に行ったほうがよいだろうと話し合った。ホテルからテクテクと浦河の町並みを見物がてら四〇分くらいかかる日赤病院まで歩いていった。浦河の中心街は電柱もなく、舗装道路に所どころタイルで蛸やイカ、鮭といったモザイク模様がはめ込まれていて、想像を遥かに越えてお洒落な町並みだった。

川村敏明先生についての予備知識は何も持ち合わせていなかった。小さな町にこんなに大きな総合病院があるのが不思議に思われた。

初診をお願いすると、外来の順番は二番目だった。玄一は先生にお土産として庭で取れた胡桃《くるみ》を箱に入れて持っていった。わたしはその胡桃を飛行場かどこかで捨てていこうかと思っていたのに、その胡桃のことで川村先生があんなに素晴らしく話題を展開してくださるとは思いもよらなかった。そのときの先生と玄一との問答があまりにも可笑しくて、わたしは「アハハ、アハハ」とお腹を抱えて笑っていた。こんなに笑ったのは何年ぶりかなと思いつつ……。

一時間半くらい玄一の話を聞いてくださった先生は、外来にひょっこり顔を出した早坂潔さんに「玄一くんに病棟やデイケア室を案内してあげて」と頼んでくださった。そのとき玄一は、「あー、有名人！　握手してください」と固い握手をして、病棟を回ってきた。

こんなに素晴らしい問診（カウンセリング）があるのかと、ただただ感動してしまったわたしは、ホテルに帰ってから二人の会話を手帳に書きとめておいた。あまりにも印象が鮮明であったので記憶に残っていたのだ。

蟻は象のことがわからない

玄一といつも嚙み合わなかったわたしたち両親なのに、川村先生はみごとなほど玄一と歯車が合っていた。玄一の才能は素晴らしいのに、わたしは、小さな待ち針ほどの頭で玄一のことを判断してしまっていた。玄一は空に打ち上げられたアドバルーンのように大きなものを持っていた。なんということだ。蟻《あり》から象のことはわからないし、象も蟻のことはわからないのだろう。わたしたち親子の関係は蟻と象であったのだ。川村先生によって玄一がどれだけ素晴らしいのかをはじめて知らされたのだ。

川村先生は患者がどんなことを言っても、それに対して最大の興味と関心を示し、会話を楽しんでいた。カウンセリングの技術うんぬんではない次元でカウンセリングがおこなわれていたのであった。「共同研究をしよう」という川村先生の言葉に玄一はすっかり共鳴して、「あー、やっと自分のことをわかってくれる人に出会えた、ならば北海道へでもどこへでも行こう」と思ったのであろう。

先生と玄一との問診を逐一聞いていたわたし自身も、「無条件で受け容れられる」というのはこういうことかと生まれてはじめての感動を味わったのである。どんな言葉を玄一が投げかけても、それに対して三倍も一〇倍もお土産を付けてそのボールを投げ返してくれる、みごとなキャッチボールを見せられた。

診察中にはわからなかったが、問答を文章にしてみると先生からの投げかけを玄一がぴったり投げ返しているることがわかる。それなのに途中でトンチンカンなことを言っているのはわたしなのだ。あー、恥ずかしい。玄一の「できないこと」を一つひとつ数え上げて、そこばかり責め込んでいたわたし、マイナスばかりに目が行ってそれを自分の思うように治そうとしていたわたし、何年もその繰り返しだった。たとえばコーヒー一瓶を一晩で飲んでしまうとか、タバコを吸いすぎるとか、薬を不規則に飲むとか、お金を一度に使ってしまうとか、それに対してわたしはヒステリーのように玄一を叱っていた。そしてそれが全然治らないにもかかわらず、まだそれにたくさんのエネルギーを使っていたのだ。

誰が病気なのか

二〇〇三年五月一六〜一八日の三日間、べてるの総会には五〇〇人以上の人が集まった。べてるに何度か通ううちに友達になった人びとにまた逢えた。二〇〇三年度「幻聴&妄想大会」のグランプリを早坂潔さんがとったとき、スポットライトを浴びて入場してきた姿は、わたしが子どものころテレビで見たプロレスラーの力道山を彷彿とさせた。彼にはそれだけの迫力と存在感があった。「やりました。ついに取りました、グランプリ!」と両手を高々と上げて言った彼の言葉の奥に、長いあいだの苦しみを通った後の喜び、安らぎ、達成感、何があっても大丈夫というエネルギーの塊を感じて、わたしは胸が熱くなってしまった。

総会後の夜の祝賀会のパーティで、何名かのお母さん方が判で押したような質問を川村先生にしていた。それは「どうしたら、息子や娘をべてるに連れてくることができるのでしょうか?」というものであった。その質問に対して先生はニコニコしながら「可哀想なお母さんが元気になればよい。ニコニコして嬉しそうにしていればいいの。隠れてクスクスって笑ったりね。息子が、どうしたのって聞いてきたら、いやなんでもないって秘密のようにニコニコしていればいいよ」と答えた。別の人が、「でも、主人が息子をべてるへ連れていけとわたしを責めるんです」と言うと、先生は「連れてけって言うご本人を連れてくればいいのよ。息子や娘が行く気もないのに無理やり連れてくるのは、そういうのを拉致っていうんです。お母さんたち、拉致の犯人にはなりたくないでしょう?」

お母さん方は「えー!!」と驚いて納得し、おおいに頷くのだった。あるお母さんはしつこく先生に食い下がっていたが、先生が場所を移動されたので、わたしは早坂さんのところにお連れした。そのお母さんが「息子が昔からこうで、ああで、こうで……」と話すと、早坂さんは「あ、お母さん、それは構いすぎだわ。誉めて育てたか?」と言った。

(『精神看護』2003年6月号「ニュース速報」より)

早坂潔氏、「無冠の帝王」を返上

「べてるの家」総会で、幻覚&妄想大賞を初受賞!

「2003年度べてるの家総会」が5月17日、北海道浦河町文化会館で全国から500人近くの参加者を集めて開催された。

恒例の幻覚&妄想大会(G&M大会)では、台湾旅行中に「ぱぴぷぺぽ」状態になり成田日赤病院に緊急入院するという国際的な活躍が認められ、早坂潔氏が大賞を受賞した。創設以来のメンバーであり「べてるの家販売部長」として名高い早坂氏だが、G&M大会での受賞は初めて。昨年9月に自ら保護室入室を志願したころから「そろそろ賞を狙ってるんじゃないか?」との噂が絶えなかったが、今回見事に大賞を射止めた。

旅行に同行した濱田裕三氏は壇上で、「通訳なしで台湾語を理解しはじめたころから危ないと思っていた」と証言。一方、川村医師、向谷地ソーシャルワーカーは、虫の知らせで旅行に同行しなかった幸運を分かち合っていた。

大賞の賞品は、携帯用「発作防止装置付きピコピコハンマー」

「えー、そう言われると……小さい時には誉めたけれども受験に失敗したときに叱っちゃったんです」

「そういう、失敗したときに誉めるといいんだわ。うん」と早坂さんは一言で診断してくれた。お母さんは満足して、にっこり笑った。

なんということだ。発作を起こし、駆け回ってどうしようもなかった早坂さんが、いまや川村先生顔負けの診断をしてくれる。どちらが健常者なのか？　息子や娘が病気だと思っていたけれど、じつは親たちの病のほうがずっと深刻である。援助していると自負している医療関係者、福祉や行政の人たちも同じかもしれない。

総会に出ることがこわくて逃げ回っていた玄一は、誰もいない教会でオルガンを見つけて、大喜びで弾きまくっていた(次頁写真)。「ここはむかし見たことのある景色だ。ぼく、わかったよ。ここに来るためにべてるに来たんだ！」と叫んだ。これから玄一のほんとうの苦労とたくさんの失敗が待っているが、素晴らしい大勢の仲間がいて、生きることが楽しくなってくるであろう。

総会からの帰りのバスのなかでわたしは、「息子が病気になったのは誰のせいでもない。自分を責めるのはやめよう。いろいろあったのかもしれないけれど、互いに違ってよい。わかり合えなくてもよいではないか。相手を尊重して、その人格に敬意を払っていければよいのではないか」と思ったのである。

当事者である「中山周」はいったい何に悩み、苦しんできたのであろうか

(1)息子が不治の病いにかかってしまったという現実を認めたくなかった。学者の家に育ってきたために、人は知識の世界でしか生きられないと思い込んでいた。東大以外は大学ではないといっていた学歴至上主義の父親、兄、姉たち、誰を見ても偉い人たち、そして夫も医師であり、なんでこのわたしの子どもがこの病気にかかるのか受け容れがたい思いであった。この病気になったらこの世で死んだも同然で、すべてのレールからはずれ、社会の底の底でしか生きられないと思っていた。

◉中山玄一さん

(2)そして、病気を治したい、治らなかったら幸せになれないと思い込んでいた。病気が治ったら幸せになるのか、という問いに川村先生は「ノー」と答えている。病気を治すとは、とりもなおさずいま現在病気になっている息子に対して「そのままのおまえは駄目だ」と言っていることにほかならないのに、それに気づかなかった。

(3)わたしたちが死んでしまった後、生活のスキルを知らない息子はどうやって生きていけるのか行く末を案じて苦しんでいた。

(4)世の常のように、わたしも外聞を恐れて病気をひた隠しにしてきた。助けを第三者に求めたいのに、家に第三者を入れられない。わたしは、友達とのつきあいがまったくできなくなった。地位があればあるほど、世間に対するガードが固くなる。開示してしまえば楽になるのに、それまでに十年余を要した。家のなかは暴風が荒れ狂っているのに、一歩家の外に出ると何事もないかのように振る舞って、取り繕っていなければならなかった。孤立無援の状態であった。

(5)なんとか自分の思い通りの人間にさせたい、という願望のもとに多大なエネルギーを何年も使ってきてしまった。

この悩み、苦しみに対して、わたしがべてるからもらった答えはこうだ。

A　現実をありのままに受け容れる。

B　病気は治っても治らなくてもよい。「そのままでいいよ」。

C　生活のスキルはＳＳＴやミーティングで獲得する。

D　すべてを開示しているので仲間の協力が得られる。

べてるに行くようになって「中山周」は何が変わったか

(1)いちばんの変化は、人生のプロセスを楽しめるようになったことである。いまやっていることをこころの底から楽しめる自分がいるのに驚いている。

(2)以前のわたしは落語やユーモアがわからなくて、誰かに通訳してもらってから笑っていた。「笑点」というテレビ番組を見ても玄一の反応はすごくよいのに、わたしは何分も経ってから「アハハ、おかしい」とトンチンカンなことが多かった。いまはかなりのスピードでユーモアもわかるようになったし、そちらのセンスがよくなっている。

(3)偏見・差別は他人だけがするものでなく、自分自身がしていたものとわかった。自分が自分を責めていてその枷《かせ》が取れたときに得られたものは、すがすがしい解放感であった。川村先生の言われたように、宝の鉱脈を掘り当てた喜びを得たことである。

◉早坂潔さん

総会の朝、べてるの家を訪問したとき、半年ぶりに早坂潔さんに会えた。「早坂さん、いつも玄一を見舞いにいってくださってありがとうございます」と言うわたしに、彼は、「玄ちゃんとぼくは友達だ、親友だよ。ところで母さん、このごろよくなったなー！　だいぶいいぞ、だいぶいい!!」と誉めてくれた。初対面のときには『お母さん』と「お」がついたのに、『母さん』と呼んでくれて、とてもうれしかった。

V

インタビュー

わたしたちの「当事者研究」

14 わきまえとしての「治せない医者」

川村敏明
聞き手＝稲葉俊郎（東京大学医学部六年。現在、相澤病院臨床研修センター・救急医療センター）

文句が出る医療、出ない医療

――べてるのメンバーは歌ったり、舞台で挨拶したり、饒舌な方が多いなあという印象を受けます。しかし一般的な精神科の患者さんだと、まったく何もしゃべらない方も多いですよね。

病院という場が、そういう患者さんをつくってきたのだとわたしは思っています。たとえば、ワーカーの向谷地さんのところに行って「幻聴が強いんです」と言っても、薬は増えないし、外出も止められない。退院も延びません。逆に感心されたり、感謝されたりしますから、患者さんは「ああ、話してよかった」「わたしの話が伝わる人がここにいる」と、いくらでも話せるんです。

しかし精神科医の前でそんなことを話したら、「幻聴か。大変だね。じゃあ、ちょっと薬を変えておくからね」と薬を出されて、次の日から薬が効いて、話もできない、ぐたっとした状態になってしまいます。それを患者さんもわかっているから、ものを言わなくなる。「無口な精神病患者」というのは、そういう環境に適応しただけなんですよ。

べてるに来て、たとえば向谷地さんと話していると、誰でも腹が立ってくるんですよ（笑）。思わず文句のひとつも言わないとやっていけないのが、べてるです。「三度の飯よりミーティング」というキャッチフレーズがべてるにはありますが、それもわざわざ「ものを言いましょうね！」というプログラムを設けているわけではなくて、それくらいたくさん、何かしら文句があるということなんです。

べてるのメンバーが饒舌なのは、文句を言う人がいっぱいいた、ということです。精神病の人が、このさびしい浦河という土地で生きていこうというときに、文句が出なかったらおかしいです。日々の生活や将来のことを考えればそれは当たり前なんですよ。

健常者だろうと精神病者だろうと、文句があって当たり前、饒舌になって当たり前ということですね。

医療相談室で患者さんが向谷地さんに文句を言う。向谷地さんは「そういう文句が言えるあなたが素晴らしい」という評価を返します。しかし診療室では、文句を言うと薬が増やされる。どちらも精神医療という名でまったく逆のことがされていることへの疑問を、わたしはずっともっています。

いま自分がやっていることがほんとうの医療なのかどうなのか。医者がやっていることだから医療なんだと言ってしまってよいのか。少なくとも、文句も言えないくらいぐったりした患者さんをつくることが、どうして医療と言えるのか、と思っています。

ですから、向谷地さんをとおして相談室から伝え聞いた、患者さんの文句や幻聴などのエピソードがもつある種の温かみみたいなものが、わたしの原点ともいえるものだと思います。それが、どんな精神科医療をしたいのかをわたしに考えさせるきっかけになりましたね。

三年間、ひとりも治せなかった

——原点というお話が出ましたが、そのことをくわしくお聞きするためにも、先生がいまの職業を選ばれるまでの経緯をお聞きしたいと思います。

わたしは大学紛争世代で、よくも悪くも、みなが自分のことに悩んだ世代でした。わたしも親孝行のつもりで入った水産学部を辞め、自分をこの世の中でどう活かそうかといろいろ考えた結果、医学部に入ることにしたんです。でも、入ってからがまたうまくいかなくて、ほんとうに何をやってもうまくいかないヨレヨレの二〇代を過ごしたと思っています。

でも、そういうヨレヨレの医学部生活のなかで精神科の実習にいったとき、そこにすごく不思議な世界を感じたんです。泣いたり笑ったりしている患者さん相手に、先生は「うんうん」とうなずくだけ。しばらくしたら「じゃあ、二週間後ね」と送り出す姿に、わたしは非常にショックを受けました。

一見、何もしていないようにしか見えないけれど、きっとそこにすごい意味がある世界なんだろうな、と考えました。ここなら自分も受け入れられるかもしれない、という思いもあって、「行ってみたいな」と思うようになったんです。

それで、卒後研修に行った大学病院での一年と、浦河日赤に赴任しての二年を合わせた最初の三年間、精神科でアルコール依存症の患者さんを中心に診たんですが、治療成績は「ゼロ」でした。三年でゼロって医者はあんまりいないんですよ（笑）。その後、札幌でアルコール専門病棟に行ってからは治療成績は上がっていくんですが、やはり最初の「三年間でゼロ」という事実の重みは大きかったです。

――それは、医者として無力感を感じたということでしょうか？

不思議なもので、治療成績がゼロでも、落ちこんだりはしませんでしたね。これが精神科の奥の深いところというのでしょうか、よくならなくても、「治療法は正しいけれど、病気が重かったからしょうがない」という受け止め方を一般的にするでしょう？　わたしもそういうふうにプライドを守っていた

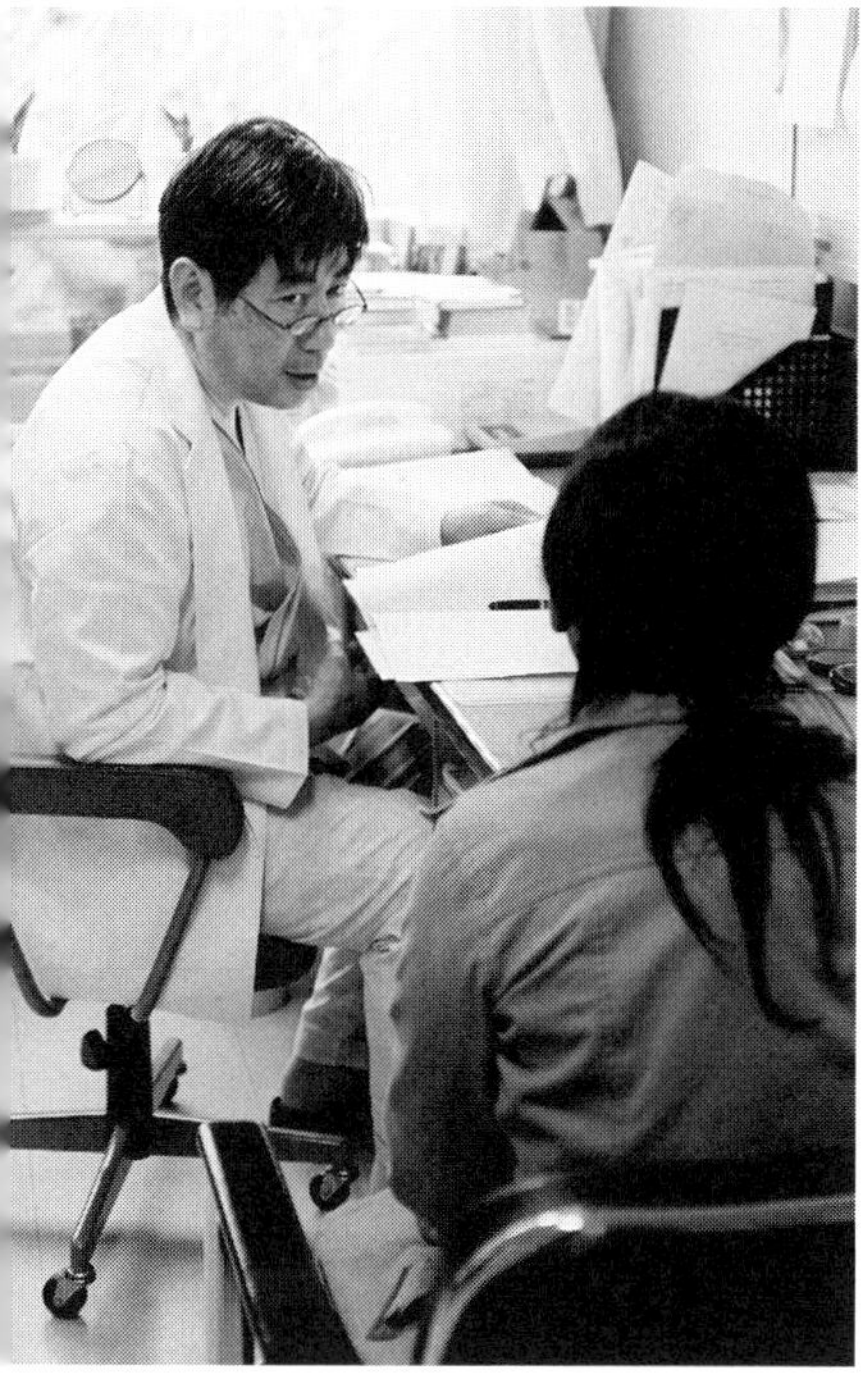

◉川村敏明さん

1949年、北海道道森町に生まれる。北海道大学水産学部を3年で中退、その2年後に札幌医科大学入学。卒業後大学病院を経、81年から浦河赤十字病院に2年間勤務。札幌旭山病院アルコール専門病棟勤務後、88年にふたたび浦河赤十字病院に勤務。精神神経科部長。ソーシャルワーカーの向谷地生良氏とともに、べてるの活動に携わってきた。

わけですね。「悪いのは病気だ」みたいにね。

でも、やはりゼロという結果は、重かったんです。それは失望とかあきらめではなくて、逆説的ですが、そこを出発点とすればなんとかなるんじゃないか、といった希望に近い感覚でした。

後になって気づいたことは、要するに「ゼロだったのは、余計なことをいっぱいしていたからだ」ということです。最初の三年間のほうが今よりもはるかに熱心でしたし、妙に、いやらしいほどの思いやりがありました。「患者さんのため」「病気のため」って、いかにも医者らしかったんです。

医者は患者に「見捨てられたくない」

――そのことに気づいたのが、その後赴任された札幌のアルコール専門病棟に勤務されたときだったということですね。

そうですね。札幌の民間の精神病院にアルコール専門病棟があって、そこで四年間働きました。専門病棟ですから、専門のスタッフがおり、彼らはアルコール治療の経験をたいへん豊富にもっていました。そして、そこでのわたしの役割は、わたしがそれまでやっていたものよりもかなり限定的な役割だったんです。

ほんとに、こんなに一線を引いていていいのかな？　と思うほど何もしていませんでしたが、現実にはそれでどんどん酒をやめていく人がいたんです。最初は偶然だと思っていたんですが、繰り返し繰り返し、患者さんが酒をやめていくわけです。「あんなに一生懸命やっていたのに、酒をやめた人はゼロだった。それがどうして何もしていないのにやめていくんだろう?」と悩みましたね。

そのときにはじめて、医者は何をすべきで、何をしちゃいけないのかという、「自分の役割の使いどころ」ということを考えるようになりました。こちらの熱意を出すばかりではなくて、少し立場を引いてみると、「この人たちも酒をやめたいんだ」と気がつくようになったんです。そして、そういう思いを大切にしたいな、と思うようになりました。

わたしの治療意欲が満々のときには、患者さんたちは「先生がなんとかしてくれるだろう」と考えていたと思います。患者さんが退院すると心配で、退院直後の患者さんの様子をバイクに乗って見にいったこともありました。そうすると、「先生が来てくれた!」という感動で、その日から飲んじゃうんですよね。「これで安心だ。俺には川村先生がついてる」って(笑)。

いま思うとバカバカしい話ですが、そういう関係を、医者も患者もなかなかやめられないんですよ。でも、これは治療的な関係ではありません。患者さんを助けるといいながら、じつは医者が患者さんに「見捨てられたくない」と依存している状態なんです。アルコール専門病棟に来てわたしが学んだのは、そういう依存関係から一歩引くことでした。

正直なところ、最初は「彼らを主役にしていいんだ」ということが信じられませんでした。「あの駄目な人たちを、この熱意にあふれた、思いやりにあふれたわたしが、どうやって救いあげるか」ということしか頭になかったですから。

また、精神科に来る患者さんというのは、そういう思いのあふれた医者の目から見ると、ほんとうに駄目に見えて、格好の「餌食」なんですね。駄目に見える患者さんを相手にしていると、自分がほんとうに「いい人」「いい医者」であるように錯覚してしまう。そういう意味で精神科というのは危ないところです。「いい人」役がやれて、とても居心地がいいんですが、それは本人が気づかないうちにどんどん落とし穴にはまっていく状態なんですね。

――アルコール専門病棟での四年間の勤務の後、現在の浦河赤十字病院に再度赴任されたわけですね。

思い出すと、浦河でも最初のころは、患者さんが精神科医をとても権限のある権威者として位置づけていましたね。退院から外出まで、あらゆる許可を与える権限が医者に集中するという権威的な構造があって、みんなが医者の顔色をうかがっていました。

そんななかで相談室の向谷地さんから伝え聞くエピソードが、ほかの診療場面と明らかな「温度差」みたいなものをもっていることに気づいたんです。そこにはなんとも言えない温かみがあったわけですが、まあ、内容が生活問題のエピソードだけなら、医者もそういう違いがあって当然だと受け止めるめるわけです。しかし、たとえば統合失調症の人が幻聴の話を医療相談室でしている、という話を聞くと、医者としては「どうしてその話をぼくの前でしてくれないんだろう?」と、ちょっとがっかりしますよね。

ぼくはまだ若かったので、そのことでプライドが傷つくというよりも、「相談室っておもしれえな」と思えたんです。それと同時に、精神病に対するそれまでの否定的イメージとは違う、あったかくて、可能性を感じるイメージを、相談室の現実から受け取ることができた。それは、医者として目の当たりにする現実とは対極に位置するものでしたが、その二つをトータルに見ることで、精神病に対して「やりようがあるな」という希望が見えてきたんですね。

最初に浦河にいた二年間でそれを感じていたので、二度目に浦河に赴任してくるときは、わたしと向谷地さんがパートナーシップをもってやっていけば、状況を変えていけるという思いはありましたね。

「川村先生ありがとう」では駄目なんです

——べてるの現在の実践についても少しずつうかがいたいと思います。たとえばいまの精神医学の分野では脳の研究がされていて、統合失調症についても「なぜ起きるのか」といった研究をおこない、そこをターゲットにした薬を開発していこうという方向性がさかんです。べてるの実践とはある意味では対極にあると思える、そういった方向性については、どのように思われますか。

わたしは、精神病に限らず、分子レベルでの医学研究が、狭い意味での医学的なアプローチにおいてはとても大切だと思っています。現実にわたしたちはこれまで、薬物医療を含めた医学の恩恵を大きく受けてきていますし、それはこれからも変わらないでしょう。

しかし一方で、病気の世界には、決してそういう取り組みだけでは超えられないものがあると思います。精神病に限らず、病気にはある意味で人間が根源的に抱えている、人間としての弱さなりから生まれてくる、とても大切な「安全装置」みたいな意味をもった部分があります。そんなものまでなくしてしまうような技術というのは、少し行きすぎているのではないか。「病気になってはいけない」という、否定的なとらえ方にもとづいた治療方法は、人間の存在を妙なかたちでコントロールするものになるのではないかと思います。

医療者として大事なことの一つは、自分が無力なこと、限界があるということを知ることです。わたしたちはそこから始めることを大切にしています。だから、薬物療法が進歩し、新しい治療法が出てきたとしても、それは課題にアプローチする道が増え、進歩したということではあっても、その道だけが大きな、あるいは唯一の道では決してないわけです。その意味で、限界、分際をわきまえる部分がないと、精神科医や精神医療というのは、大きな過ちの世界に入っていきそうな気がしますね。

――先生は「治さない医者／治せない医者」と自称されるように、薬など、医学的なアプローチを極力使わない方向性をめざされていると思うのですが、それも分際をわきまえる、ということなのでしょうか。

わたしは、世間と正面切って戦うようなタイプではありませんが、常識的なこと、本流的なところからちょっと斜めに逸れていく傾向がもともとあるんです。たとえば、常識的にいわれる治療法がある場合に、「この人の場合はこの薬をどこまで減らしてやっていけるだろうか?」ということが頭に浮かぶ。「川村先生のおかげでよくなった」「薬のおかげでよくなった」というきわめて治療的なイメージよりも、「早坂潔さんと話をしたら楽になりました」というほうが好きなんですよ。つまり、「治された」という実感が患者さんにないほうが好きなんです。非専門的な、ある種の普遍的なやりかたで、ひとりの人間が誇りを取り戻したり、人間関係が復活してきたりすることが好みなんです。

「だいぶよくなりまして……いいえ、先生の薬を飲んでも症状は同じなんですけどね……でもよくなりました」。それってどういうこと?って（笑）。「この薬を飲んだらこうなりました」というのは、喩えていえば熱を下げる薬を飲んで熱が下がりましたというのと同じで、何の感動もないですよ。医者はもうそんなの飽き飽きしているんです。でもべてるの人たちの話は興味津々で、おもしろくてたまらないですよ。わくわくして、好奇心いっぱいです。「何がそんなに変わったの？　そんなことがあったの？」誰と何の話をして、あなたはそんなふうに変わったの？」って。わたしは最高に贅沢な医者をやっているんです。

——薬だけで治るのはよくない？

医者にだけ礼を言うような治療は、治療ではないです。それでは、医者とか薬しか見えていない。治療という一本の糸でしか、患者さんが社会とつながっていない。そんなことで、実際に社会に戻って暮らせるわけがないと思うわけですよ。

医療というのは社会ではすごくでかい顔をしていますが、じつはかなり限定された世界です。もう少し、自分たちの大きさにふさわしい役割をとらないといけないと思いますね。

わからなければメンバーに相談する

——ふだんのべてるには精神疾患による急性的な問題は頻繁に起こっているのだと思いますが、心配な患者さんには、やはり薬を出すのですか？

患者さんが暴れるという状況に対して、事前に薬を増やしておくという方法がもっとも有効だと、みんな思いこんでいるんでしょうね。この町でもそういう時代がありましたが、わたしたちが学んだのは、それが少しも有効な方法じゃないということです。だから、あまり薬を出さないのは、そのほうがいいからです。状況に応じて有効な方法を選択しているだけなんですよ。

べてるでは、よくイメージされるような精神病院の暴れる患者さんっていうのは、意外とありません。暴れるといっても、「強い主張」が中心で、「ああ。文句がたまってるんだな。わかる、わかる」って、放っておけるような爆発なんですよ。押さえつけて入院させる、なんていう場面はまず年に何回かしかありません。決して病状そのものは軽くはありませんが、決定的な爆発にならないのは、彼らがちゃんとSOSを出してくれているからです。

「精神病の人は、自分を自分で助ける方法を身につけられる」――これが、べてるが長い間かけて見つけたことの一つです。逆に言うなら、暴れたら誰かが助けてくれる、抑えてくれる、そういう関係性でやってると、遠慮なく、思いっきり激しく暴れてしまうわけですね。

暴れている人がいたら、わたしはべてるのメンバーに相談します。彼らが、精神病の人たちはどう生きられるかということを研究しているから、わたしは医者として彼らに研究テーマを発注するんですよ。「こういう人が、こういう問題をもっている。どうすればいい？　皆で研究して」って。それがべてるでおこなわれている当事者研究です。実際に社会生活するのは本人ですから、また社会に出て、失敗してては戻ってきて、試行錯誤するわけです。

もちろん、わたしだってまったく心配していないわけじゃありません。でも、心配だったら、薬を使う前に心配なことを誰かに相談しますね。わたしは相談室に行って向谷地さんに、「心配だなぁ」ってつぶやくんですよ（笑）。そうやって、自分の抱えている心配や不安を、自分だけで抱えずにキャッチボールしているあいだに、薬で抑える以外の選択肢が生まれてきます。

普通、精神科医は「心配だなあ」なんて口にしませんね。逆に、何も言わずに薬を出しておけば、専門家として、責任感をもって未然に対策をしたと受け取ってもらいやすいですよね。もちろん薬を出すという選択肢もあると思いますが、それを安易に選ぶ精神科医になりたいのかというもう一つの問いかけがわたしのなかにはあるんです。だからわたしは、他の人に相談するんです。

こわかったら逃げましょう

――去年、外部の精神病院で実習していたときに出会ったある女の子への対応で、いまだにひっかかっていることがあるんです。ぼくにノートを見せにくるんですが、書いてあることはまったく意味が不明で、どうすればいいのかわからなかったけれど、とりあえずなんとか対応してたんです。

そして実習が終わって帰るとき、彼女がずっと遠くのほうからものすごい勢いで走ってきたんです。見ると、まるでぼくの首を締めてくるような体勢だったので、その瞬間どうしていいのかわからなくなって、ぼく、逃げちゃったんですよね。ああいうときにどう対応したらいいのか。もう薬とかそういう次元ではなく、とっさに、急性的に何かが起きたときにはべてるではどうしているんですか?

逃げたほうがいいです。

――えっ? 逃げるのがいちばんいいですか。

逃げたのが間違いだったら、謝ればいいんです。

そうですね。彼女がほんとうにしたかったことは誰にもわからないじゃないですか。何か伝えにきたのかもしれないですよね。だからあとで、「こわかった」とか、怯えていること、こわがっていることをメッセージとして伝えればいいんです。稲葉さんが何を感じているかわからなければ、稲葉さんは、患者さんからはたんなる正体不明な人でしょう?

――正直に。

わたしたちは、治療的・医学的であることの前に、うれしかったり、こわかったりということが多少とも自然に伝わるようにしていければと思っています。精神的にも、肉体的にも、まず自分が安全であることがあってはじめて余裕のある会話ができるわけで、相手の正体がわからないまま安心した会話なんて、まずできないじゃないですか。

――こっちも、感じたことを素直に言うのが大事ということですね。こわかったら「こわい!」と。

そう。それでいいと思います。わたしは、年がら年中そうやってきてて、何も問題なかったです。特別何かをしてなければいけない、こうあっちゃいけないというよりも、感じたとおりにするしかないですよ。もちろんいつも正解はできません。たとえば、彼女だって襲ってきたわけじゃなくて、親しくなりたかったのかもしれない。そういうことを後から理解して「悪いことしちゃったなぁ」と後悔することもあるでしょう。

そういう誤解はこれからも、精神病の人だけじゃなくて、いろんな場面で起きてくるわけですよ。稲葉さんはもうすぐ「東大出のお医者さん」になるわけですが、そうなったら、「ごめんなさい」と言う場面よりも、「ごめんなさい」なんて絶対に稲葉さんに言わせないような場面のほうがいっぱい考えられるわけです。そういう意味では、とても危ない世界に入っていくと覚悟したほうがいいですね(笑)。

浦河では、自分を支えられなければ医者はやっていけない

稲葉さんがいま話してくれたように、若い医療者がべてるに来て、いろんなものを見て、自分のあり方を考えてもらうことはとても大切なことだとわたしは思っています。最近、べてるで医者を育てていくということをよく考えるんですよ。

たとえば、昨日のべてる総会を思い起こしてもらえばわかりますが、わたしをはじめ、精神科医はまったく存在感がないでしょう？　ああいう場で何よりわたしが心地いいのは、患者さんたちが誰もわたしの顔色を見ないということです。たまに気遣ってくれて、わたしもステージにあげてもらいましたが、他の二人の精神科医はステージにも呼んでももらえない。今回の総会で精神科医がやった仕事は椅子運びとか、じつに地味な雑用だけです。

わたしはよく若い先生に「べてるという場所は、現実をいろいろ見せつけられる、厳しいところだよね。先生はここで、精神科医としての自分の役割をどんなふうに考えますか？」って聞くんです。

そういうふうに、自分を支える基盤について考えてもらわないと、浦河では、医者の存在感がなくて

（笑）、危なっかしくてしょうがない。相手を治すのではなくて、自分を支える技術、自分の役割をみいだすことを大事にしてもらいたいと思っています。

医者というのはじつは、批判にたいへん弱い存在です。この弱さ、もろさを自分でなんとかしないと、過剰に治療したり、過剰に親切になったりで、いつも過剰になってしまいます。薬を過剰に与えるのは、量が過剰なだけじゃないんです。医者の「思い」が濃すぎるんですよ。治療成績がゼロだった、わたしの三年間のように、過剰にかかわらずにはいられない。

――たしかに、医者も自分のアイデンティティを守ろうとして過剰に治療し、安心してしまいがちかもしれませんね。一方通行になりがちです。

医者は本来、自由で、非常に可能性もある存在だと思いますが、周囲の期待どおりに「医療」をやって、期待に応えることだけをやってると、とても窮屈な仕事になってしまいます。だから、周囲に目を向けるのではなくて、自分に目を向けて、自分がやりたい医療というのを真剣に考えてほしいんです。周囲の期待を裏切って、自分のやりたい医療をおこなうというのは、たんなる〝裏切り〟とは違うんです。期待どおりではないかもしれないが、「わたしはこれができますよ」ということをいつも用意しているわけです。わたしも、やっていること自体はかなり科学的なんですよ。周囲からはぜんぜん科学的に見えないだけで（笑）。

最近は医学部の学生だけじゃなくて、卒業後の医者もちらほら訪れてくれています。彼らも何かを求めてここに来ているわけだけれど、それはきっと将来、医者としての自分を支えていくものになると思うんです。だから、べてるが、自分たちの患者としての経験をもとに「ひとりの医者をつくっていく」お手伝いができるといいな、と思っています。べてるでは最近「健常者を支援する」が一つのテーマになっているんですが、その一環として、医者づくりに貢献できればと思いますね。

「川村はキャラで仕事をしてる?」

――べてるが医者を育てるというお話は、総会に参加して皆さんのお話をうかがったぼくには実感があります。しかし、一般的には、先生の実践というのは、先生の気さくなキャラクターと結びついたもので、普遍的なものではないと誤解されがちだと思います。

うん。たしかによく「川村はキャラで仕事してる」って言われます。しかしわたし自身は、自分のやっていることを自分のキャラだとは思っていませんよ。きわめて醒めた感覚でやっています。

わたしは、日ごろからかなり自分自身に好奇心を働かせています。たとえば「いま自分が迷っているのは医師としてのプライドの問題なのか」とか、「だとすればどっちに重きをおけばいいのか」といったことを日ごろからよく考えています。医師としての専門性で推し進めるべきか、あるいはプライドを下ろして患者さんに任せればうまく進むんじゃないかとか、場面によっていろいろ選択しているわけです。だから、医師としての専門性もないわけじゃないし、プライドがないわけでもないんです。こだわっていないだけです。

これを使ったほうがいいのか、捨てたほうがいいのか、使って厄介なものから、使いごたえのあるものまで、医学的な方法も含めていろいろなものを自分なりに用意しています。もちろんそういうなかでは、「これはまずい」と思いながらも、それにすがるしかないこともあるんですが。

——どういうときですか。

たとえばわたしが、頭のなかでは「こうするのがいちばんいい」と思っていても、力がないとか、理解力がないとかいろんな理由でできないときがあります。そしてそれは、向谷地さんなら簡単にやっていることだったりします。向谷地さんならできるが、わたしにはできないということがわかったときどうするのか。わたしはそういうとき、二番目、三番目の方法で、自分を満足させることをやるしかないわけです。他のやり方のほうが優れているのはわかってますから、無力感は感じますが、そういうときに、相手のやり方を潰すのではなく、一歩引く方向に自分をコントロールするようにしています。

だから、トータルでいえば、いろんな人の可能性、役割を生かす役割をやっているということは言えるかもしれません。「場」全体に対する安心感を提供する、ということですね。そういうふうにやらないと、医者がなんでもナンバーワンでなきゃならなくなりますから。医者がナンバーワンになると、患者さんも医者ばかり頼ります。最初の権威的な構造に逆戻りしてしまうわけです。

わたしにも駄目な、弱いところがあり、できないことがあるということを受け容れていなければいけないし、それができないと、わたしは「治療者」になれないんですよ。だけど、これは断じてわたしのキャラではないですよ。そういうふうに自分をコントロールしているだけです。

誤解も歓迎！ 受け止め、笑って、否定しない

べてるの実践をわたしのキャラで片づけてしまう人は、そこしか見えないというよりは、「そういうものであってほしい」んだと思うんですね。

もちろんそれは誤解だと思っています。しかし一方でわたしは、べてるに来た人が、自分のいちばん欲しいものを持って帰ればいい、とも思うんですよ。焼き魚しか食べたことのない人に、フランス料理を勧めてもしょうがないと思いますから。

べてるもそうですが、わたし自身、誤解されないようにといった努力を何もしてこなかったんです。正直なところ、誤解した人はした人で、お客さんとしてこの町に何度も来てお金を落としていってほしい（笑）。それで町は潤うわけだし、わたしたちもその誤解を、きちんと受け止めて、それを笑っていくようなスタンスでいたいですね。

──誤解すらも飲み込んでいくということですね。

そう。かつては、マイナスのイメージの誤解がいっぱいあったわけですよ。いまは逆にバブリーな誤解が蔓延しています。べてるを見るときの周囲の人のほうが妄想化してるんですよ。「べてるって金持ちなんだな」とか（笑）。わたしたちは、それを笑いながら、否定しないというスタンスです。

もちろんいまは、情報がものすごい勢いで伝わっていく時代ですから、そこにはとんでもない誤解も

あるでしょう。しかし、メッセージを正確に受け止める人たちがいるということは、いままでの経験から確信してるんですよ。

精神医療だけでいえば、一〇〇年の歴史があって、その一〇〇年を、われわれが一気に根元から覆すというようなことは考えてません。方向性が変わるきっかけにはなるかもしれませんが、そこにはいろんな人たちの役割が必要だと思いますよ。それを、必要以上にべてるを持ち上げて、「べてるが何かをした」という話にはしたくないなと思っています。

医者にだけ礼を言って退院する人がいるのをわたしがまずいと思うように、「べてるが、べてるが」ということだけが語られていくことはあまりいいことだと思いません。べてるは聖地でもなんでもありませんし、変われたとしたらそれはその人たちの実践です。わたしたちがいろんな人との出会いから考えはじめて、さまざまな活動をおこなってきたのと同じように、べてるを訪れた人が、その中身に触れて得たものを、それぞれの場所に持ち帰り、それが具体的な成果につながっていけばいいと思っています。

べてるは不親切なところですよ

——しかし妄想であれ誤解であれ、これだけメジャーになると、入所希望者も増えて混乱をきたすということはないのでしょうか。

どう見られるかということについては、過去も今も同じで、わたしたちの問題じゃないですからねえ。町の人から非常に否定的に見られてきた長い歴史があって、それはすぐにはどうにもならなかった。同じように、メジャーとして見られることについても、わたしたちは影響を受けようがないんですよ。

だから、たくさんの希望者が来ても、別に困らないですよ。今回は総会だったので、たくさんのお母さん方から声をかけられましたが、わたしたちから言えるのは、「来たい人はどうぞ、べてるに果敢にアタックしてください。熱意しだいです」「あなたが、なぜ浦河を求めるのかということを、一生懸命言ってください」ということだけなんです。わたしたちに強烈な印象を残すようなアタックをやってもらうこと、それがいわば、わたしたちの「治療的な援助」です。

自主的に動いてもらうことそのものが「援助」となるということでしょうか。

病気の人はそこまで自分の希望を表現することも、いままでなかったでしょうし、なぜ自分にはこんなにべてるが必要なのかということも、考えたことがなかったでしょう。親子で来た人に対してわたしは「親が勝手にワアワア言ってるあいだは、浦河では精神科といわずに小児科というんです」と答えています（笑）。

実際、お母さんの相談には乗れますが、お母さんが「うちの息子を……」といっている段階では無理なんですよ。浦河は、残念ながらたいへん不親切な町ですし、べてるというのは絶望的に非協力的なところなので無理ですよ、ということを伝えます。

親や病院がその人の尻拭いを続けてきた、それまでの関係をそのままべてるに肩代わりしてもらうことを期待しているのなら、それはとんでもない勘違いで、べてるにはそんな力はないし、絶望的なくらい、誰も何もしてくれないんですよ。

だから、よくべてるを観察して、ここでは何をしてくれて、何をしてくれないのかよく見きわめてください、それまでに何回でもいらしてくださいと、「何回も来てくれると、この町も潤うな」と内心思いながら伝えるわけです（笑）。

キャパシティを含めて、べてるの現状を変えるのはぼくたちじゃなくて、新たに来る人たちなんです。浦河を一生懸命希望する人自身がまた、浦河を変えてくれるんだと思います。とにかくべてるに来たい、という人が集まってくれば、「それじゃあ住居も必要になってきたね」と考えて、それを準備するのであって、べてるが積極的に入居者のために場所を用意して、そこにどんどん人を呼ぶということは、いままでもなかったし、今後もないと思いますね。

失望のなかから立ち昇る「希望」

べてるは、つねに「不十分」です。わたしたちがやってきたのはいわば期待を裏切ることの歴史です。昔は浦河という町の期待を裏切り、いまは世間の期待を裏切っています。それは、とりもなおさずわたしたちの力の限界がいつもある、ということです。

「遠く離れたところにべてるというところがあるらしい」と理想郷のように憧れて、べてるに行くと奇跡が起きるかのように思ってしまうのはよくないし、実際何も奇跡なんか起きないですから。べてるというところにはすごく熱心な人がいるかと思ったら、そんな人なんて誰もいないし、深刻に相談しているのに「アハハハ」と笑われて、えらく傷ついて帰る人もたくさんいます。「べてるに来て傷つきました」って、外来にくる人がいるんですよ（笑）。訪れた人の大きく膨らんだ希望が、べてるの現実を見た瞬間、ペシャッと潰れてしまうのが常なんです。しかし不思議なことに、その後、何かをつかんで帰る人もまた、たくさんいるんですよ。

何十年も苦労してきた人、空回りをしてきた人、長い時間苦しんだ人ほど、べてるでショックを受けながらも、何か大事なものをつかんで帰っていきます。わたしは、そういう苦労話を聞くと、「べてるに来てがっかりしたかもしれないけれども、わたしはあなたの話を聞かせてもらえてよかったな」といつも思うんですね。そして、そのことを伝えると、「また、来ていいですか？」となる。がっかりしたはずの人が、少し元気になって帰っていく。そんな経験をよくしています。

べてるは、期待ばかりしてくる人には、ほんとうになんもしてくれないところですが、入院前の苦労なり、切実感を持ってくる人には、学びになるプログラムや人材は豊富だと思います。べてるに何を期待するかということによって、べてるはさまざまに見えるところだということでしょうね。

［二〇〇三年五月一八日、浦河べてるの家にて］

＊　川村敏明・稲葉俊郎、二〇〇三年、「非援助の援助――べてるの家と「わきまえのある医療」」、『週刊医学界新聞』第二五四一号より。

15 わたしはこの仕事に人生をかけない

向谷地生良
聞き手＝瀬野佳代（国立看護大学校講師。現在、井の頭病院統括科長）

──看護職は、「転ばぬ先の杖」のようにして、患者さんが困らないよう先回りし、生活上の問題を抽出・除去することに重点を置いた教育を受けています。その根底にあるのは、極端にいえば「問題はあってはいけない」ということです。このような看護職にとって、べてるのスタンスは一種の驚異ですし、とまどいをもって受けとめられるのではないかと思うのですが。

「膿んだ部分」に触れる看護

それは、医療全体に共通していえることですね。従来の医療は、「この患者さんの抱えているこの苦痛を、いま取ってあげなくてはならない」という急性疾患への対処を中心に組み立てられたモデルのなかにあります。一方、いわゆる慢性疾患の場合、患者さんたちは病を抱えながら生きていかなければならないわけです。医療者としても、慢性疾患の場合、自分たちのケアの答えや成果がなかなか見えないので、不全感を感じてイライラしてしまいますね。そうするとつい、患者さんの問題を取り除いて「よくなりました」「よかったですね」という非常にわかりやすいモデルに立ち返ってしまう。

慢性疾患の患者さんと向き合っていると、自分たちのケアが目にみえて実を結ばない不全感をどうしても感じます。それらに向き合いつづけるのは苦痛ですから、つい先手先手を打ってしまう……。

わたしは、「看護ってすごいなあ」と感心させられることがよくあります。看護師が患者さんの生活に定期的に入っていくうちに、患者さんたちがめきめきと変わってくるということがよくあるんです。ある統合失調症の女性ですが、幻覚や幻聴に怯え、なかなかわたしたちとの関係がとれずに自傷行為に走ることを繰り返していました。そこへ訪問看護ステーションの看護師さんたちが、週一回、二回と定期的に訪問するようになって、ある日、もう何か月もお風呂に入っていなかった彼女を、看護師さんが「一緒にお風呂へ行こう」と誘い、彼女のお母さんともども三人で温泉へ出かけていきました。そうこうしているうちに、彼女は人との接触に慣れ、だんだんと人の輪に入ってこられるようになった。これはやっぱり看護の力だと思います。

この場合に、看護の人たちが向き合っているのは、わたしたちソーシャルワーカーが向き合っている「弱い部分」や「悲惨な部分」とは別の、もっと根本的な部分です。直接その人の体に触れ、そこから生み出される具体的な汚れや「膿んだ部分」のなかで患者さんと向き合います。人間としてもっているジクジクした、もっとも生々しいものに一緒に直面する。それが看護というものを象徴しているし、それはほんとうにすごいとわたしは思うんです。そこには、医学とは違ったもっと深い可能性が秘められているように思います。

医学に対するコンプレックスからか、人の体に触れたり、汚れや膿んだものにかかわることは役割として非常にレベルの低い仕事で、より知的な作業に移ることが自分たちの専門性を高めるはずだという流れがあるとすれば、それは逆だと思います。これは個人的な意見かもしれませんが、わたしは、看護は体からぜったいに手を離してはいけないと思っています。そこにこそ自分たちの原点を置き、「この部分こそわたしたちの勝負する場なんだ」と思ってもいいのではないでしょうか。

「心身バラバラ状態」から脱するために

——その「看護の力」と向谷地さんのアプローチに違いはありますか？

ソーシャルワーカーは普通、患者の体に触れたり、健康上の課題に向き合うというアプローチはしないのですが、わたしは最近、逆に体にこだわっています。世間でも「身体論」がはやりですが、あれは決して偶然ではなく、体は心そのものであるということを多くの人が実感としてもちはじめているからではないでしょうか。わたし自身、これまで「体は医療職、心は心理職」とこだわって、心と体にバラバラに向き合うようなイメージでいましたが、最近はむしろ、心は体そのものであると感じるようになっています。

——看護では汚れや膿んだ部分にかかわることを含めて「身体的ケア」といっていますが、それはたんに体だけをケアするのではない、と。

そうです。先ほどの統合失調症の女性ですが、彼女が人に出会うことに対して感じている怯えや恐怖を乗り越えていくのには、看護師さんとのあいだにある「心地よい関係」が土台にありました。看護師さんが訪問し、声かけをして、いつも寄り添い、チームのなかで人と触れ合うようになって……。一緒にお風呂にも入って、看護師さんが汗を流してくれて、「久しぶりに入るお風呂って気持ちいいよね」と話をする。

彼女がこのとき感じた心地よさは、メンタルという部分的なものではなくて、体そのものが感じたも

◉向谷地《むかいやち》生良さん

1955年、青森県生まれ。1974年北星学園大学社会福祉学科に入学、1978年に卒業。1978年浦河赤十字病院医療社会事業部にソーシャルワーカーとして勤務。1984年に地域活動拠点「浦河べてるの家」を当事者・有志とともに設立して以来、裏に表に「べてるの家」を支えてきた。現在は、北海道医療大学の看護福祉学部で臨床福祉学の教鞭もとり、札幌と浦河の往復生活を送る。

のだと思います。温泉から見える景色も含めて、まさに「身体的ケア」であり、それは「トータルな」ケアだということです。

——その場合、まず看護者自身が、身体的な感覚として人と触れ合って心地よいという感覚をもっていなければなりませんね。

そのとおりだと思います。わたしはいまソーシャルワーカーの卵たちを教育する立場にいますが、そこにいて思うのは、学生たちも人と触れ合う心地よさを、体で体験しなければならないということです。

人を生かすも殺すも「関係」で、しかもその関係の心地よさは精神ではなくて身体にある。その関係のなかで、自分が体で感じた心地よさを伝え合うという感覚を、とくに看護学生さんたちには教育課程のなかで教えていくべきだと思います。

そういった意味でわたしは、学生たちに対しても、いかにして自分の「立ち居振る舞い」を教えるかということを念頭に置いています。教科書をひもとくのではなくて、学生たちに「俺を見ろ」という感覚で教えるようになったんです。わたしの援助というのは、まさにわたし自身の立ち居振る舞いであり、わたしが見たり、体を動かしたり、話したりすることそのものです。たとえば、話すことは、喉の筋肉を使ってするわけですから、まさに体を使っておこなうことです。ですから、体として伝え合うことをもっと重視していくべきだと思うんです。

このことは、三五歳ではじめて自分がＳＳＴに当事者として臨むようになって、それまで他人に見せたことのなかった自分の援助を他人に見せ、評価されて、恥をかき、参加者からいろいろなものをもらってを繰り返しているうちに、実感するようになりました。ふだん面接室という密室でおこなっている、自分の立つ位置、目線、雰囲気、そのすべてを人に見られることは最初はとてもこわかったですけれど、逆に「よし！ 見せてやるぞ」と思ったときに、まるで自分が汗を流して舞台稽古に励んでいるような感じがしたんですね。

このように立ち居振る舞いを学ぶことなしに、心地よい体験なしに、知的学習ばかりで現場に入った場合、知的回路だけ仕事をするようになってしまう。それは適切な情報を使った的確な仕事ではあるのかもしれませんが、一方で、そこにいる病んだ人たちに対してトータルな知識と技術を体を通して心地よく提供することができず、ただ知識や技術をバラバラに提供することになってしまう。知識の適切さという意味での医療ミスは起こさなくても、振る舞いとしていろいろなミスを犯してしまうのではないでしょうか。

医療現場も「弱さを絆に」

――看護教育のなかでも、実習という患者ケアの場面で、いかに学生がケアされるかが重要だということがいわれています。でも実際の臨床では、自分がすり減らされる体験と、何かあったら自分の責任になるという緊張感とで、心地よさを体で感じるという領域にはなかなか至れないというのが現状です。

そういう面でも、現在の医療現場のチームのあり方が、まさに急性期モデルのなかにあるのかもしれません。「いまこの人の命を助けなければ」と、いろいろな指示が飛び交うなかをみんながバラバラに走りまわるチームではなくて、もっと別のチーム医療のあり方を根本的に考えなおさなければならないときなんでしょうね。

―――たとえばどんなやり方が?

浦河赤十字病院の精神科では、毎年四月にセレモニーをおこないます。セレモニーでは、全員が集まって、看護師一人ひとりが「自分はこういう弱い部分をもっています」ということを発表します。その弱い部分というのは、今年一年の課題でもあるのですね。たとえば、ある新人看護師は、「わたしは、先輩ナースから指示を受けるとき、半分も飲み込めていないにもかかわらず、ついつい『ハイ、わかりました』と言ってしまう癖があります。だから、わからないときは『わからない』と質問ができるようになりたいです」と言いました。看護師さん全員が、「わたしは注射が苦手で……」「ドクターの指示をもらうときに緊張して……」といった「弱さの情報公開」「苦労の先取り」をする。べてると一緒です。

「彼女は、今年こういう目標をもって仕事をしているんだ」とお互いにわかるだけで、いままでなんとなく平板に看護師として仕事をしてきた一人ひとりが、非常に個性をもった人たちとして見えてきます。たとえば、「先輩に指示をもらうとき、質問するのが苦手」と聞いていれば、先輩看護師が彼女と接するとき、「そういえば、こんなこと言っていたな」とわかるわけです。急性期モデルにあるような「指示する―指示される」という単純なキャッチボールではなくて、職員同士がそれぞれの課題を一緒に考えて、それぞれに提案しながら、職場において練習を繰り返す。それは、間接的な事故防止にもなりますし、なにより職員同士のコミュニケーションがとても良くなります。そして、一年経った三月に「収穫祭」という名の報告会を開いて、それぞれの課題の結果を報告しあいます。

この取り組みを通して見えてくるのは、急性期のチーム連携ではなく、関係性を土台に置いた、スタッフ自身が安心し、心地よくも緊張感をもって仕事をするというチーム連携です。これは一つの試みにすぎませんが、こういったチーム医療のあり方を、今後、取り入れなければいけないと思っています。

べてるの源流は病棟看護

――モデルが提示されることももちろん重要だと思いますが、その前提として、「受け容れられる」という安心感が根底になくてはならないと思うのです。たとえば「幻覚＆妄想大会」でも、会場の参加者を含めて全員が「あなたのそういう部分（幻覚・妄想）を受け容れます」という場の基盤があるからこそ、弱さを見せる強さが出せるのだと思ったのですが……。

べてるで起きているそのような場の源流には、病棟での看護師さんとの出会いがあるんですよ。

早坂潔さんは重い〝精神バラバラ状態〟（解離性障害）ですが、彼が〝ぱぴぷぺぽ状態〟（精神障害の発作を起こし、混乱し我を失って暴れてしまうような状態）になって保護室に入らざるをえないような、彼自身でもどうしようもないようなもっとも悲惨な状態のとき、いちばん最初に、いちばん時間をかけて彼と向き合うのは看護師さんなんです。この生々しい、もっとも病んでいる膿んだ状態のときにもかかわらず看護師さんと何かを共有した、その安心感がだんだんと広がって〝べてる〟になっている。じつは、ここでの看護師さんとの出会い、それがすべて決めている。まさに、べてるが〝べてる〟であることのもう一つの原点は医療のなかにあるんです。

もっともつらいとき、もっとも困難なときに、何に出会うのか。誰に出会うのか。その出会いは、ポジティブな体験ではなくてはならないんです。ですから、いまはさかんに「地域」ということがいわれていますけれども、わたしはまずは病院医療が変わらなければならないと思っています。

——看護職はぐあいの悪い人ばかりみていますから、「いまはこんなにぐあいが悪いけれども、これは通過点の一つで、これから徐々に回復していくのだ」という見方ができなければ、ポジティブな思考ができなくなってしまいますね。正直いってわたしも、嫌になってしまうような瞬間があるんです。でも向谷地さんは、「人はぜったいに変化し、成長するものだ」という信念をもっているような気がしています。

あきらめるから希望がある——三分間のままでいい

「変化し、成長していく」というのは、ちょっと違います。わたしが学生時代に障害分野で学んだ考え方の一つに「全面発達理論」というのがありましたが、わたしはそれがすごく嫌いだったんです。わたし自身、全面発達しよう！　として生きているわけではありませんので（笑）。みなさんもそうですよね。それが、障害をもったとたんに、全面発達というモデルを押しつけられる。たしかに「人間は、全面的に発達する無限の可能性があるんだ！」と言われると妙に納得していまうところがあって、ついつい力が入ってしまいます。でも、そうすると、わかりやすい成長や変化がなかったとき、「まだ全面発達していない。まだ歪んでいる。まだまだ……」という、どうもおかしなことになってしまう。

人間は、元来、多様で複雑です。歪みも含めて、そのいろいろな部分を受け容れていく。というか、有り体に言ってしまえば「割り切ってしまう」ことが重要なんだと思う。わたしは、「潔さんにも無限の可能性がある。彼だって成長できるんだ」とは、ぜんぜん思っていませんよ（笑）。

潔さんは、たった三分間しか仕事が続きません。仕事をはじめて三分経ったら、胸のランプがピコピコと点滅してしまう。だから、ウルトラマンというあだ名があるわけです。しかも、この二〇年間ずっとそうなんです。二〇年経っても、三分が一〇分になってないところこそが、〝早坂潔〟のミソです。そのすごさで、わたしはいつも彼を尊敬するんです。

潔さん自身は、その三分間を一生懸命超えよう超えようとしています。もっとこうありたい、こうしたいとずっともがき、「こんなんじゃ駄目だ。自分はもっとこれもあれもできるはずだ」、「にもかかわらず、なぜ三分なんだ」という苛立ちが彼のなかにある。そこで彼は絶望する、「徹底してあきらめる」ということを彼は経験するわけです。そして、わたしもあきらめる。

何度も何度もとことんあきらめて、「もう三分でいいや！」「三分でいこう！」と、べつに約束したわけではありませんが、お互いがそれを、あきらめて、割り切って、受け容れることができたときに、その三分がものすごい可能性をもって見えてくる。その三分に意味が出てくる。いま、潔さんが動かしているのは、その三分間の可能性、「希望」です。

「G＆M大会」（幻覚＆妄想大会）で新人賞を受賞した林園子さんが、受賞の言葉で「名古屋で元気でいるよりも、浦河で病気をやってたほうがいい」と言いましたよね。まさにそのことです。統合失調症の清水里香さんも、「自分がいまも苦しんでいる被害妄想、このなかにじつは自分のものすごい可能性が秘められているのかもしれない」と言っています。

ですから、べてるの〝成長モデル〟においては、三分が一〇分になったり、一時間になったりはしない。三分という絶対的な限界、このみすぼらしいと思ってきたことそのものに可能性がある、ということを共有することです。このセンスは慢性疾患モデルの基本でしょうし、看護にもソーシャルワークにも、いま非常に必要とされる感覚だと思います。もちろん、結果として三分が一〇分になる人がいるかもしれませんが、それはそれでとてもいいことですしね。

この仕事に人生をかけないという〝わきまえ〟

――いま、ずっと苦しく思っていたことがクリアになってとても気持ちがいいんです。慢性疾患の患者さんに向き合っているわたしたちが〝三分〟の可能性をわからずに、「三分じゃだめ。来週は四分」と彼らを追い詰めているだけで、受け容れていなかった、希望をもっていなかったんですね。

では逆に、向谷地さんの信念というか、この仕事に感じているやりがいというのはどんなことですか。

信念という意味ではむしろ、「この仕事に人生をかけない。やりがいや生き甲斐を求めない」ということを、自分のわきまえとして常々もっています。仕事だから適当にやるという意味ではないですよ。普通に仕事をして生計を立てるというのと同じように、瀬野さんとここでお会いしたり、家族と一緒にご飯を食べたりするのと同じように、ただべてるの人たちとかかわっている。わたしにとってべてるが特別キラキラ光り輝いているとか、これに打ち込んでいてこれがなくては生きていけないというのとは違うんです。
わたしは就職する前、とくに大学四年生のころ、「こんなにも生きがいや手ごたえ、張り合いを一見感じてしまいそうな仕事をしてもよいのだろうか」という畏れが、いつも自分のなかにありました。当時、特別養護老人ホームにアルバイトで住み込んでお年寄りの食事の介助をしたりしていたときのことです。そのお年寄が亡くなると、遺体を霊安室に運ぶのもわたしの仕事だったのですが、そのたびにわたしはガクーンと落ち込んでしまった。立ち上がれないほどに。にもかかわらず、次の朝になると、何事もなかったように、まったく同じ老人ホームのプログラムが始まる……。わたしは、その落差についていけなくて、たいへん苦労しました。

また、病院には、いまにも心臓が停まりそうな重症の急患が運ばれてきます。すると、職員は総動員で「あれして、これして」と、命を救うために奔走する。それは正直いって、気持ちのいい瞬間でもありますよね。その患者さんが亡くなって、廊下で家族が泣いている。そのすぐ裏側の控え室で、わたしたちが感じる一抹の充実感と高揚感はまさに医療界の「禁断の木の実」です。一方で、そのことに罪悪感もまた感じる。起きている現実と、わたしたちのやりがいや手応えとのあいだにあるものすごい落差。ですからわたしは、「ここに自分の糧を得てはいけない」という感覚、非常にこわい世界だという感覚がずっとあります。

べてるがなくてもやっていける

じつは、「あなたとの関係にわたしは寄りかからない」という〝わきまえ〟があるかないかが、その人との関係を決めてしまうのではないかと感じています。この感覚は、自立ということの根本です。ある関係に寄りかかってしまうと、自分は他人のために何かできているか、どんな役割を果たしているか、それがうまくいっているかいないか、そういうことで自分や相手の存在が重くなったり軽くなったりしてしまう。そういうことでなく、お互いが微妙な自立の雰囲気をもちながら、きちんとお互いを必要として、特別に意図しないで助け合う。その程度の関係が、いちばんみんなの力を出しやすいのではないでしょうか。

べてるの社員でアルコール依存症の寺沢繁さんはよく「べてるの会社が倒産して何もなくなっても、俺は何も困らないぞ。また一からちらほらやればいいべさ」と言っています。みんなが寄りかかっていないんです。たまたまいまうまくいっていることや、いわゆる成功だとかいうことに。

いま、べてるは脚光を浴びていますが、わたしたちがここで何かを成し遂げた、成功したという感覚はありません。この二五年のあいだ、べてるでも多くの仲間が亡くなりました。感じるのは、倒れていった人たちがたくさんいるという現実の積み重ね、その重みのなかにいまはある、という感覚です。

いまわたしが感じている希望、これは、潔さんや里香さん、そして倒れていった人たちの絶望の裏返しです。これまでうまくいかなくてほんとうにつらい思いをしてきた自分たちが、特別な何かをした結果、五〇点だったのが一〇〇点満点をとれるようになった！というのではなく、絶望の三分間に価値をみいだすことによって得てきた希望ですから。

［二〇〇三年五月一八日、浦河べてるの家にて］

＊ 向谷地生良・瀬野佳代、二〇〇三年、「招待席／べてる・看護・医療――慢性疾患に向き合う新しいモデルを探る」、『看護学雑誌』第六七巻八号、七二一―七二九頁より。

人の駅
地域共同作業所
New べてる作業所
福祉ショップ
暮らしの支援センター
地域のいこいの場
小規模通所授産施設 地域づくりセンター
浦河べてる

あとがき
「自分自身で、共に」から始まるもの

およそ四年間にわたって雑誌『精神看護』（医学書院）に連載した「当事者研究」を、一冊の本にまとめ上げることができた。

幻覚、妄想、リストカット、爆発、被虐体験、多重人格、金欠……というバラエティに富んだテーマは、どれもがべてる流にいうと「時代の最先端の苦労」である。これらのテーマの取り扱いは、ともすれば自分以外の他者（専門家、家族など）の采配に委ねるか、奪われるかのどちらかであって、苦労をかかえる当事者自身は、苦しみながらも蚊帳《かや》の外に置かれる場合が少なくなかった。

しかし別な見方をすると、「蚊帳の外」というポジションにもなかなか降りがたい、居心地の良さがある。当事者を苦しめているように見えるこれらの苦労を、「回復」というかたちで〝手放す〟ことのむずかしさは、研究のなかでも明らかにされている。

その意味で「当事者研究」とは、さまざまな生きる苦労をかかえた「自分」という神輿《みこし》をかつぐお祭のようなものかもしれない。そのかつぎ手のなかにやっと当事者自身が仲間と共に加わることができ、その醍醐味が味わえるようになった。これが当事者研究である。そのおもしろさは、研究というお祭を通じて、だれもが自分自身の「当事者＝統治者」になっていくところにある。つまり当事者研究は、参加する一人ひとりの当事者化を促す作用をもっている。いわゆる「専門家」も例外ではなく、その場においては、だれもが等しく「当事者」なのである。

＊

ここで、当事者研究という長い道のりを歩いてきたメンバーに、出版にあたっての感想や抱負を書いてもらったので紹介させていただく。

◉清水里香

当事者研究をすることで、統合失調症の症状がなくなったわけではありませんが、長年苦労をしてきた「病気」に対する思いに一区切りがついたような気がします。当事者研究の良いところは、共感はあっても〝同情〟がないところです。そして、自分のかかえたテーマに冷静に向き合えるところと、自分ひとりでは担えないことを仲間と一緒にできるところです。これからも「虚しさ」を大切なテーマにしていきたいと思います。

◉荻野 仁

ほかの場所ではひんしゅくを買ってしまう〝逃亡〟という出来事が、当事者研究を通じて同じ職場で働く職員や仲間に共有され、なによりも「自分から逃げる」という逃亡の本質が自分なりに見えてきました。これがいちばんの収穫です。長年、自分を支配してきた、そして支配されていることにも気づかないほど密着した理不尽な緊張感と、学歴や目に見える成果を重んずる社会からの目に見えない圧迫感を、誰よりも敏感にキャッチして生きてきたこと、そのようなつらさをひたすらごまかしながら騙し騙し生きてきたことを痛感します。これからも〝逃亡失踪症〟の当事者研究は続きます。

●坂　雅則

当事者研究は、ほんとうにやって良かったと思います。いままで苦しんできた金欠の苦労のカラクリがわかったからです。浦河に来ていちばん最初にしたことは、本文でも紹介したように、質屋を探すことでした。札幌だったら問題になるようなことが、浦河ではいろいろなメンバーとの出会いにつながり、お金に使われるのではなく、お金を使うという当たり前のことが一歩ずつできるようになったことが不思議です。そして、講演に行ったり、べてる祭で「金欠」で新人賞をとったりで、自分みたいな人物が活躍できたことが良かったと思います。これからは、仲間ともっと率直に話ができるようになって、仲間の研究のお手伝いをしたいと思います。

●吉井浩一

講演の場でも語ることができなかった自分の苦労が、当事者研究という作業を通じて表現できたことがなによりの成果です。それは、言葉では表現しきれない葛藤が長く自分を苦しめてきたからです。編集と出版という仕事にかかわることができたのも貴重な経験です。そして、研究の最後に紹介した一人の女性メンバーとのかかわりのエピソードは忘れることができません。

●松本　寛

これからも、とにかく襟を正し、「強そうな人には話を合わせて、弱そうな人には強気に」の精神でやっていきたいと思います。そして、いままでさんざん迷惑をかけた実家の父さん母さんの手伝い（居酒屋）をして、無事天国に送り届けたいと思います。これからやってみたいのは、人を笑わせる新しいネタを考えることです。お笑いのネタの出所はだいたいたい幻聴さんです。

◉河崎 寛

これからは、「べてるの歴史を担ってきた古いメンバーがどういう思いで暮らしてきたのか」を知ることを大切にしていきたいと思います。それは、爆発がおさまり、いわゆる自立するということは今まであった人からの保護や干渉が少なくなるということですが、それが逆にさびしくて、結果的に後戻りをさせようとするモードに、ぼくはいま苦労しているからです。とくに入院中の、黙っていても向こうから人間関係がやってくる「居心地の良さ」にはまると大変です。退院後の生活は、そうはいかないからです。先輩たちはこの「回復」にともなう苦労をどうやって乗り越えてきたのかを、ぜひ知りたいと思います。

◉坂本 愛

長いあいだの、家族や施設での束縛から解放されて、順調に引きこもり中!

◉臼田周一

爆発の研究をしていくなかで、何回か入退院を繰り返すたびに自分を見つめ直すきっかけとなってきました。いままでの入退院だったら、だんだん自信がなくなってきて不安が増してきたのとは反対に、研究を重ねることで幻聴や体感幻覚に襲われても自分のコントロールができるようになり、有意義な生活が送れるようになってきました。

これからは、仕事に挑戦することと、同じような苦労をかかえた仲間の救援活動をしていきたいと思います。

◉山本賀代

発展的別居を選択し、ケンカの忙しさがなくなった後は、鬱的な気分に埋没して日々を過ごしてきました。思い出せば、わたしは、ものごころがついた時からずっと「鬱」だったような気がします。そういう意味では、元に戻ったということです。

自分の「鬱」の根っこにあるのは「人は死ぬ」という不安でした。そんなとき、仲間だった林園子さんをはじめ、長年の自分のテーマであった父を昨年暮れに突然失うという悲しい現実と出会いました。現実の死との向き合いを通してわかったことがあります。それは「生きよう！」ということでした。それも「死ぬために生きる」ということです。「生きていなければ死ねない」ことに気がついたのです。林さんと父の死がそれをわたしに教えてくれました。

突きつめると、わたしは一生自己研究の対象。一生求道者。一生一病者であり、一哲学者（悩み尽きぬ存在）であるだろうと思います。でもそれは決して悲観的なとらえ方ではなくて、「一生情けない自分とつきあえる特権」とすら感じられます。それが当事者研究で得られた宝だと思うのです。

*

最後に、山本賀代さんの言葉にもあったように、このたびの出版をいちばん楽しみにし、自分の言葉と文章の構成にもこだわり、何度も何度も文章を推敲し、当事者研究をライフワークとしてすすめてきた林園子さんの突然の訃報（二〇〇四年一一月五日。享年三十五）をお伝えしなくてはいけない。自宅での急性心不全による突然の死だった。

彼女の統合失調症との格闘は、ものごころがついた時から始まっていた。その間、彼女は人の何倍ものエネルギーを費やして生きてきたに違いない。そのような彼女のほんとうの活躍がこれから始まるという矢先であった。だから、彼女を失ったことのショックと悲しみは非常に大きかった。とくに昨年は、何人もの仲間を病気で失い天国に送るという悲しい出来事が多かった。

彼女の葬儀には、四年前に浦河を訪れたとは思えないほど多くの地域の人たちが列席した。告別式を終えて二、三日が経過したころ、じつに不思議な出来事が起こった。清水里香さんが、携帯電話に一通の留守録が届いていることに気づいたのだ。一一月九日の日付である。録音を聞くと、送り主は、紛れもなく林園子さんであった。

もしかして消し忘れた録音が一年経って最新の留守録として蘇ったのかもしれないが、そんなことがあるのだろうか。いずれにせよ、「林園子です。また、後で連絡します」というその声を聞くたびに、ほんとうに彼女からいまでも〝くどい〟電話がかかってきそうな思いが募る。

前夜式では、「天国へ行っても、くどくなって電話をかけたくなったらいつでも下さい。携帯のアドレスはずっと残しておくからね……」と仲間が弔辞を読んだ。林園子さんは、いまでも当事者研究の「永久メンバー」として、わたしたちのなかに生きつづけている。

おわりに、本書の出版にあたり、『精神看護』誌への連載をバックアップしてくださった医学書院の石川誠子さんと、前作『べてるの家の「非」援助論』に続いて膨大な編集作業を担ってくださった白石正明さん、そして、当事者研究という実践を支えてくれた浦河赤十字病院とべてるの家のスタッフに深く感謝します。

二〇〇五年一月

浦河べてるの家
当事者研究チーム

ほんとうの べてる

先日、町の介護ヘルパーの研修会があり、研修生の皆さんがべてるに見学にきました。 いつものように みなで自己紹介をしたり、べてるの組織について説明したりしました。 そのときのようすです。

荻野施設長「次に、べてるには 芸能部 があります。そこで 部長の大日向さんに 歌をうたってもらいます」

大日向クニさん こどもがないで

「ではうたいます。「戦争を知らない子供たちへ」のかえうたです
「べてるを知らない大人たちへ」

① 病気が生まれて〜 べてるはできた〜♪
時給70円で べてるは始まった
あれから〜 十余年たって
べてるは こんなに大きくなりました
ぼくらの名前を 覚えてほしい
べてるを知らない大人たちへ〜

② 目つきが悪いと〜 許されないなら
体が臭いと 許されないなら
今の私に 残っているのは
涙をこらえて うたうことだけサー
ぼくらの名前を 覚えてほしい
べてるを知らない大人たちへ〜♪」

ほ〜

神妙に聞く佐々木社長。研修生の1人として参加。

アンコール アンコール

ではいきますっ

次は「ズンドコ節」のかえうたで、作詞は副部長の木林さんです

ようこそっいらしゃった皆さん、べてるの顔です こんにちわ
どんなことがわかっても 決してびっくりしないでネ

① イヤじゃあ〜りませんか 分裂病
幻聴 幻覚 妄想で
いても たっても 生きられず
自分の体に傷つける
ズンズズズン ズンズズドコッ

② イヤじゃあ〜りませんか 不眠症
夜中わざわざ音たてて
家族の皆んなに世話かけて
周りはみーんな 寝不足だ

③ イヤじゃあ〜りませんか アル中は
朝に昼に夜まで一日中飲んだくれ
おまけーにお店につけつくる

④ イイじゃあ〜りませんか 精神病
神からもらった宝物
普通の人とはちがうけど
みんな立派な 分裂病 ♪

みなさん手拍子。
楽しくききました
ズンズンズンズンズンドコ

涙ぐむ社長……ナゼ？

次へ

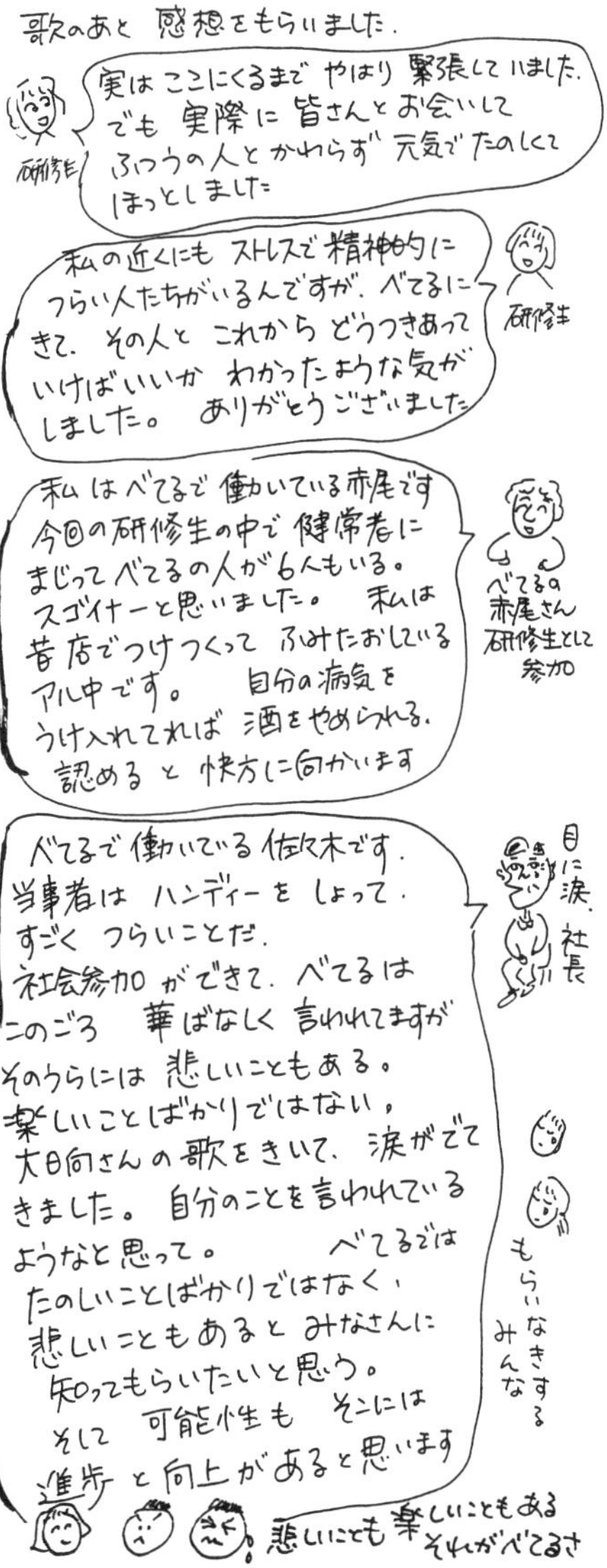

歌のあと 感想をもらいました.
実はここにくるまで やはり緊張していました. でも 実際に皆さんとお会いして ふつうの人とかわらず 元気でたのしくて ほっとしました
研修生
私の近くにも ストレスで精神的に つらい人たちがいるんですが. べてるにきて. その人と これから どうつきあっていけばいいか わかったような気がしました。 ありがとうございました
研修生
私はべてるで働いている赤尾です 今回の研修生の中で 健常者にまじってべてるの人が6人もいる。 スゴイナーと思いました。 私は 昔店でつけつくって ふみたおしているアル中です。 自分の病気を うけ入れてれば 酒をやめられる. 認めると 快方に向かいます
べてるの赤尾さん 研修生として参加
べてるで働いてる佐々木です. 当事者は ハンディーを しょって. すごく つらいことだ. 社会参加ができて. べてるは このごろ 華ばなしく 言われてますが そのうらには 悲しいこともある。 楽しいことばかりではない。 大日向さんの歌をきいて、 涙がでてきました。 自分のことを言われているようなと思って。 べてるでは たのしいことばかりではなく. 悲しいこともあると みなさんに 知ってもらいたいと思う。 そして 可能性も そこには 進歩と向上があると思います
目に涙. 社長
もらいなきする みんな
悲しいことも楽しいこともある それがべてるさ

イラスト◉鈴木裕子（べてるスタッフ）

あつーい
おもーい
ふとんにねかせてると 1時間もしないで 泣いて おきてしまう。 抱いてると もう少しつづけて ねてくれる.

「アメ食べる？」
大日向くにさん

著者紹介

浦河べてるの家(うらかわべてるのいえ)

社会福祉法人「浦河べてるの家」(小規模通所授産施設2か所、グループホーム3か所、共同住居10か所)と、有限会社「福祉ショップべてる」からなる共同体。主に精神障害をかかえた17歳から70歳代までの100人以上の当事者が、北海道浦河町で多種多様な活動をおこなっている。

「弱さを絆に」「三度の飯よりミーティング」「昆布も売ります、病気も売ります」「安心してサボれる会社づくり」「精神病でまちおこし」などをキャッチフレーズに事業を展開。年間見学者は2500人を超え、いまや過疎の町の一角を支える"地場産業"となった。

幻聴や妄想を語り合う「幻覚&妄想大会」、統合失調症者のセルフヘルプグループ「SA: Schizophrenics Anonymous」等々の世界の精神医療の最先端の試みが、ここ北海道の浦河という小さな町では既に根を下ろしていたことで注目を集めている。

1999年に日本精神神経学会第1回精神医療奨励賞、2000年に若月俊一賞(代表受賞・川村敏明)、2003年に毎日福祉顕彰、保健文化賞を受賞。

▶今後の抱負…「当事者研究で大切なことは、『楽しむこと』と『分かちあい』です。当事者研究が、今後"一人一研究"の精神で多くの当事者に広がり、活用されていくことを願っています」(河崎)

▶主な著書等……『べてるの家の本』(べてるの家の本制作委員会編)、『べてるの家の「非」援助論』(医学書院)、『安心して絶望できる人生』(向谷地生良+浦河べてるの家、NHK出版)、『技法以前』(向谷地生良、医学書院)、『DVD+BOOK　認知行動療法、べてる式。』(伊藤絵美+向谷地生良、医学書院)、『DVD+BOOK　退院支援、べてる式。』(川村敏明+向谷地生良、医学書院)など。

ビデオシリーズに『ベリー・オーディナリー・ピープル』(全8巻)と、『精神分裂病を生きる』(全10巻)。関連本に、『悩む力』(斉藤道雄、みすず書房)、『とても普通の人たち』(四宮鉄男、北海道新聞社)、『降りていく行き方』(横川和夫、太郎次郎社)、『当事者研究の研究』(石原孝二編、医学書院)、『クレイジー・イン・ジャパン』(中村かれん、石原+河野訳、医学書院)などがある。

〒057-0022 北海道浦河町築地3-5-21
http://www.18.ocn.ne.jp/~bethel/

写真◉鮫島晶子…p.019, 057, 101, 129, 167, 201, 253, 259, 281

シリーズ
ケアをひらく

べてるの家の「当事者研究」

発行――――2005年2月20日　第1版第 1 刷©
2022年1月15日　第1版第10刷

著者――――浦河べてるの家

発行者―――株式会社　医学書院
代表取締役　金原　俊
〒113-8719　東京都文京区本郷1-28-23
電話03-3817-5600（社内案内）

装幀――――松田行正＋中村晋平
印刷・製本－アイワード

ISBN 978-4-260-33388-7

本シリーズでは、「科学性」「専門性」「主体性」といったことばだけでは語りきれない地点から《ケア》の世界を探ります。

べてるの家の「非」援助論：そのままでいいと思えるための25章●浦河べてるの家●2000円●それで順調！———「幻覚＆妄想大会」「偏見・差別歓迎集会」という珍妙なイベント。「諦めが肝心」「安心してサボれる会社づくり」という脱力系キャッチフレーズ群。それでいて年商1億円、年間見学者2000人。医療福祉領域を超えて圧倒的な注目を浴びる〈べてるの家〉の、右肩下がりの援助論！

物語としてのケア：ナラティヴ・アプローチの世界へ●野口裕二●2200円●「ナラティヴ」の時代へ———「語り」「物語」を意味するナラティヴ。人文科学領域で衝撃を与えつづけているこの言葉は、ついに臨床の風景さえ一変させた。「精神論 vs. 技術論」「主観主義 vs. 客観主義」「ケア vs. キュア」という二項対立の呪縛を超えて、臨床の物語論的転回はどこまで行くのか。

見えないものと見えるもの：社交とアシストの障害学●石川准●2000円●だから障害学はおもしろい———自由と配慮がなければ生きられない。社交とアシストがなければつながらない。社会学者にしてプログラマ、全知にして全盲、強気にして気弱、感情的な合理主義者……〝いつも二つある〞著者が冷静と情熱のあいだで書き下ろした、つながるための障害学。

死と身体：コミュニケーションの磁場●内田 樹●2000円●人間は、死んだ者とも語り合うことができる———〈ことば〉の通じない世界にある「死」と「身体」こそが、人をコミュニケーションへと駆り立てる。なんという腑に落ちる逆説！「誰もが感じていて、誰も言わなかったことを、誰にでもわかるように語る」著者の、教科書には絶対に出ていないコミュニケーション論。読んだ後、猫にもあいさつしたくなります。

ALS 不動の身体と息する機械●立岩真也●2800円●それでも生きたほうがよい、となぜ言えるのか———ALS当事者の語りを渉猟し、「生きろと言えない生命倫理」の浅薄さを徹底的に暴き出す。人工呼吸器と人がいれば生きることができると言う本。「質のわるい生」に代わるべきは「質のよい生」であって「美しい死」ではない、という当たり前のことに気づく本。

べてるの家の「当事者研究」●浦河べてるの家●2000円●研究? ワクワクするなあ———べてるの家で「研究」がはじまった。心の中を見つめたり、反省したり……なんてやつじゃない。どうにもならない自分を、他人事のように考えてみる。仲間と一緒に笑いながら眺めてみる。やればやるほど元気になってくる、不思議な研究。合い言葉は「自分自身で、共に」。そして「無反省でいこう!」

ケアってなんだろう●小澤勲編著●2000円●「技術としてのやさしさ」を探る七人との対話———「ケアの境界」にいる専門家、作家、若手研究者らが、精神科医・小澤勲氏に「ケアってなんだ?」と迫り聴く。「ほんのいっときでも憩える椅子を差し出す」のがケアだと言い切れる人の《強さとやさしさ》はどこから来るのか———。感情労働が知的労働に変換されるスリリングな一瞬!

こんなとき私はどうしてきたか●中井久夫●2000円●「希望を失わない」とはどういうことか———はじめて患者さんと出会ったとき、暴力をふるわれそうになったとき、退院が近づいてきたとき、私はどんな言葉をかけ、どう振る舞ってきたか。当代きっての臨床家であり達意の文章家として知られる著者渾身の一冊。ここまで具体的で美しいアドバイスが、かつてあっただろうか。

発達障害当事者研究:ゆっくりていねいにつながりたい●綾屋紗月+熊谷晋一郎●2000円●あふれる刺激、ほどける私———なぜ空腹がわからないのか、なぜ看板が話しかけてくるのか。外部からは「感覚過敏」「こだわりが強い」としか見えない発達障害の世界を、アスペルガー症候群当事者が、脳性まひの共著者と探る。「過剰」の苦しみは身体に来ることを発見した画期的研究!

ニーズ中心の福祉社会へ:当事者主権の次世代福祉戦略●上野千鶴子+中西正司編●2200円●社会改革のためのデザイン! ビジョン!! アクション!!!———「こうあってほしい」という構想力をもったとき、人はニーズを知り、当事者になる。「当事者ニーズ」をキーワードに、研究者とアクティビストたちが「ニーズ中心の福祉社会」への具体的シナリオを提示する。

コーダの世界：手話の文化と声の文化●澁谷智子●2000円●生まれながらのバイリンガル？———コーダとは聞こえない親をもつ聞こえる子どもたち。「ろう文化」と「聴文化」のハイブリッドである彼らの日常は驚きに満ちている。親が振り向いてから泣く赤ちゃん？ じっと見つめすぎて誤解される若い女性？ 手話が「言語」であり「文化」であると心から納得できる刮目のコミュニケーション論。

技法以前：べてるの家のつくりかた●向谷地生良●2000円●私は何をしてこなかったか———「幻覚&妄想大会」をはじめとする掟破りのイベントはどんな思考回路から生まれたのか？ べてるの家のような〝場〟をつくるには、専門家はどう振る舞えばよいのか？ 「当事者の時代」に専門家にできることを明らかにした、かつてない実践的「非」援助論。べてるの家スタッフ用「虎の巻」、大公開！

逝かない身体：ALS的日常を生きる●川口有美子●2000円●即物的に、植物的に——言葉と動きを封じられたALS患者の意思は、身体から探るしかない。ロックトイン・シンドロームを経て亡くなった著者の母を支えたのは、「同情より人工呼吸器」「傾聴より身体の微調整」という究極の身体ケアだった。重力に抗して生き続けた母の「植物的な生」を身体ごと肯定した圧倒的記録。

第41回大宅壮一ノンフィクション賞受賞作

リハビリの夜●熊谷晋一郎●2000円●痛いのは困る——現役の小児科医にして脳性まひ当事者である著者は、《他者》や《モノ》との身体接触をたよりに、「官能的」にみずからの運動をつくりあげてきた。少年期のリハビリキャンプにおける過酷で耽美な体験、初めて電動車いすに乗ったときの時間と空間が立ち上がるめくるめく感覚などを、全身全霊で語り尽くした驚愕の書。

第9回新潮ドキュメント賞受賞作

その後の不自由●上岡陽江＋大嶋栄子●2000円●〝ちょっと寂しい〟がちょうどいい——トラウマティックな事件があった後も、専門家がやって来て去っていった後も、当事者たちの生は続く。しかし彼らはなぜ「日常」そのものにつまずいてしまうのか。なぜ援助者を振り回してしまうのか。そんな「不思議な人たち」の生態を、薬物依存の当事者が身を削って書き記した当事者研究の最前線！

第 2 回日本医学ジャーナリスト協会賞受賞作

驚きの介護民俗学●六車由実●2000 円●語りの森へ——気鋭の民俗学者は、あるとき大学をやめ、老人ホームで働きはじめる。そこで流しのバイオリン弾き、蚕の鑑別嬢、郵便局の電話交換手ら、「忘れられた日本人」たちの語りに身を委ねていると、やがて新しい世界が開けてきた……。「事実を聞く」という行為がなぜ人を力づけるのか。聞き書きの圧倒的な可能性を活写し、高齢者ケアを革新する。

ソローニュの森●田村尚子●2600 円●ケアの感触、曖昧な日常——思想家ガタリが終生関ったことで知られるラ・ボルド精神病院。一人の日本人女性の震える眼が掬い取ったのは、「フランスのべてるの家」ともいうべき、患者とスタッフの間を流れる緩やかな時間だった。ルポやドキュメンタリーとは一線を画した、ページをめくるたびに深呼吸ができる写真とエッセイ。B5 変型版。

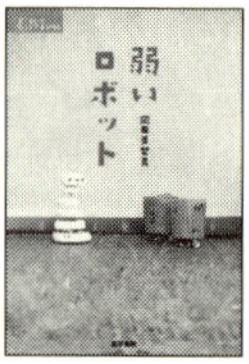

弱いロボット●岡田美智男●2000 円●とりあえずの一歩を支えるために——挨拶をしたり、おしゃべりをしたり、散歩をしたり。そんな「なにげない行為」ができるロボットは作れるか？　この難題に著者は、ちょっと無責任で他力本願なロボットを提案する。日常生活動作を規定している「賭けと受け」の関係を明るみに出し、ケアをすることの意味を深いところで肯定してくれる異色作！

当事者研究の研究●石原孝二編●2000 円●で、当事者研究って何だ?——専門職・研究者の間でも一般名称として使われるようになってきた当事者研究。それは、客観性を装った「科学研究」とも違うし、切々たる「自分語り」とも違うし、勇ましい「運動」とも違う。本書は哲学や教育学、あるいは科学論と交差させながら、“自分の問題を他人事のように扱う”当事者研究の圧倒的な感染力の秘密を探る。

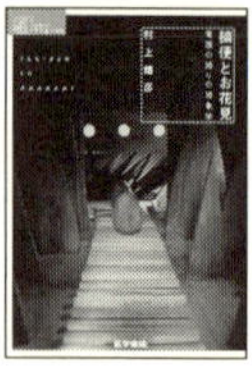

摘便とお花見：看護の語りの現象学●村上靖彦●2000 円●とるにたらない日常を、看護師はなぜ目に焼き付けようとするのか——看護という「人間の可能性の限界」を拡張する営みに吸い寄せられた気鋭の現象学者は、共感あふれるインタビューと冷徹な分析によって、その不思議な時間構造をあぶり出した。巻末には圧倒的なインタビュー論を付す。看護行為の言語化に資する驚愕の一冊。

坂口恭平躁鬱日記●坂口恭平●1800円●僕は治ることを諦めて、「坂口恭平」を操縦することにした。家族とともに。――マスコミを席巻するきらびやかな才能の奔出は、「躁」のなせる業でもある。「鬱」期には強固な自殺願望に苛まれ外出もおぼつかない。この病に悩まされてきた著者は、あるとき「治療から操縦へ」という方針に転換した。その成果やいかに！　涙と笑いと感動の当事者研究。

カウンセラーは何を見ているか●信田さよ子●2000円●傾聴？ ふっ。――「聞く力」はもちろん大切。しかしプロなら、あたかも素人のように好奇心を全開にして、相手を見る。そうでなければ〈強制〉と〈自己選択〉を両立させることはできない。若き日の精神科病院体験を経て、開業カウンセラーの第一人者になった著者が、「見て、聞いて、引き受けて、踏み込む」ノウハウを一挙公開！

クレイジー・イン・ジャパン：べてるの家のエスノグラフィ●中村かれん●2200円●日本の端の、世界の真ん中。――インドネシアで生まれ、オーストラリアで育ち、イェール大学で教える医療人類学者が、べてるの家に辿り着いた。7か月以上にも及ぶ住み込み。10年近くにわたって断続的に行われたフィールドワーク。べてるの「感動」と「変貌」を、かつてない文脈で発見した傑作エスノグラフィ。付録DVD「Bethel」は必見の名作！

漢方水先案内：医学の東へ●津田篤太郎●2000円●漢方ならなんとかなるんじゃないか?―― 原因がはっきりせず成果もあがらない「ベタなぎ漂流」に追い込まれたらどうするか。病気に対抗する生体のパターンは決まっているならば、「生体をアシスト」という方法があるじゃないか！　万策尽きた最先端の臨床医がたどり着いたのは、キュアとケアの合流地点だった。それが漢方。

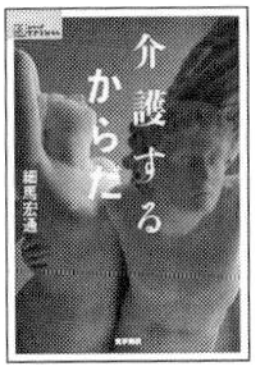

介護するからだ●細馬宏通●2000円●あの人はなぜ「できる」のか?―― 目利きで知られる人間行動学者が、ベテランワーカーの神対応をビデオで分析してみると……、そこには言語以前に〝かしこい身体〟があった！　ケアの現場が、ありえないほど複雑な相互作用の場であることが分かる「驚き」と「発見」の書。マニュアルがなぜ現場で役に立たないのか、そしてどうすればうまく行くのかがよーく分かります。

第 16 回小林秀雄賞
受賞作
紀伊國屋じんぶん大賞
2018 受賞作

中動態の世界：意志と責任の考古学●國分功一郎●2000 円●「する」と「される」の外側へ——強制はないが自発的でもなく、自発的ではないが同意している。こうした事態はなぜ言葉にしにくいのか？ なぜそれが「曖昧」にしか感じられないのか？ 語る言葉がないからか？ それ以前に、私たちの思考を条件付けている「文法」の問題なのか？ ケア論にかつてないパースペクティヴを切り開く画期的論考！

どもる体●伊藤亜紗●2000 円●しゃべれるほうが、変。——話そうとすると最初の言葉を繰り返してしまう(＝連発という名のバグ)。それを避けようとすると言葉自体が出なくなる(＝難発という名のフリーズ)。吃音とは、言葉が肉体に拒否されている状態だ。しかし、なぜ歌っているときにはどもらないのか？ 徹底した観察とインタビューで吃音という「謎」に迫った、誰も見たことのない身体論！

異なり記念日●齋藤陽道●2000 円●手と目で「看る」とはどういうことか——「聞こえる家族」に生まれたろう者の僕と、「ろう家族」に生まれたろう者の妻。ふたりの間に、聞こえる子どもがやってきた。身体と文化を異にする 3 人は、言葉の前にまなざしを交わし、慰めの前に手触りを送る。見る、聞く、話す、触れることの〈歓び〉とともに。ケアが発生する現場からの感動的な実況報告。

在宅無限大：訪問看護師がみた生と死●村上靖彦●2000 円●「普通に死ぬ」を再発明する——病院によって大きく変えられた「死」は、いま再びその姿を変えている。先端医療が組み込まれた「家」という未曾有の環境のなかで、訪問看護師たちが地道に「再発明」したものなのだ。著者は並外れた知的肺活量で、訪問看護師の語りを生け捕りにし、看護が本来持っているポテンシャルを言語化する。

第 19 回大佛次郎論壇賞
受賞作
紀伊國屋じんぶん大賞
2020 受賞作

居るのはつらいよ：ケアとセラピーについての覚書●東畑開人●2000 円●「ただ居るだけ」vs.「それでいいのか」——京大出の心理学ハカセは悪戦苦闘の職探しの末、沖縄の精神科デイケア施設に職を得た。しかし勇躍飛び込んだそこは、あらゆる価値が反転する「ふしぎの国」だった。ケアとセラピーの価値について究極まで考え抜かれた、涙あり笑いあり出血（！）ありの大感動スペクタル学術書！

誤作動する脳●樋口直美● 2000 円●「時間という一本のロープにたくさんの写真がぶら下がっている。それをたぐり寄せて思い出をつかもうとしても、私にはそのロープがない」——ケアの拠り所となるのは、体験した世界を正確に表現したこうした言葉ではないだろうか。「レビー小体型認知症」と診断された女性が、幻視、幻臭、幻聴など五感の変調を抱えながら達成した圧倒的な当事者研究！

「脳コワさん」支援ガイド●鈴木大介●2000 円●脳がコワれたら、「困りごと」はみな同じ。——会話がうまくできない、雑踏が歩けない、突然キレる、すぐに疲れる……。病名や受傷経緯は違っていても結局みんな「脳の情報処理」で苦しんでいる。だから脳を「楽」にすることが日常を取り戻す第一歩だ。疾患を超えた「困りごと」に着目する当事者学が花開く、読んで納得の超実践的ガイド！

第 9 回日本医学ジャーナリスト協会賞受賞作

食べることと出すこと●頭木弘樹● 2000 円●食べて出せれば OK だ！（けど、それが難しい……。）——潰瘍性大腸炎という難病に襲われた著者は、食事と排泄という「当たり前」が当たり前でなくなった。IVH でも癒やせない顎や舌の飢餓感とは？　便の海に茫然と立っているときに、看護師から雑巾を手渡されたときの気分は？　切実さの狭間に漂う不思議なユーモアが、何が「ケア」なのかを教えてくれる。

やってくる●郡司ペギオ幸夫● 2000 円●「日常」というアメイジング！——私たちの「現実」は、外部からやってくるものによってギリギリ実現されている。だから日々の生活は、何かを為すためのスタート地点ではない。それこそが奇跡的な達成であり、体を張って実現すべきものなんだ！　ケアという「小さき行為」の奥底に眠る過激な思想を、素手で取り出してみせる圧倒的な知性。

みんな水の中●横道 誠● 2000 円●脳の多様性とはこのことか!——ASD（自閉スペクトラム症）と ADHD（注意欠如・多動症）と診断された大学教員は、彼を取り囲む世界の不思議を語りはじめた。何もかもがゆらめき、ぼんやりとしか聞こえない水の中で、〈地獄行きのタイムマシン〉に乗せられる。そんな彼を救ってくれたのは文学と芸術、そして仲間だった。赤裸々、かつちょっと乗り切れないユーモアの日々。